Servicovation

Service + Innovation

서비스 중심의 비즈니스 모델 혁신 전략

Servicovation

Service + Innovation

서비스 중심의 비즈니스 모델 혁신 전략

김용진 지음

율곡출판사

추천의 글

지금은 창의적 아이디어가 곧 자산인 창조경제의 시대다. 서비스에서도 창조적 파괴가 필요한 시점이다. 그런 이유로 이 책이 우리에게 서비스에 대한 새로운 관점을 제공한다는 점은 흥미롭다. 기술, 그리고 산업 간 경계가 무너지고 융합이 활발해지면서 어느 기업이 경쟁자가 될지 모르는 불확실한 환경이 조성되고, 이러한 환경에서 혁신은 기업 생존을 위한 필수요건이 되고 있다.

이 책은 서비스를 중심으로 하는 비즈니스 모델 혁신 전략이라는 관점에서 고객의 문제를 어떻게 이해해야 하고, 이를 해결하는 솔루션은 어떻게 만들어야 하는지에 대한 답을 통찰력 있게 제시하고 있다. 새로운 비즈니스를 찾고 있는 많은 예비 창업인들, 기존의 사업을 혁신해 보고 싶은 기업인들에게 꼭 권하고 싶은 책이다.

미래창조과학부 차관 **최재유**

현재 한국경제는 지금까지 경험하지 못했던 성장과 쇠퇴의 갈림길에 서 있다. 기술의 급격한 발전과 산업 간 융합이 새로운 아이디어를 가지고 실현시키려는 이들에게 기회를 주고 있기 때문이다. 이럴 때일수록 비즈니스의 본질을 봐야 한다. 돈이 아니라 기업가의 의지와 투지가 필요하다. 여기에 고객과 그들의 문제, 그리고 그들이 필요로 하는 솔루션이 무엇인지를 이해하고 이를 실행할 수 있는 지혜와 결단이 필요하다. 이 책은 바로 이 지점을 건드리고 있다. 서비스는 무엇이고, 고객은 누구이며, 그들의 문제는 어떻게 이해해야 하는가? 그리고 이러한 이해를 바탕으로 어떻게 솔루션을 만들고 이를 비즈니스 모델화해야 하는가? 라고 하는 근본적인 질문에 대한 답을 이 책이 하고 있다. 새로운 사업을 시작하거나 기존의 사업을 혁신하고 싶은 CEO라면 반드시 읽어야 할 필독서이다.

미래에셋그룹 회장 **박현주**

인터넷과 IT의 급격한 발달로 산업 간 경계가 사라지고 새로운 비즈니스 모델이 폭발적으로 등장하고 있다. 혁신하지 않는 기업들은 더 이상 생존하기 어려운 상황이 만들어지고 있는 것이다. 그렇다면 새로운 시장, 새로운 비즈니스 기회는 어디서 어떻게 생기는 것일까? 비즈니스 모델을 혁신하는 첫번째이자 마지막은 고객을 이해하고 그들이 해결하고자 하는 문제에 대한 솔루션을 제공하는 것이다. 이 책은 바로 이 문제에 대한 답을 제공한다. 고객은 누구이고 그들의 문제는 무엇이며, 그 문제를 풀 수 있는 솔루션은 어떻게 만들어야 하는가? 그리고 이 솔루션을 중심으로 어떻게 비즈니스 모델화를 해야 하는가? 하는 이슈들을 서비스 혁신이라는 관점에서 바라보고 심층적인 분석을 통해 유용한 틀을 제공하고 있다. 기존의 산업이 아닌 새로운 영역에서 사업을 해보고 싶거나 기존의 사업을 혁신할 수 있는 전략이 필요한 CEO라면 꼭 읽어야 할 필독서이다.

서강대학교 총장 유기풍

인터넷과 IT 등 과학기술의 발달과 자유무역협정을 통한 급격한 글로벌화로 세상이 점점 좁아지고 기업 간 경쟁은 날로 치열해지고 있다. 한국은 일본과 중국의 틈바구니에 끼이 경쟁력을 잃어가고 있다. 혁신, 창조적 파괴, 발상의 전환이 일상화되지 않으면 한국경제의 미래는 없다. 한국경제의 성장동력이 저하된 까닭은 투자 부진이 아니고 혁신 부진이다. 혁신은 말로만 떠든다고 될 일이 아니다. 혁신은 시장의 변화를 읽고, 고객들이 필요로 하는 그 무엇, 즉 본질적 가치를 제공할 수 있는 솔루션을 제공할 때 생기는 것이다. 이 책은 서비스 혁신이라는 관점에서 고객들이 추구하는 본질적 가치를 어떻게 발견할 것인지, 그것을 어떤 형태로, 어떤 방법으로 고객에게 제공할 것인지 등의 본질적인 질문에 답하면서 벽에 부딪친 한국경제에 하나의 돌파구를 제시하고 있다. 전통적 사업 영역이 아닌 새로운 영역에서 사업을 꿈꾸거나 기존의 사업 영역에서 새로운 시장을 만들어내고 싶은 기업가라면 꼭 읽어야 할 책이다.

KDI 한국 개발원 교수, 주빌리은행장 유종일

들어가는 글

인터넷과 정보통신기술의 눈부신 발전은 우리 사회의 많은 영역을 기존과는 다른 형태로 바꾸고 있다. 사람들이 소통하는 방식, 모이고 헤어지는 방식, 물건을 사고파는 방식, 심지어는 기업들 간의 협력 방식 등이 기존의 우리가 늘 해오던 것과는 다른 방식으로 변해 가고 있다. 여기에 더해 다양한 기술들의 융합이 일어나면서 산업 간의 경계가 모호해지고, 누가 경쟁자인지, 어떤 방식으로 경쟁상대가 나타날 것인지를 예측하는 것도 어렵게 되어가고 있다. 경제학적 관점에서 보면 자원의 희귀성이 가격을 결정하는 결정적인 요소지만 현재의 상황, 즉 기업들이 생산해 내는 상품들이 너무 많고 다양하여 고객들이 언제 어디서든 필요한 물건을 구할 수 있는 상황에서 이러한 논리는 기업의 경쟁전략을 만드는 데 큰 도움이 되지 못한다. 더 좋은 물건을 만들어 팔면 기업이 성공한다는 기존의 성공 방식이 더 이상 먹히지 않는다. 이러한 경쟁상황에서 성공의 핵심은 고객이 갖고 있는 문제를 해결할 수 있는 솔루션을 제공하는 것이다. 더 좋은 물건을 만드는 것이 아니라 고객이 가진 문제를 해결할 수 있을 때만 가치가 창출되고, 성공에 한발짝 더 다가갈 수 있다. 이것이 이 책에서 정의하고 있는 서비스의 개념이다. 서비스는 고객의 문제를 해결하기 위해 내가 가지고 있는 역량을 활용하는 것이다.

이러한 이해를 바탕으로 경제환경을 살펴보면, 개인 영역이든 기업 영역이든 다양한 서비스들이 생겨나고 있고, 기존에는 한 기업이 수행하던 모든 업무들이 다양하게 분화되어 시식서비스화되고 있으며, 심지어는 제조부문도 서비스로 제공되고 있는 것을 볼 수 있다. 서비스 영역이 제조부문보다 많은 부가가치를 만들어내는 현상은 기업들에게 새로운 경영 및 기술 전략을 고민하도록 요구하고 있다. 기존의 기업 전략이 새로운 기술을 개발하고 이를 토대로 새로운 제품을 만들어 출시하는 기술과 생산 위주의 전략이었다면, 이제는 고객의 문제에 천착하는 다른 방식의 혁신적 접근이 필요하다. 이러한 관점과 접근 방식을 이 책에서는 서비스Service와 이노베이션Innovation의 합성어인 서비소베이션Servicovation이라고 명명하는데, 이는 단순히 서비스를 혁신하라는 의미가 아니라 '서비스' 라는 개념을 기반으로 비즈니스 모델을 혁신한다는 것을 의미한다. 기존에 논의돼 왔던 '서비스' 라는 개념과 이에 기반한 '서비스 전략' 이라는 용어가 무형의 서비스를 지칭하는 것으로 제품과 대척점에 서 있을 뿐 실제적인 전략에서는 제품전략과 크게 차이가 나지 않았다는 점에서 이 책에서 논의하고 있는 서비소베이션Servicovation 이라는 개념과는 큰 차이를 보인다. 이 책에서 '서비스는 내가 가진 역량을 활용해서 고객의 문제를 해결하는 것' 이고, '고객은 내가 문제를 해결해 드려야 하는 분들' 이라고 정의된다. 소비자는 단순히 내가 제공한 물건이나 서비스를 사서 소비하는 사람들이 아니라는 말이다. 따라서 서비소베이션의 첫 번째이자 마지막은 고객을 이해하는 것이다.

"고객을 어떻게 정의하고, 그들이 가진 문제를 어떻게 이해하여 고객들이 필요로 하는 솔루션을 만들어낼 수 있는가?", 그리고 "이러한 서비스의 개념을 중심으로 어떤 프로세스를 거쳐 어떻게 비즈니스 모델을 만들 수 있는가?" 라는 질문들이 이 책이 답하고자 하는 문제들이다. 서비스를 중심으로 하는 사고를 통해서 기업들은 블루오션을 만들어내고 독점적 이익을 향유할 수 있으며, 고객들은 자신들의 문제를 해결하기 위해 특화된 서비스를 통해 가치를 창출해 낼 수 있다.

이 책이 다양한 경쟁과 급격하게 변화하는 기술환경에 노출되어 새로운 비즈니스 모델을 만들어내야 하는 기업 경영자와 실무자들, 그리고 이 문제를 학문적인 관점에서 바라보고자 하는 연구자들과 학생들에게 도움이 되기를 기대해 본다.

2015년 8월

김용진

차 례

추천의 글/iv

들어가는 글/viii

1장 서비스 중심의 비즈니스 모델 혁신이란?

1. 서비스 기반 경제 _____ 2
   - 가. 특화된 서비스의 증가/4
   - 나. 지식서비스와 비즈니스 모델의 진화/5
   - 다. 서비스 기반 경제의 특징/7
   - 라. 서비스 기반 경제로의 전환이 우리 사회에 던지는 의미/18
2. 서비스 개념의 진화와 기업들의 당면 과제 _____ 22
   - 가. 서비스 개념의 변천/22
   - 나. 서비스 지배 논리/24
   - 다. 서비스 지배 논리에 대한 10가지 명제/26
   - 라. 서비스 혁신/42
   - 마. 서비스 혁신의 과정/44
   - 바. 경제 패러다임에 따른 서비스 혁신의 의미 변화/45
   - 사. 서비스 기반 경제에서 기업의 당면 문제/46
3. 비즈니스 모델의 이해 _____ 51
   - 가. 체스보러와 로젠블룸의 비즈니스 모델의 구성요소/52

나. 비즈니스 모델 개발 방법론/56
다. 비즈니스 모델 타당성[시장성] 분석 방법론/60

4. 서비스 중심의 비즈니스 모델 만들기______66
가. 서비스 시스템과 비즈니스 모델/66
나. 서비스 모델과 서비스 시스템/68

2장 서비스 중심의 비즈니스 모델 혁신 사례

1. 기술의 경제—단일원천 서비스______86
가. 아메리칸 익스프레스의 여행비 관리 서비스/86
나. IBM의 경영 혁신/88
다. Eaton Electrical사의 Home Heartbeat 서비스/90
라. 자동차 수리 서비스 시스템/92
마. 인포시스 아웃소싱/94
바. UPS/96
사. 현대중공업 스마트 조선소/97

2. 기술의 경제—복합원천 서비스______99
가. 포스퀘어/99
나. 스포티파이/101

3. 규모의 경제—단일원천 서비스______103
가. 델 컴퓨터/103
나. 유니클로/106
다. 그라민 폰/108

4. 규모의 경제—복합원천 서비스______113
가. 애플사의 아이팟 서비스 혁신/113

나. 그루폰/116
다. 닌텐도/119
라. 고객의 기억을 관리하고 공유하는 코닥/119

3장 고객을 어떻게 볼 것인가?

1. 고객의 유형 분류 ______ 127
가. 기술 수용 관점에서의 고객 분류/127
나. 마케팅 관점에서의 고객 분류/129
다. 서비스 가치 창출 과정 참여 관점에서의 고객 분류/130
라. 고객의 욕구 충족 정도에 따른 분류/139
2. 혁신의 유형 ______ 144
가. 제품과 서비스를 중심으로 분류한 혁신의 유형/146
나. 혁신전략 이론/151
3. 고객의 유형과 혁신의 관계 ______ 160

4장 고객 문제의 이해와 솔루션 찾기

1. 고객의 역할을 중심으로 한 문제의 이해 ______ 176
가. 사용자 역할에서의 문제 이해/178
나. 지불자 역할에서의 문제 이해/180
다. 구매자 역할에서의 문제 이해/184
2. 고객 문제에 대한 솔루션 찾기 ______ 186
가. 특화된 지식이나 스킬을 제품에 내재화하기/187
나. 가치 창출 프로세스 재조합하기/188

다. 가치 네트워크 재조합하기 / 190

3. 솔루션 개발과 관련한 리스크 최소화 방법______191

가. 역량 리스크Capability Risk 최소화 / 192

나. 시장 리스크Market Risk에 대응 / 196

다. 지역 이해관계자 참여 유도 / 197

라. 재무적 리스크Financial Risk 대비 / 198

5장 솔루션 찾기 방법론 및 사례

1. 전략 캔버스______200

가. 전략 캔버스 배경 및 필요성 / 200

나. 전략 캔버스 개념 및 특징 / 201

다. 전략 캔버스의 작성 및 사용 방법 / 203

라. 전략 캔버스를 통한 디자인 예시 / 205

2. 디자인 사고______207

가. 디자인 사고의 배경 및 필요성 / 207

나. 디자인 사고의 개념 및 특징 / 208

다. 디자인 사고의 작성 및 사용 방법 / 209

라. 디자인 사고를 통한 문제 해결 예시 / 212

3. 쉐도잉______215

가. 쉐도잉의 개념 및 특징 / 215

나. 쉐도잉의 작성 및 사용 방법 / 217

4. DART 모델______218

가. DART 모델의 배경 및 필요성 / 218

나. DART 모델의 개념 및 특징 / 219

다. DART 모델의 구성요소/219
라. DART 모델의 작성 및 사용 방법/220

5. 서비스 블루프린트 ______ 222
가. 서비스 블루프린트의 배경 및 필요성/222
나. 서비스 블루프린트의 개념 및 특징/223
다. 서비스 블루프린트의 구성요소/226
라. 서비스 블루프린트의 작성 및 사용 방법/227
마. 서비스 블루프린트를 통한 디자인 예시/230

6. 고객여정지도 ______ 233
가. 고객여정지도의 개념 및 특징/233
나. 고객여정지도 작성 및 사용 방법/233

7. 프로토타이핑 ______ 236
가. 프로토타이핑의 배경 및 필요성/236
나. 프로토타이핑의 개념 및 특징/237
다. 프로토타이핑 작성 및 사용 방법/237
라. 프로토타이핑을 통한 디자인 예시/239

8. 서비스스케이프 ______ 243
가. 서비스스케이프의 배경 및 필요성/243
나. 서비스스케이프의 개념 및 특징/243
다. 서비스스케이프의 구성요소/245

6장 새로운 비즈니스 시스템 설계하기

1. 새로운 비즈니스 시스템 도입 ______ 252
가. 비즈니스 모델 재정의하기/252

나. 이익구조 설계/256
다. 프로세스 설계/259
라. 핵심 자원의 설계/260

7장 결론

1. 서비스와 관련된 시장 전체를 볼 수 있는 시스템적 사고 ______264
2. 비사용자를 중심으로 잠재고객 파악하기______264
3. 교차 기능적 접근______265

참고문헌/267

서비스 중심의 비즈니스 모델 혁신이란?

SERVICOVATION
ch. one

1

1. 서비스 기반 경제

21세기 들어 지식 기반 경제로의 전환이 가속화되면서 서비스산업의 중요성이 강조되고 있다. 아담 스미스가 『국부론』을 쓰면서 제조업을 제외한 그 외 산업, 즉 비생산적이며 제조업의 보조산업 정도로 치부했던 서비스산업이 이제는 제조업을 대신하여 경제를 이끌어나가는 새로운 성장엔진으로 주목을 받게 된 것이다. 서비스산업의 비중 증가와 성장은 선진국에서 더 두드러지게 나타나는데, 미국, 일본, 독일과 같은 국가의 경우 경제구조에서 서비스산업이 차지하는 비중이 70%에 이르고 있고 성장세 또한 매우 높게 나타나고 있다. 최근에 경제대국으로 빠르게 성장하고 있는 중국의 경우 서비스산업의 비중이 제조업을 크게

표 1-1 주요 10개국의 산업구조 변화

국가	노동력(%)	농업(%)	제조업(%)	서비스업(%)	지난 25년간 서비스업 성장률(%)
미국	4.8	3	27	70	21
일본	2.4	5	23	70	40
독일	1.4	3	33	64	44
러시아	2.5	12	23	65	38
브라질	3	23	24	53	20
인도네시아	3.9	45	16	39	35
중국	21	50	15	35	191
방글라데시	2.2	70	10	20	30
인도	17	60	17	23	28
나이지리아	2.2	70	10	20	30

상회하고 있으며, 191%의 높은 성장세를 보이고 있다. 이와 마찬가지로 러시아도 서비스산업의 비중이 경제의 발전에 따라 높아지고 있는 추세이다. [표 1-1]은 주요 국가의 서비스산업 비중과 지난 25년간 성장률을 나타내고 있다.

이처럼 여러 나라에서 서비스산업의 비중이 급격하게 증가하는 이유는 크게 두 가지이다. 첫째, 전문화 및 과학화로 새로운 직업이 계속해서 생겨났고 이로 인하여 새로운 산업이 만들어지면서 서비스산업이 성장하게 되었기 때문이다. 둘째, 서비스산업뿐만 아니라 제조업 등의 2차 산업에서 서비스의 역할이 점차 커지고 있기 때문이다. 이는 기업들의 가치 창출에 있어서 연구개발, 디자인, 마케팅, 재무 등의 서비스 분야의 공헌도가 커지면서, 상품을 생산하는 제조부문이 아닌 제품과 결합하여 새로운 가치를 창출하는 서비스가 중요하게 되었음을 의미한다.

서비스산업의 발전은 표면적 요인과 내부적 요인으로 나누어 볼 수 있다. 기술의 발전과 더불어 빠르게 변화하고 있는 산업 환경이 표면적 요인이라면, 지식의 폭발적인 증가는 내부적인 요인으로 볼 수 있다. 지난 2백 년 동안 기하급수적으로 축적된 지식의 양은 인류가 지난 2천 년 동안 쌓아온 지식의 양보다 더 많고, 이러한 지식의 축적은 전문화되고 고도화된 서비스들을 만들어내고 있으며, 이를 효과적으로 실행할 수 있는 기술적 기반을 제공하고 있다. 이러한 지식의 폭발적인 증가는 기존에 한 기업이 수행해 왔던 많은 일들을 보다 특화된 형태의 서비스로 변화시켜 여러 기업들이 수행하는 체계로 산업구조를 바꾸고 있다. 〈그림 1-1〉은 이러한 현상을 개념적으로 표현하고 있다.

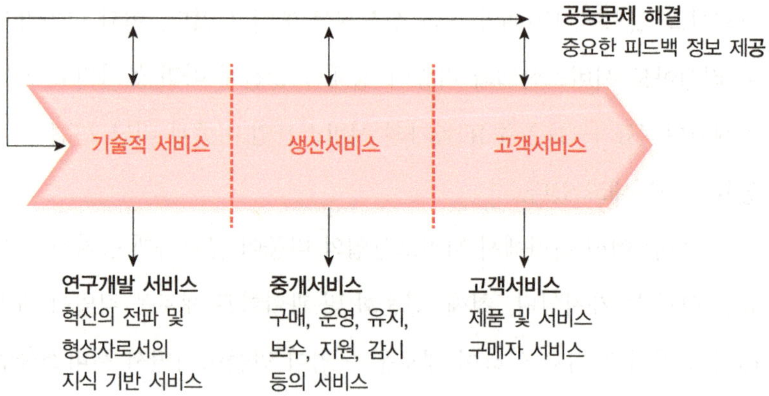

그림 1-1 기업의 운영과 관련한 다양한 서비스 영역

가. 특화된 서비스의 증가

위의 그림과 같이 과거에는 기업 내에서 이루어지던 연구개발, 디자인, 브랜딩, 엔지니어링 등의 기술적 서비스가 세분화되어 이를 담당하는 기업들이 생겨났다. 또한 제품의 판매, 마케팅 등 고객서비스와 관련된 기능들도 하나의 기업에서 담당하였으나 최근에는 이들 영역 또한 세분화되면서 많은 기업들이 역할을 나누어 담당하고 있다. 심지어는 무설비제조업체Fabless의 등장과 함께 제조서비스를 전문적으로 제공하는 기업들도 증가하고 있다. 이와 같이 기업 운영과 관련된 특정 영역의 서비스를 특화해 제공 및 아웃소싱하는 기업들이 증가하고 있는 이유는 크게 두 가지이다. 첫째는 지식의 양이 방대해지고 기업의 업무가 복잡해짐에 따라 한 기업이 디자인, 판매, 고객서비스 등의 모든 일들을 완벽하게 수행할 수 없기 때문이다. 한 기업이 모든 과정을 수행하는 것은 기업의 경쟁력을 떨어뜨리는 요인이 될 수 있다. 이에 따라 기업은 핵심 역량을 중심으로 기업을 경영하는 전략을 선택하게 된다. 이러한 기업들의 전략적 선택이 외부 서비스 활용을 증가시키는 두 번째 이유이다. 기업들은 외부의 전문적인 서비스를 이용함으로써 핵심 역량에 보다 많은 노력을 기울일 수 있고 전체적으로 경영의 효율성을 높일 수 있다. 다시 말해, 기업들은 보다 민첩하게 시장의 변화에 대응할 수 있고, 외부의 전문가와 전문지식을 활용하여 단시간 내에 그 기업이 갖고 있는 문제들을 해결할 수 있다. 현재 이러한 형태의 비즈니스 모델을 운영하는 회사들은 많이 존재하지만, 이들 중 가장 대표적인 회사로 나이키Nike를 꼽을 수 있다. 나이키는 스포츠용품의 디자인과 마케팅을 직접 수행하고 제조, 판매, 서비스 등은 아웃소싱하면서 이들 간의 시너지를 극대화시켜 세계에서 가장 성공적인 기업으로 성장해 가고 있다.

나. 지식서비스와 비즈니스 모델의 진화

그렇다면 왜 기업들은 이처럼 특정 분야에 특화해서 서비스, 특히 지식서비스를 제공하는 비즈니스 모델을 개발하는 것일까? 〈그림 1-2〉는 서비스 제공 단계별 부가가치 창출 정도를 보여주고 있다. 과거에는 제조부문이 부가가치 창출에 절대적인 역할을 수행했다면, 현재는 연구개발, 브랜딩, 디자인, 마케팅 등 서비스 영역이 제조보다 더 많은 부가가치를 생산하는 경향을 보이고 있다. 물론 제조부문이 갖고 있는 부가가치 창출 엔진으로서의 역할이 끝남을 의미하는 것은 아니다. 다만, 고객의 요구사항을 제품이나 서비스 디자인에 반영하여 생산된 제

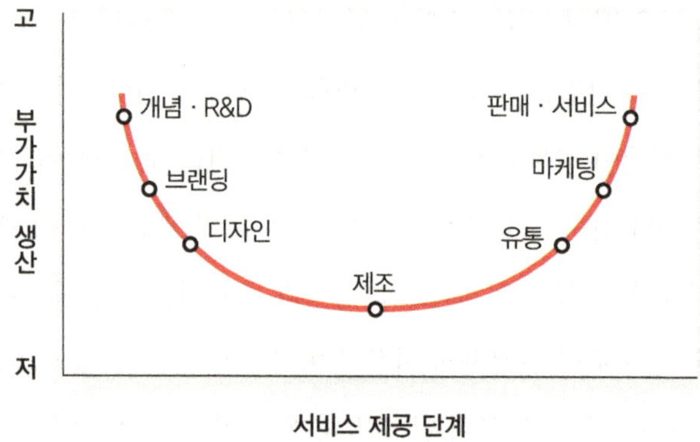

그림 1-2 서비스 제공 단계별 부가가치 창출 정도

품이나 서비스를 고객들이 잘 이용할 수 있도록 지원하는 기능들이 보다 많은 부가가치를 창출한다는 것은 의심할 여지가 없다.

서비스 영역이 제조부문보다 많은 부가가치를 만들어내는 현상은 기업들에게 새로운 경영 및 기술 전략을 고민하도록 요구하고 있다. 기존의 기업 전략은 새로운 기술을 개발하고 이를 토대로 새로운 제품을 만들어 출시하는 것이었다. 하지만 기존과 달리 오늘날에는 새로운 기술들이 빠른 속도로 개발되어 시장에 쏟아져 나오고 있다. 이에 따라 많은 돈을 들여 기술을 독자적으로 개발하는 것보다는 기존의 기술들을 잘 융합하여 고객의 문제를 해결할 수 있는 솔루션을 만들어내는 것이 보다 효과적인 전략으로 인식되고 있다.

인터넷과 스마트폰을 포함한 정보통신기술의 발달은 산업 간 경계를 무너뜨리고, 기존의 경쟁구도를 무의미하게 만들고 있다. 따라서 서비스 기반 경제에서는 새로운 기술을 만들어내는 것보다 기존의 지식을 얼마나 잘 활용하는가에 따라 기업의 흥망성쇠가 좌우될 수 있다.

다. 서비스 기반 경제의 특징

기업들이 자신의 핵심 역량을 제외한 다른 부문들을 아웃소싱하는 서비스 경제시대의 특징으로는 글로벌화, 시장과 기술의 불확실성 증가, 수확체증의 법칙이 있다.

■ 글로벌화 : 토마스 프리드만의 글로벌화 3.0

서비스 경제시대를 규정짓는 첫 번째 특징은 글로벌화이다. 오늘날 기업들은 인터넷과 스마트폰을 중심으로 하는 정보통신기술의 급격한 발달로 인해 시간과 공간의 제약이라는 근본적인 한계를 극복할 수 있게 되었다. 심지어는 자본의 제약을 벗어나 작은 기업도 세계를 하나의 시장으로 인식하고 사업을 수행할 수 있는 역량을 가질 수 있게 되었다. 이는 모든 영역에서 전 세계 시장이 단일화되어 가고 있다는 것을 말한다. 예를 들어 델Dell 컴퓨터는 전 세계에 있는 고객들이 자사의 컴퓨터를 주문하면 효율적인 공급사슬 관리 시스템을 통해 중국이나 인도네시아 등 해외 국가에 흩어져 있는 공급자들에게 주문 정보를 실시간으로 제공하고, 이들은 고객의 주문에 맞는 컴퓨터를 생산 · 제공하도록 하는 메커니즘을 중심으로 비즈니스 모델을 만들어 크게 성공하였다. 비즈니스 모델을, 재고를 쌓아놓고 판매하는 기존의 사업 형태가 아닌, 주문형 대량생산으로 변경함으로써 고객 스스로가 디자인하고 주문할 수 있도록 하였다. 또한 다양한 공급자들을 체계적으로 묶어 전 세계의 생산 공장들을 자신들의 공장처럼 활용하였다.

애플컴퓨터는 아이팟, 아이폰, 그리고 아이패드를 생산 · 판매하는 데 있어 주로 이용자 인터페이스를 포함한 소프트웨어를 만드는 데 초점을 두고 있다. 부품 및 조립에 해당되는 모든 생산을 전 세계에 흩어져 있는 공급자들이 수행하도록 하여 경쟁력을 확보하고 있다. 특히 애플은 앱스토어나 아이튠즈와 같은 플랫폼을 활용해 전 세계 모든 생산자들과 고객들이 자신들이 만든 애플리케이션과 음악을 제공받고 구매할 수 있도록 하면서 기존 산업에 혁신을 가져왔다. 새로운 시장을 만들어냄으로써 압도적인 경쟁우위를 갖게 된 것이다.

토마스 프리드만Thomas Friedman은 그의 저서 『세계는 평평하다』에서 이러한 현상을 글로벌화 3.0이라고 정의했다. 그는 글로벌화 3.0은 컴퓨터, 광케이블, 그리고 워크플로우 소프트웨어들의 결합에 의해 이루어지며, 이러한 글로벌화는 모든 지식센터들을 지구적 네트워크로 연결하여 놀라운 성장과 혁신의 시대를 만들어내고 있다고 말하고 있다. 프리드만에 따르면 글로벌화는 3단계로 구성되어 있다. 첫 번째는 1492년부터 1800년까지로 신대륙이 발견되어 신대륙과 구대륙 사이에 무역이 활발해지면서 세계의 규모가 큰 사이즈에서 중간 사이즈로 변화한 단계이다. 두 번째는 1800년에서 2000년까지 약 2백년으로 대공황, 세계 1, 2차 대전, 그리고 동 · 서 냉전이라는 열악한 환경에도 불구하고 다국적 기업들이 전 세계적인 활동을 주도하면서 세계를 중간 크기에서 작은 크기로 만들어 놓은 단계이다. 세 번째 단계는 2000년 이후부터인데 세계는 촘촘한 네트워크의 발달로 인해 아주 작은 크기로 변화하고 있다.

프리드만은 이처럼 세계가 아주 작아지는 데 결정적인 영향을 미치는 요인들을 정치적 사건, 혁신, 그리고 회사들로 구분하여 10가지로 정리하고 있다.

그가 첫 번째 요인으로 꼽고 있는 것은 베를린 장벽의 붕괴이다. 베를린 장벽의 붕괴는 그동안 동서 냉전으로 묶여 있던 수백만 명의 사람들에게 이동의 자유를 선사하면서, 민주적이고 자유로운 시장경제 체제로 전 세계의 경제체제를 급격하게 일원화하는 변화를 가져왔다. 또한 베를린 장벽의 붕괴는 인류가 세계를 상호 연결되어 있는 전체라는 개념으로 생각할 수 있게 하는 계기를 마련하였다.

둘째는 웹 브라우저web browser의 원조인 넷스케이프이다. 1990년대 중반에 등장한 킬러 애플리케이션이라는 웹 브라우저는 PC 기반 플랫폼을 인터넷 기반 플랫폼으로 전환시키는 계기를 마련해 주었다. 웹 브라우저는 대표적인 HTTPHyper Text Transfer Protocol 이용자 에이전트 중의 하나로 웹 서버와 쌍방향 통신을 통해 HTMLHyper Text Markup Language 문서나 파일을 볼 수 있도록 지원하는 응용소프트웨어이다. 1990년대 중반에는 넷스케이프가 주요 웹 브라우저였지만 현재 개인용 컴퓨터에서 주로 쓰는 웹 브라우저는 인터넷 익스플로러, 모질라 파이어폭스, 오페라, 사파리, 구글 크롬 등이다. 이들 웹 브라우저들은 정보에 대한 접근 및 공유를 용이하게 해줌으로써 개인과 조직의 상상력을 넓혀 주었다.

셋째는 워크플로우Workflow 소프트웨어들이다. 워크플로우 소프트웨어는 조직 내 직무 수행과 관련한 작업 처리 과정을 지원하는 응용소프트웨어이다. 관련된 조직이나 사람들, 입력 및 출력 정보 등 다양한 요소들을 통합하여 업무효율성을 높이는 데 도움을 준다. 보험회사의 손해배상 업무에 관한 예를 살펴보면, 보험회사의 워크플로우 소프트웨어는 처음 사고에 대한 전화를 받았을 때부터 최종 해결까지 일관되게 처리하는 절차를 제공한다. 즉, 워크플로우 소프트웨어들은 사람들이 제품을 디자인하고 만들어 사고파는 과정에서 발생할 수 있는 문제점을 예방하기 위해 필요한 프로세스와 표준 프로토콜 등을 제공하여 매끈한 일처리를 지원한다.

넷째는 자유 소프트웨어 운동Free Software Movement이다. 자유 소프트웨어 운동은 1984년 리차드 스톨만Richard Stallman이 GNUGnu is not Unix라는 공개 프로젝트를 시작하면서부터 시작되었다. GNU 프로젝트는 프리웨어freeware로만 구성된 완전한 유닉스 시스템을 만들어 공개적으로 이용하는 것이었다. 자유 소프트웨어 운동은 리누스 토발즈Linus Benedict Torvalds가 리눅스 커널Linux Kernel을 공개하면서 급격하게 발전했다. 하지만 자유 소프트웨어 운동은 "소스코드의 자유로운 이용" 이라는 이념적 측면을 지나치게 강조했다는 비판과 함께 사회적 실용성과 경제성을 추구하는 공개 소프트웨어 운동Open Source Software Movement으로 진화하기 시작했다. 이 과정에서 원천 코드들이 온라인상에서 이용이 가능해지면서 전 세계의 사람들이 자신들만의 공개 소프트웨어를 만들거나 사전을 만드는 등 활발하게 움직이기 시작했다. 회사가 아닌 이용자들에 의해 공개 소프트웨어 운동이 발전하기 시작했고 수많은 도구들이 세계 도처에 있는 이용자들에게 보급되고 있다.

다섯 번째는 아웃소싱 움직임이다. 'Y2K' 로 잘 알려진 컴퓨터 연도 처리 문제는 미국과 인도 사이에 아웃소싱 관계가 형성되면서 인도의 잘 교육받은 엔지니어들에 의해 해결되었다. 미국 기업들은 그 후에도 지속적으로 정보기술의 개발과 운영에 관련된 문제들을 인도 기업들에게 아웃소싱함으로써 해결해 왔으며, 이러한 관계는 지속적으로 증가하는 추세에 있다.

여섯 번째는 오프쇼어링Off-Shoring이다. 이는 가장 원거리에서 진행되는 아웃소싱 형태 중 하나로 주로 한 기업이 제공하는 서비스가 다른 국가에 있는 기업을 통해 이루어지는 것을 말한다. 주로 미국과 인도 사이에서 발생했던 아웃소싱 형태는 중국이 2001년 세계무역기구에 가입하면서 촉진되기 시작했다. 미국 기업들은 오프쇼어링을 통해 더 낮은 세금을 내면서도 보다 값싼 노동력을 확보할 수 있었고 업무 효율성을 향상시킬 수 있었다. 이는 미국의 기업들이 전 세계 시장에서 경쟁력을 확보하는 데 큰 도움을 주었다. 거대기업들은 핵심 인력과 시장을 확보하기 위해 다양한 기능들을 외국으로 옮기기 시작했는데, 이러한 경향은 정보통신기술의 발달과 더불어 확산되고 있다.

일곱 번째는 공급사슬 관리Supply Chain Management이다. 공급사슬 관리는 공급자들과 소매상, 그리고 고객들이 아주 효율적인 방법으로 수평적 협업을 할 수 있도록 지원한다. 현대적 의미의 공급사슬 관리는 월마트에 의해 체계화되기 시작했다. 정보의 공유 및 거래와 관련된 공통의 표준을 만들어 실시간으로 소통이 가능해지도록 했고, 이는 국가 간의 갈등을 줄이는 데 기여했다.

여덟 번째는 아웃소싱과 반대되는 개념인 인소싱이다. 이는 4자 물류의 개념으로 주로 자체적인 공급사슬을 운영하지 못하는 기업들이 많은 혜택을 받는 방식이다. 예를 들어 도시바는 UPS를 통해 수리부문을 운영하고 있다. UPS는 고장난 도시바의 컴퓨터를 고객으로부터 수거하여 수리한 후에 다시 고객에게 배송하는 역할을 한다. 나이키 또한 유사한 방식으로 물류 · 유통 사업을 운영하고 있는데, 고객이 온라인에서 나이키에 물건을 주문하면 나이키는 이 주문을 UPS에게 보내고, UPS는 자신들이 운영하는 보관창고에서 물건을 찾아 고객에게 보낸다.

아홉 번째는 정보 제공을 위한 자원의 확보와 평준화이다. 현재와 같은 정보화 사회에서 정보 접근권을 갖고 있다는 것은 경쟁에 있어 중요한 무기가 된다. 구글, 야후, 그리고 MSN과 같은 회사들은 전혀 상상도 못했던 다양한 정보들을 많은 언어로 제공하여 전 세계 누구나 이용할 수 있도록 하고 있다.

마지막 열 번째는 강화제Steroids이다. 디지털화, 모바일화, 가상화와 같은 혁신들로 인하여 글로벌화를 촉진하는 다른 요인들이 더욱 강력한 힘을 발휘할 수 있게 되었다. 노트북 컴퓨터, 핸드폰, 인터넷 전화, 그리고 다양한 소형 기기들은 세상을 엄청난 속도로 연결하여 주고 있으며, 여기에 무선기술의 발달은 이러한 현상을 더욱더 촉진시키고 있다.

결론적으로, 인터넷을 필두로 한 정보기술의 발달과 이러한 정보기술의 적극적 활용은 세계 시장을 단일화하고 글로벌화하였다. 각 국가마다 문화 및 생활방식의 차이에 따라 나타나는 차별성들이 있기는 하지만, 이러한 정보기술의 발전은 한 · 미, 한 · EU, 한 · 중 자유무역협정이나 세계무역기구 등을 통한 국제적 거래의 자유화 움직임과 더불어 경쟁, 기술, 환경, 노동 등의 분야에 현존하는 장벽들을 무너뜨리는 데 큰 역할을 하고 있다.

■ 시장과 기술의 불확실성 증가

서비스 기반 경제의 두 번째 특징은 시장에서의 불확실성과 기술의 불확실성이 크게 증가하고 있다는 점이다. 시장에서의 불확실성은 소비자들의 욕구나 소비행태의 변화에 따라 시장변수를 예측하기 어려워지는 시장의 모호성을 의미한다. 현재의 소비자들은 과거의 소비자들에 비해 물질적으로 훨씬 풍요로운 삶을 영위하고 있고, 다양한 욕구를 갖고 있으며, 보다 많은 정보를 갖고 있기 때문에 어떤 경우에는 공급자들보다 제품이나 서비스에 대해 더 잘 알고 있는 경우도 있다. 따라서 이들의 욕구를 충족시키는 데 있어 단순한 대량 솔루션보다는 개인화된 솔루션이나 서비스를 제공해야 할 필요성이 급격하게 증가하고 있다. 과거와 같이 하나의 상품이나 서비스로 모든 유형의 고객을 만족시킬 수 있는 경우는 더 이상 찾아보기 힘들게 되었고, 그러한 기업들은 소비자들의 외면을 받게 된다.

이러한 시장에서의 변화는 정보기술에 노출되어 자연스럽게 이러한 기술들을 활용할 줄 아는 신세대들의 등장에 의해 촉진되었다. 이들은 각종 정보로 무장되어 있을 뿐만 아니라, 선호하는 것이 뚜렷하며 자신의 주장을 거침없이 내세운다는 특징이 있다. 또 다른 인구사회학적 변화는 고령화이다. 선진국들 중 많은 국가들은 이미 노인 인구가 전체 인구의 10% 이상을 차지하는 고령화 사회에 들어서 있다. 고령인구들은 지속적인 경제활동을 수행하고 소비에 있어서도 다른 세대들보다 자유로운 상태이기 때문에 이들의 욕구를 파악하고 충족시키는 것이 기업들에게는 중요한 경영활동 영역으로 등장했다.

따라서 기업들이 이러한 시장 변화에서 살아남기 위해서는 이들 고객들의 다양한 요구에 부합하는 상품이나 서비스, 또는 이들 고객들이 갖고 있는 문제들을 해결할 수 있는 솔루션들을 제시해야 한다. 하지만 기업들이 고객의 욕구를 충족시키기 위해 부단히 노력하는 동안, 새로운 기술 및 기존 기술들의 융합에 의해 만들어진 다양한 대체재들이 지속적으로 등장하고 있다. 또한 제품의 라이프사이클은 현저하게 짧아지고 산업 간 경계가 모호해져 고객들의 요구에 맞는 솔루션을 제공하기가 어려워지고 있다. 현재 진행 중인 스마트폰 전쟁이나 스마트카, 핀테크 Financial Technology라고 불리는 금융기술을 생각하면 쉽게 알 수 있다. 기존의 핸드폰과 완전히 다른 형태로 진화한 스마트폰은 나온 지 얼마 되지 않았지만 그 종류와 기능에서의 진화는 무서운 속도로 빠르게 진행되고 있으며, 수많은 산업들이 스마트폰이나 태블릿 PC 안에 융합되고 있다.

기업들의 입장에서 보다 큰 문제는 소비자들의 요구에 맞는 제품과 서비스를 생산하기 위해 다양한 기술들을 이용하게 됨에 따라 기술의 복잡성이 크게 증가한다는 것이다. 예를 들어 자동차의 경우 전자화 비율이 40%에 이르는 차종도 있어 옛날의 기계식 자동차처럼 문제가 발생했을 때 그 원인을 파악하기가 쉽지 않다. 약 2만 2천 개의 부품을 가진 자동차는 많은 부품들이 서로 전자적으로 연결되어 있어 소형 부품 하나에 문제가 생겼을 때 그 원인을 찾아내기가 쉽지 않다는 것이다. 이러한 기술의 복잡성은 기업이 생산한 제품과 서비스에서 오류를 발생시킬 가능성을 높이고 있으며, 고객에게 전달하고자 하는 서비스를 고객들이 제대로 이해하지 못하여 제품이나 서비스를 반품하거나 이용하지 않을 가능성을 높인다. 실제로 미국의 경우 전체 반품에서 고객이 제품을 이용하는 방법을 몰라 반품하는 경우가 20~30%나 된다고 한다.

또한 기술 환경의 급변으로 인해 개발된 기술이 충분한 수익을 내기도 전에 진부화될 위험에 노출되어 있다. 기술이 복잡해지면서 새로운 기술을 개발하는 것이 어려워지기도 했지만 새로운 기술을 개발하는 데 엄청나게 많은 투자가 수반된다. 따라서 이렇게 개발된 기술이 진부화되면 기업들은 기술을 개발하는 데 들어간 투자비용을 모두 잃게 되고, 그 기술이 아닌 다른 기술에 투자했을 때 얻을 수 있는 수익도 얻지 못하는 두 가지 문제에 직면하게 된다. 때로는 기술개발에서의 실패가 기업의 운명을 결정짓기도 한다.

■ 새로운 시장지배의 원칙 : 수확체증의 법칙

마지막 이슈는 시장이 점점 글로벌화되고 기술 간의 융합이 진행됨에 따라 시장을 지배하는 원칙들이 바뀌고 있다는 점이다. 최근에 폭발적으로 증가하고 있는 무료게임, 소프트웨어나 서비스, 오픈 아키텍처 설계를 통한 표준 장악 시도, 그리고 경쟁기업 간의 협력을 통한 기술개발이나 시장 진입 등은 무엇을 의미하는가? 이러한 현상들은 기존의 제품 기반 경제체제에서의 시장지배 원칙인 수확체감의 법칙이 지식 기반 또는 서비스 기반 경제체제의 수확체증의 법칙으로 바뀌고 있다는 것을 의미한다. 수확체감decreasing return to scale의 법칙은 생산량을 늘릴수록 총생산은 증가하나 단위 생산량은 감소하는 것을 말하고, 수확체증increasing return to scale의 법칙은 생산요소의 투입을 증가시킬수록 산출의 증가폭이 커지는 것positive feedback으로 기존의 수확체감의 법칙에 반하는 개념이다.

수확체감 법칙의 예로는 공장에서 만들어지는 제품을 생각해 볼 수 있다. 공장에서 만들어지는 제품의 경우 일정 양을 초과하면 공장을 증설해야 하고, 노동자도 더 많이 고용해야 한다. 또한 원재료도 더 많이 필요하게 되어 원재료 값이 상승하고, 이에 따라 단위당 생산단가가 비싸진다. 따라서 전체 수익이 생산량 증가에 따라 늘어난다 하더라도 단위당 수익은 물건을 많이 만들면 만들수록 감소하게 된다. 좀더 간단한 예를 들면, 한 마지기의 땅에 동일한 작물을 매년 계속해서 심게 되는 경우 전체 수확량은 늘어나지만 한 번 수확할 때마다 나오는 수확량은 점차 감소하게 된다는 것이다.

수확체증 법칙의 예로는 마이크로소프트사의 개인용 컴퓨터 운영체제인 윈도우 7이나 8을 생각해 볼 수 있다. 윈도우 7이나 8을 개별적으로 사려면 약 20만 원 정도가 필요하지만 CD 하나를 더 만드는 비용은 천 원 정도에 불과하고, 더 많은 양을 생산해도 추가적으로 들어가는 비용이 거의 없기 때문에 생산을 많이 하면 할수록 단위당 수익이 더 발생한다.

지식제품에 적용되는 수확체증의 법칙은 몇 가지 숨은 법칙들에 의하여 설명할 수 있는데 그 대표적인 것이 네트워크 효과이다. 네트워크 효과는 대표적인 외부효과로 제품 또는 서비스 이용자의 수가 증가하면 이용자들이 지불하는 비용은 동일할지라도 네트워크의 가치가 기하급수적으로 증가하는 것을 말한다. 최근 들어 인터넷상에서 쉽게 구할 수 있는 무료 소프트웨어나 게임소프트웨어들이 네트워크 효과를 기반에 두고 나타나는 비즈니스 모델들이다. 특히 네트워크 효과는 트위터나 페이스북과 같은 소셜 네트워크 비즈니스에서 많이 볼 수 있으며, 이동전화 사업과 같은 곳에서도 많이 볼 수 있다.

네크워트 효과와 함께 적용할 수 있는 법칙은 '이용에 의한 학습'으로 지식제품에 특히 많이 적용되는 법칙이다. '이용에 의한 학습'은 사람들이 특정한 제품이나 서비스를 많이 이용하면 할수록 보다 많이 배우게 되고 제품과 서비스의 개선을 가져오며, 이러한 개선은 사람들이 더 많이 이용하도록 하는 원동력이 된다는 것이다. 예를 들어 애플의 컴퓨터나 아이폰을 이용하는 사람들은 다른 회사의 컴퓨터나 스마트폰을 구입하지 않고 애플의 제품을 지속적으로 이용한다. 많은 사람들이 특정한 제품이나 서비스를 이용하는 것은 또 다른 현상을 불러오는데, 이것을 정보적 수확체증이라 한다. 다시 말해, 많은 사람들이 제품을 이용한다는 것은 이용하지 않는 사람들에게 특정 제품의 품질과 효용이 높다는 신호를 보냄으로써 구매의도를 높여준다. 이러한 현상은 일상생활에서 사람들이 음식점을 선택하거나 서비스를 선택할 때 나타나는데, 사람이 적은 음식점이나 가게보다는 사람이 많고 붐비는 음식점이나 가게를 선택하게 된다.

지식제품들의 또 다른 특징은 기술적 상호관련성이 높고 이용자가 다른 제품으로 바꾸려 할 때 높은 전환비용이 든다는 것이다. 기술적 상호관련성은 제품의 융·복합화로 한 가지 제품을 구매할 경우 많은 보완제품을 동시에 구매해야 하는 것을 말한다. 예를 들어 개인용 노트북을 살 경우 프린터, 마우스, 또 다른 모니터, 그리고 다양한 메모리 카드 등도 함께 구매하여야 하는 경우가 발생한다. 또한 네트워크 효과와 연관되어 직접 연결은 되지 않더라도 다른 사람들과의 호환성을 고려하여 많은 사람들이 이용하는 제품을 선호하게 되는 경향이 있다.

전환 비용은 한 제품이나 서비스를 이용하다가 다른 제품이나 서비스로 전환할 경우에 제품을 구입하는 데 드는 비용뿐만 아니라 절차가 다르기 때문에 발생하는 시간과 노력에 따른 문제, 혹은 새로운 관계를 형성하는 데 있어 드는 비용을 말한다. 예를 들어 네이버 이메일을 이용하다가 구글 이메일로 바꾸는 경우를 생각해 보자. 이 경우 실질적인 비용이 발생하지는 않지만 새로 구글의 계정을 만들기 위한 프로세스를 거쳐야 하고, 다시 이메일 주소록을 만들어야 하며, 다른 사람들에게 새로운 이메일 주소를 알려야 하는 등 시간과 노력이 많이 소모된다.

라. 서비스 기반 경제로의 전환이 우리 사회에 던지는 의미

기존 한국 경제의 성장 원동력이었던 제조업은 매출 증가 10억 원당 직 · 간접 취업 유발이 4.9명에 불과하여 성장 원동력으로서의 기능을 잃어가고 있으며, 제품 생산만으로는 세계 경쟁 시장에서 이길 수 없다는 냉혹한 현실에 직면하고 있다. 따라서 고부가가치형 서비스산업의 확대는 고용의 양적 성장뿐만 아니라 질적 성장을 통해 노동시장의 유연성과 안정성을 향상시킬 좋은 대안으로 부각되고 있다. 이러한 예는 독일 등의 선진국에서 찾아볼 수 있는데, 독일의 경우 1990년대 초반부터 서비스산업의 글로벌화를 위해 지식서비스산업을 중심으로 수출지원 프로그램 및 혁신 지원 프로그램을 마련하고 집중적으로 투자함으로써 상당한 성과를 거두고 있다. 또한 미국은 1980년대에 극심한 불황을 겪었으나 구조조정과 함께 지식서비스산업을 발전시켜 이를 극복하고 신경제로의 진입에 성공한 바 있다.

이와 같은 변화들이 지식 기반 또는 서비스 기반 사회에 살고 있는 우리에게 주는 시사점은 무엇인가?

첫째, 특화된 지식의 보유 및 활용 여부에 따라 개인 및 기업의 성장과 미래가 결정된다. 우리가 살고 있는 경제체제는 전문지식을 중심으로 한 서비스 기반 사회로 변화하고 있고 기업은 종사자들에게 상황에 적절하게 대처할 수 있는 전문지식을 요구하고 있다. 이러한 지식에 기반한 경쟁은 이제 국경에 상관없이 전 세계를 대상으로 펼쳐지고 있다. 따라서 특화된 전문지식을 보유한 전문가나 기업은 보다 높은 이익을 창출하고 윤택한 생활을 영위하게 되지만 그렇지 못한 개인이나 기업은 실직 또는 도산 혹은 최저 수준의 소득을 얻게 될 것이다. 이는 사회계층의 양극화를 가져올 것이다.

기업의 경우 전 세계를 대상으로 하는 경쟁과 동시에 새로운 혁신기업들이 자신의 분야와 상관없는 산업에 뛰어드는 상황에서 누가 자신의 경쟁자인지도 모른 채 어느 날 갑자기 모든 것을 잃게 되는 경우도 발생할 것이다. 따라서 기업의 경우에는 중앙집중식 의사결정 구조나 중앙집권화된 운영체계보다는 최일선에서 고객의 요구에 대응하는 조직원들의 경쟁력을 높여 그들이 현장에서 의사결정을 할 수 있는 체계를 갖추어야 할 필요가 있다. 그렇지 않을 경우 시장에서 일어나는 변화를 놓치게 되고, 고객들의 요구에 기민하게 대응하지 못하여 생존이 불가능하게 될 것이다.

둘째, 지속적인 학습이 필요하다. 앞에서 언급한 것과 같이 제품의 수명주기는 급속도로 짧아지고 새로운 기술과 지식의 개발이 가속화되어 지속적인 학습 없이는 변화하는 환경에 적응할 수 없다. 이러한 환경에서 현상 유지를 고집하거나 기존의 기술에 집착하는 것은 도태되는 지름길이라고 할 수 있다. 더욱이 기술의 진보에 의해 기존의 기술들이 빠르게 진부화되어 가는 현실에서 학습을 하지 않는다는 것은 앉아서 죽음을 기다리는 것과 다를 바 없다. 따라서 기업들은 기업 내부에서 끊임없이 학습하는 체제와 문화를 구축해야 하며, 새로운 외부 지식을 빠르게 흡수할 수 있는 제도와 역량을 갖춰나가야 한다. 또한 새로운 지식과 기술이 조직 전체에 공유되고 활용될 수 있도록 최고의 운영방식을 발굴하고 전파하는 데 많은 노력을 기울여야 한다.

셋째, 자신의 핵심 역량에 대해 보다 명확하게 인식하고 이를 어떻게 확보하고 발전시킬 것인가에 대해 보다 진지하게 접근해야 한다. 지식 기반 사회에서 핵심 역량인 지식은 투입물이고 산출물이므로 기업의 가장 중요한 자산으로 인식되어야 한다. 경쟁과 협력 또한 이를 바탕으로 이루어져야 한다. 자신의 핵심 역량이 무엇인지를 알고 이를 기반으로 다른 기업들과 어떻게 협력할 수 있는지에 대한 진지한 고민과 역량의 습득은 기업의 생존과 발전에 있어 핵심적인 과제가 되고 있다.

마지막으로, 승자독식의 현상이다. 수확체증의 법칙에 의해 나타난 특정 제품이나 서비스로의 수렴은 부익부 빈익빈 현상을 더욱더 공고하게 하면서 승자독식 현상을 낳게 된다. 아래 그림은 승자독식 현상이 어떻게 나타나는지를 보여준다.

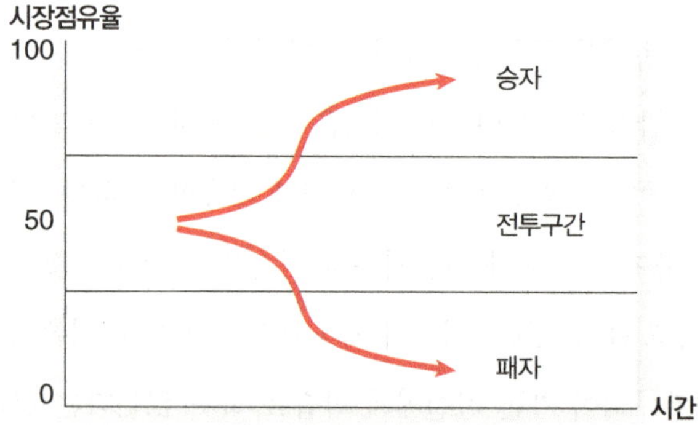

그림 1-3 승자독식 현상

예를 들어 현재 시장에서 경쟁하고 있는 두 개의 제품이 있다고 가정해 보자. 초기에는 시장에서 두 개의 제품이 모두 비슷한 시장점유율을 갖고 경쟁하게 된다. 이처럼 두 제품 간 큰 시장점유율 차이가 없이 경쟁이 벌어지는 구간을 전투구간이라 부르며, 수확체증의 법칙이 적용됨에 따라 제품 간 승패가 엇갈리게 되는데, 전투구간 밖으로 벗어나게 되면 승자독식 현상이 발생하게 된다. 초기에 비슷한 시장점유율을 갖고 있다 하더라도, 기술이 발전하고 이에 따라 제품들이 확산되면서 각각의 제품에 대한 비즈니스 생태계가 구축되기 시작하면, 각 진영에 참여하는 기업들의 수와 제품을 이용하는 소비자들의 수에 차이가 발생하게 된다. 이러한 상황에서 특정 제품이 일정 수준 이상의 시장점유율을 갖게 되면 어느 한순간 한 제품으로 쏠림현상이 발생하게 되고 승자와 패자가 확연히 구분되는 상황이 벌어진다. 〈그림 1-3〉을 보면 초기에는 선형적인 발전을 하다가 특정 시점에 이르게 되면 한 제품의 시장점유율은 가파르게 증가하고, 다른 제품은 반대로 시장점유율을 급격하게 잃게 된다. 이처럼 한 번 시장점유율이 고착화되면 기존의 제품이나 기술로 이를 뒤집기는 거의 불가능하며, 새로운 형태의 혁신만이 이러한 상태를 변화시킬 수 있다.

문제는 이러한 승자독식 현상이 시장에서 경쟁을 제한하거나 공정한 거래를 위협하는 수준에 이를 경우이다. 이때는 정부의 개입이 필요해진다. 정부는 전환비용을 낮추거나 독점회사를 분리하는 방식을 통하여 문제 해결을 꾀한다. 예를 들어 살펴보면, 과거 SK텔레콤이 절대적 영향력을 행사하던 이동통신 영역에서 한국 정부가 전화번호 이동을 가능하게 함으로써 SK텔레콤의 시장지배력을 축소시킨 사례나 미국

정부가 AT&T를 여러 개의 Bell로 분할했던 사례가 있다. 하지만 이러한 대책들은 한계를 가지며, 새로운 혁신의 도입에 의하여 이러한 구조가 근본적으로 바뀔 수 있다는 사실을 명심해야 한다. 최근 스마트폰 시장에서 KT 전략에 의해 무너진 SK텔레콤의 이동통신 영역에서의 지배력이 이를 잘 보여준다.

2. 서비스 개념의 진화와 기업들의 당면 과제

가. 서비스 개념의 변천

과거 서비스는 생산과 직접적으로 연관되지 않는 사회적 · 물리적 인프라를 지원하는 비생산적인 활동으로 인식되어 왔으며, 생산성이 낮아 경제성장의 발목을 잡는 방해물 정도로 간주되었다. 또한 서비스 혁신은 제조기업이 새로운 기술을 개발하면 이를 활용함으로써 일어날 수 있는 수동적인 활동으로 이해됐었다. 그러나 1960년대 이후 서비스 자체가 고객의 수요를 이끌어내는 동력임을 인지하면서 서비스에 대한 이해 및 활동 범위가 확대되었고, 최근에는 상품의 서비스화Servicization 또는 서비스의 상품화 Productization 등의 개념으로 확대되고 있다. 이러한 인식의 전환은 서비스 혁신을 통한 서비스 생산성의 향상뿐만 아니라 새로운 비즈니스 모델의 출현이라는 측면에서도 중요한 의미를 지니고 있다.

전통적으로 서비스는 '결과물이 유형적 제품이나 구조가 아닌 모든 경제적 활동', '어떤 한 경제주체의 상태 및 환경이 다른 주체에 의해서 바뀌는 것', '어떤 사람이 상대방에게 제공할 수 있는 활동이나 혜택으로써 무형적이며 소유될 수 없는 것으로 물리적 생산물과 결부될 수도 있고 그렇지 않을 수도 있는 것', '공동 생산자로서의 역할을 가지고 고객을 위하여 수행되는 소멸성 및 무형성의 경험' 등과 같이 정의되어 왔다.

이처럼 서비스는 하나의 표현으로 정의하기 어려운 측면을 갖고 있고 경제발전에 따른 산업구조의 변화로 서비스 성격 자체가 변화하고 있어 학자에 따라, 시기에 따라, 상황에 따라 그 개념이 조금씩 상이한 형태로 정의된다.

전통적인 서비스의 정의에서 여러 가지 특징들 중 생산과 소비의 동시성Simultaneity, 서비스 결과의 무형성Intangibility, 서비스 간의 이질성Heterogeneity은 가장 중요하게 다뤄진다.

그러나 서비스에 대한 전통적인 정의는 서비스 자체의 특수성에만 초점을 맞추고 있어 서비스 기반 경제에서 서비스를 이해하는 데 다음과 같은 측면들을 간과하고 있다. 첫째, 실질적으로는 모든 상품과 서비스가 유형 및 무형의 특성을 갖고 있으나 각각의 상대적인 비중이 다를 뿐이라는 것이다. 서비스는 무형적인 요소를 많이 내포하고 있는 반면 제품은 유형적인 요소를 많이 갖고 있을 뿐이지 서비스와 제품은 별개의 것이 아니라는 것이다. 즉, 서비스와 제품은 고객의 가치 창출을 위한 하나의 묶음으로 이해되어야 한다. 둘째, 최근에 나타나고 있는 상품의 서비스화Servicization 또는 서비스의 상품화Productization라는 측면을 간과하고 있다. 서비스화Servicization 또는 상품화Productization는 제조업, 농업, 혹은 자원 기반 기업이 생산한 제품을 서비스와 연관시켜 변환한 후 제품과 서비스를 동시에 제공하는 것을 의미한다. 예를 들어 자동차를 판매할 때 재무적 지원, 컨설팅, 유지 · 보수 등과 같은 각종의 서비스를 포함시킴으로써 제품을 서비스화한다든지, 자동차 자체를 판매하는 것이 아니라 장소 이동 서비스로 정의하고 이를 제공하는 것이다. 셋째, 전통적인 서비스 정의는 제공자Producer 입장에서 이루어지고 있어 기업의 성과 측면에서만 정의를 내리고 있다. 고객의 환경, 즉 시간이나 장소, 경험, 그리고 고객의 가치를 높이기 위해 구성되는 제공자, 정부기관, 파트너, 커뮤니티 등의 서비스 네트워크Service Network는 무시되고 있다.

이처럼 최근에 부각되고 있는 서비스화Servicization 또는 상품화Productization와 같은 서비스에 대한 인식의 변화로 인하여 전통적인 서비스 정의의 문제점이 지적되고 있으며, 학계에서도 최근 서비스 환경 변화에 맞추어 서비스를 재정의하고 있다. 과거 서비스 관련 초기 연구에서는 단순히 서비스의 기술적 · 기능적 측면에 초점을 두었다면 최근에는 보다 포괄적으로 서비스를 정의하고자 하는 흐름이 나타나고 있다. 이러한 흐름에서 서비스는 '고객의 문제들을 해결하는 솔루션을 제공하는 일련의 활동'이나 '고객의 이익을 위해 모든 역량을 이용하는 것'으로 정의된다.

나. 서비스 지배 논리

과거에는 서비스 활동이 비생산적인 활동으로 간주되다 보니 기업들의 주요 관심사가 자연스럽게 제품 생산에 있어서 효율성을 높이는 데 주어졌는데, 이는 제품 자체가 고객이 원하는 가치를 제공한다는 사고에 기반을 둔 것이었다.

이러한 사고는 기업들이 수익을 창출하는 데 있어 제품을 만들어 팔고 애프터서비스를 제공하는 일에만 집중하도록 만들었다. 이러한 사고를 '제품 지배 논리' 라고 한다. 제품 지배 논리에서 경제활동은 제품 생산과 교환 활동에 집중되어 있었기 때문에 서비스는 가치를 창출하는 경제활동이 아닌 나머지 보조적인 활동을 모두 포괄하는 의미로 간주되었다.

하지만 서비스 지배 논리는 가치의 창출이 제품의 생산이나 교환에 의하여 이루어지는 것이 아니라 제품의 이용에 의하여 이루어진다는 이론으로, 기업은 실현하고자 하는 가치가 무엇인지를 제시만 하고 실실적인 가치 창출은 고객이 제품이나 서비스를 이용하면서 이루어진다는 것이다. 즉, 가치는 기업과 소비자가 공동으로 창출한다고 정의된다.

이에 따라 서비스 지배 논리에서 기업은 가치를 생산하거나 전달하는 주체가 아니라 가치 명제만을 제공하는 경제주체이며, 이용자들이 가치를 공동 창출하는 주체로 인식된다. 제품 지배 논리에서 가장 중요한 교환의 요소였던 제품은 서비스를 제공하기 위한 전달수단으로 인식된다.

다시 말해서, 서비스 지배 논리에서는 제품 또는 산출물에 부과되어 있는 가치보다 고객과 서비스 제공자가 공동 창출하는 가치가 중요하므로 고객을 '공동 창출자Co-Creator' 로 바라보고 이들의 참여를 극대화시키는 것이 경쟁우위를 확보하는 유일한 길이라고 인식한다. 제품은 서비스를 제공하는 과정의 일부분이며, 서비스의 가치는 고객이 구매하는 제품에 있는 것이 아니라 소비자가 궁극적으로 달성하고자 하는 목적을 얼마나 효과적으로 달성하였는가에 의하여 결정된다. 제품은 그 과정에서 수단으로 이용되며, 여기에 무형의 서비스가 수반됨으로써 서비스의 가치가 결정되는 것이다. 즉, 과거에는 제품이 개별적인 존재였으나 이제는 무형의 서비스와 결합되어 가치가 창출되고, 무형으로 제공되던 서비스가 이제는 유형의 상품과 결합되거나 전환되어 가치가 창출된다.

지금까지 논의된 제품 지배 논리와 서비스 지배 논리를 경제활동의 목적, 주요 교환단위, 활용 자원, 그리고 고객의 역할을 중심으로 다음과 같이 요약할 수 있다.

표 1-2 **제품 지배 논리와 서비스 지배 논리의 비교**

	제품 지배 논리(G-D logic)	**서비스 지배 논리**(S-D logic)
경제활동 목적	생산과 판매	공동 가치 생성
주요 교환단위	제품 또는 산출물, 서비스	servicing and experiencing
활용 자원	천연자원 또는 물리적인 유형자원 (operand resource)	지식, 기술과 같은 비유형적 자원 (operant resource)
고객의 역할	제품의 구매자 또는 소비자	공동생산자

다. 서비스 지배 논리에 대한 10가지 명제

서비스 지배 논리의 핵심은, 가치 창출이 서비스 제공자와 서비스 이용자의 공동행위에 의해 발생하며, 교환 단위로서의 제품이나 서비스가 중심이 아니라 제품이나 서비스를 통해 고객이 얻고자 하는 본질적인 가치가 중심이라는 것이다. 서비스 지배 논리의 관점에서 비즈니스를 바라보면 기존의 제품 중심의 사고일 때와 많은 부분에서 차이가 난다.

서비스 지배 논리는 크게 10가지의 기본 명제들을 갖고 있다. 앞으로 본 장에서 진행될 서비스 지배 논리에 대한 설명은 이 명제들을 기반으로 하고 있다.

표 1-3 서비스 지배 논리에 대한 10가지 명제

	명제
1	서비스는 교환의 기본 단위이다.
2	서비스는 제품이나 기타 수단과의 결합을 통하여 간접적으로 전달이 가능하다.
3	제품이 이용될 때 서비스 가치가 창출된다.
4	주체적 자원이 경쟁우위의 근원이다.
5	모든 경제는 서비스 경제이다.
6	고객은 항상 가치의 공동 창출자이다.
7	기업은 가치를 직접 전달할 수 없고, 단지 제안만 할 뿐이다.
8	서비스 중심 관점은 내재적으로 고객 위주의 관계지향적이다.
9	모든 사회 및 경제주체들은 자원 통합자이다
10	가치는 언제나 수혜자의 각기 다른 경험을 통해서 창출된다.

출처 : Stephen L. Vargo, Robert F. Lusch, Service-dominant logic : continuing the evolution, *Journal of Academic Marketing Science*, 2008, pp.1~10.

▪ 서비스는 교환의 기본 단위

제품 자체가 가치를 창출할 수 있다는 제품 지배 논리에서 교환의 단위는 제품good으로 기업은 고객이 원하는 제품을 만들기 위하여 노동력과 임금을 상호 간의 요구에 의해 교환한다. 그러나 교환의 단위가 무형의 서비스인 서비스 지배 논리에서는 기업이 고객에게 제품만 공급하는 것이 아니라 고객과 함께 다양한 경로를 통해 지속적인 의사소통을 함으로써 제품의 근본적인 가치를 만들어가기 때문에 기업과 고객이 공유할 수 있는 지식이나 기술과 같은 무형적인 것들이 교환의 단

위가 된다.

교환의 단위unit of exchange라는 의미 자체가 제품 중심적인goods-centric 표현이기 때문에 서비스 지배 논리에서는 단위unit가 아닌 기초basis로 표현된다. 따라서 서비스 지배 논리에서는 서비스가 모든 교환의 기초가 된다.

■ 서비스는 제품이나 기타 수단과의 결합을 통하여 간접적으로 전달이 가능

제품 지배 논리에서는 제품 자체가 고객에게 가치를 제공할 수 있다고 생각되어지기 때문에 직접적으로 교환이 가능하다. 예를 들면, 자동차 회사는 완성된 자동차를 대리점을 통하여 판매함으로써 고객이 원하는 가치를 제공한다. 따라서 제품 지배 논리에서는 단순히 기업이 고객으로부터 돈을 받고 자동차를 팔면 그것으로 교환이 완료된다.

하지만 서비스 지배 논리에서 말하는 교환의 기초인 서비스는 직접 전달되는 것이 아니라 제품이나 기타 수단과의 결합을 통해 간접적으로 전달된다. 다시 말해서, 고객이 제품을 직접 이용하고 경험함으로써 서비스의 가치가 창출된다. 그러므로 서비스에 대한 관점 자체를 제공자의 입장이 아닌 고객의 입장에서 생각하고 고객이 처한 상황이나 고객의 경험을 이해하는 것이 필요하다.

고객 경험experience은 서비스의 이용에 있어서 다양한 의사소통 채널을 통하여 기업과 고객이 상호작용할 때 얻어진다. 즉, 기업은 가치를 제안만 할 뿐 독립적으로 가치를 창출하지는 않으며, 고객과의 공동 창출 과정을 통하여 가치를 만들어낸다. 서비스에 대한 고객 경험은 시간,

장소, 그리고 고객의 상황에 따라 다르게 지각되기 때문에 서비스 가치를 창출하는 데 매우 중요한 역할을 하며, 고객 경험을 통해 창출되는 서비스 가치는 서비스 기업의 성과에 중요한 영향을 미친다.

■ 제품이 이용될 때 서비스 가치가 창출

제품 지배 논리에서는 기업이 제품을 만들어 고객에게 판매하면서 가치가 자동적으로 창출된다고 인식한다. 예를 들어, 일반적으로 자동차를 구매하면 기본적으로 창문에 썬팅을 하는데, 그 이유는 주로 여름철 뜨거운 햇볕을 차단하거나 운전자의 사생활을 보호하는 데 있다. 제품 지배 논리에서 썬팅에 필요한 필름은 생산되어 대형 할인점이나 자동차 용품 전문점에 판매됨과 동시에 고객에게 전달되면 그것으로 가치가 생성된다.

하지만 서비스 지배 논리에서는 기업이 제품을 생산하여 판매한다고 해서 가치가 창출되는 것이 아니라 구매 고객이 제품을 어떻게 이용하고 그 이용법은 무엇을 통해 전달되었는가에서 시작된다. 제품 지배 논리에서 언급된 썬팅 필름과 같은 경우를 보면, 썬팅 필름은 구매 고객의 용도에 따라 다양하게 이용된다. 일부 고객은 자동차에 이용하지만 다른 고객은 가정이나 사무실에서 이용하기도 한다. 특히 가정에서 이용하기 위하여 썬팅 필름을 구매하는 고객은 태양열 차단이나 사생활 보호 및 안전상의 이유로 구매하기도 한다. 뿐만 아니라 썬팅 필름을 제조 및 판매하는 기업은 일반 고객들도 자유자재로 필름을 이용할 수 있도록 이용 방법을 자신의 홈페이지나 판매 제품 설명란에 올려놓기도 한다.

보다 구체적인 예로는 아이팟ipod과 아이튠즈iTunes를 들 수 있다. 과거 제품 지배 논리에 따르면, 고객은 MP3 플레이어인 아이팟만 구매하면 교환이 완료됨과 동시에 원하는 가치를 얻게 된다. 하지만 실제로 고객은 아이팟만 구매하는 것이 아니라 아이팟 전용 소프트웨어 플랫폼인 아이튠즈를 이용하여 음악이나 동영상 등을 다운로드 받아 즐기게 된다. 즉, 고객은 아이튠즈라는 플랫폼을 통한 간접적인 경험을 통하여 아이팟의 가치를 만들어내는 것으로 아이튠즈가 없으면 아이팟은 단지 하나의 쇳덩이에 불과하게 되는 것이다.

또 다른 예로 세계적인 완구 브랜드 레고Lego는 다양한 색상과 크기의 플라스틱 블록 장난감으로 어린이들의 창의력과 상상력 개발을 위해 고안되었으며, 블록을 다양한 방법으로 조립할 수 있게 되어 있다. 1998년 미국 매사추세츠 공대MIT의 시모어 페퍼트Seymour Papert 연구팀은 마인드스톰 시스템Minstorms Robostics Invention System을 개발하여 레고와 기술적 융합을 시도하였다. 마인드스톰 시스템이란 단순히 끼워 맞추기만 했던 과거의 제품방식에서 벗어나 프로그래밍을 통해 명령을 수행할 수 있도록 만든 제품을 말한다.

기존의 레고 블록은 고객에게 판매하는 것으로 교환이 끝났다면, 지금은 레고 상품을 활용할 수 있는 무형의 소프트웨어를 제공함으로써 간접적으로 고객에게 가치를 전달한다.

결국, 서비스 지배 논리에서는 기업이 단순히 제품을 통해 고객에게 가치를 전달할 수 있는 것이 아니라 제품과 그것을 활용할 수 있는 서비스가 통합convergence된 형태로 제시되어야만 가치가 창출된다.

■ 주체적 자원이 경쟁우위의 근원

자원resource의 사전적인 의미는 인간 생활 및 경제 생산에 이용되는 원료로서 광물, 산림, 수산물뿐만 아니라 자연의 일부 또는 인간의 창의력이나 기술 등과 같이 눈에 보이지 않는 것들을 통틀어서 말한다. 일반적으로 자원은 크게 유형자원과 무형자원으로 구분된다.

표 1-4 자원(resource)의 구분과 특징

유형자원	무형자원
• operand resource • 객체적 자원 • 제품 지배 논리 • 천연자원(석유, 철광석, 다이아몬드 등)	• operant resource • 주체적 자원 • 서비스 지배 논리 • 지식, 기술, 정보 등

제품 지배 논리에서 자원은 유형의 제품 또는 산출물을 만들어내기 위한 천연자원 및 물리적 유형자원을 의미하며, 재화의 교환이 이익을 극대화시킬 수 있는 수단으로 여겨진다. 여기에서 자원은 그 자체로는 아무런 가치가 없으며 활용을 위해서는 또 다른 형태의 자원이 필요하다. 대부분의 천연자원은 유용성이 적은 객체적 자원operand resource으로 인간의 삶에 필수적이고 변형이 가능하며, 부wealth를 창조하고 재화를 교환하는 데 있어 중요하게 인식된다.

서비스 지배 논리에서는 주체적 자원operant resources에 주요 초점을 맞춘다. 주체적 자원은 지식이나 기술과 같이 무형적인 것으로 객체적 자원뿐만 아니라 가치 창출을 위한 다른 주체적 자원까지도 포함한다. 서비스 지배 논리에서는 천연자원과 같은 객체적 자원을 인간이 어떻게 활용할지에 대하여 학습할 때 비로소 자원으로서의 의미를 갖게 되며, 특히 지식과 기술은 생산요소를 조합하거나 결합하여 서비스 생산을 통한 가치 창출을 이루어내는 중요한 자원으로 인식된다.

예를 들어 이산화규소silica는 천연자원으로 객체적 자원 중 하나일 뿐이지만, 이를 어떻게 활용할지 연구하고 학습한 결과 현재는 컴퓨터의 마이크로프로세서microprocessor로서 중요한 역할을 하고 있다. 즉, 서비스 지배 논리에서의 가치 창출은 잠재적인 자원이 특별한 이익을 창출하였을 때 나타나며, 이러한 활동을 리소싱resourcing이라고 일컫는다. 자원 기반의 이익 창출 활동인 리소싱은 자원 창출resource creation, 자원 통합resource integration, 저항 제거resistance removal의 세 가지 본질적인 의미를 내포하고 있다.

첫 번째 의미인 '자원 창출'은 항상 인간의 지식이나 독창성 등과 같은 주체적 자원이 필요하다. 예를 들어 1850년대 중반까지 석유는 이용가치가 없는 불필요한 물질로 취급되었으나, 인간의 평가와 지식의 적용으로 인하여 자원이 되었다. 가장 중요한 것은 자원 창출이 단지 실험실이나 대학에서만 이루어지는 것이 아니라 사회 전반에 걸쳐서 폭넓게 존재한다는 것이다. 사회의 가장 기초 단위인 가족도 주체적 자원의 창출이 가능하다. 가족은 가족구성원들과 함께 지식을 창출하고 나누며 더욱더 진보시킬 수 있기 때문이다.

두 번째 '자원 통합'은 모든 서비스 시스템의 가장 기본적인 기능이다. 기업의 관점에서는 기업 내 조직이 자원 통합의 기능을 수행하게 된다. 기업 내 조직은 직원들의 지식이나 기술 등과 같은 세부적인 능력들뿐만 아니라 대내외적으로 획득할 수 있는 자원들을 종합하고 변형시킬 수 있기 때문이다.

세 번째의 '저항 제거'는 잠재적인 자원이 유용해지기 전에 존재하는 장애 요소들을 사전에 없애는 것이다. 예를 들어 석유는 주로 지하 50,000피트에 저장되어 있는데, 그 깊이까지 땅을 팔 수 있는 기술이 없다면 석유는 인간의 삶에 유용하게 이용될 수 없었을 것이다. 따라서 석유라는 천연자원으로서의 가치를 창출하기 위해서는 효과적인 굴삭 기술을 통하여 50,000피트라는 깊이의 땅을 팔 수 있어야 하는 것이다. 이러한 저항요소는 단지 물리적인 것뿐만 아니라 문화적인 면과 같은 무형적인 형태로도 존재할 수 있다. 따라서 지식이나 기술 등과 같은 무형적 형태인 주체적operant 자원은 기업이 시장에서 경쟁우위를 점하는 데 있어서 기본적인 요소가 된다.

■ 모든 경제는 서비스 경제

제품 지배 논리는 제조업에 있어서 경제행위를 하는 데 주요한 수단이었다. 즉, 기업은 비용을 들여서 제품을 생산하고, 고객은 기업의 비용과 이익이 합쳐져 산출된 제품에 대해 비용을 지불하고 구매함으로써 흔히 말하는 경제행위가 이루어지는 것이다.

하지만 서비스 지배 논리에서 제품의 생산은 단지 가치 창출 과정의 일부분이며, 기업의 제품 생산도 독자적인 것이 아니라 많은 협력업체들과 직원들의 지식이나 역량, 그리고 적극적인 마인드 등과 같이 주체적인 자원들이 결합되어 이루어진다. 뿐만 아니라 제품을 만들었을 때 어떤 브랜드를 이용할 것이며, 어떠한 색상과 디자인으로 고객들에게 접근할 것인지, 그리고 과연 얼마의 가격으로 판매를 할 것인지 등에 대한 무수히 많은 디자인이나 마케팅 전략이 함께 진행되었을 때 고객들이 생각하는 제품이 된다.

서비스 경제가 발달한 현대 시대에는 단순히 제품만을 만들고 판매해서는 시장에서 살아남을 수 없으며, 유통에 대한 끊임없는 연구와 혁신이 필요하다. 예를 들어 건축자재들을 종합적으로 판매하는 미국의 대형 유통업체인 홈 디포The Home Depot는 건축자재 분야의 대표적인 카테고리 킬러카테고리 킬러란 백화점이나 슈퍼마켓 등과 달리 상품 분야별로 전문매장을 특화하여 상품을 판매하는 소매점이다. 카테고리 킬러의 주요 특징은 목표 고객에게 차별화된 서비스 제공, 체계적인 고객 관리, 셀프서비스와 저렴한 가격 등이다. 홈디포는 최고의 고객 서비스를 제공하는 데 초점을 두어 단순히 매장에서 자재를 판매할 뿐만 아니라 판매한 자재를 이용한 시공 서비스와 주택 보수에 대한 상담을 무료로 해주는 전문가들을 배치하는 등의 고객 서비스를 제공하고 있다. 결과적으로 홈디포는 1990년대 중반 이후부터 20퍼센트 이상의 높은 성장률을 보이고 있으며, 현재 미국, 캐나다, 중국, 멕시코 등지에서 2,000개가 넘는 많은 매장을 운영하고 있다.

또 하나의 예로 오피스맥스OfficeMax를 들 수 있다. 오피스맥스는 사무용품을 판매하는 미국의 대형 유통업체로 해당 분야의 카테고리 킬러이다. 오피스맥스는 복잡한 사무용품 유통단계를 단축해 제품 생산업체와 고객을 직접 연결시켜 주는 대형 매장을 운영한다. 즉, 코스트코Costco와 같이 많은 제품을 저렴한 가격에 판매하는 마케팅 전략을 사무용품 시장에 적용시킨 것이다.

미국의 사무용품 시장은 오피스맥스OfficeMax, 스테이플스Staples, 오피스디포Office Depot 상위 3개 업체가 장악하고 있으며, 최근 코스트코Costco 나 월마트WalMart 같은 대형 할인점들이 3개 업체의 시장 영역을 넘보고 있다. 이와 같은 사무용품 시장의 치열한 경쟁구도에서 오피스맥스는 카테고리 킬러로서의 전문성뿐만 아니라 조직구성원들의 사무용품에 대한 전문지식 및 고객 서비스 교육, 고객 중심의 매장 상품 진열로 다른 업체와의 차별화에 중점을 두고 있다.

이러한 두 개의 사례에서 보듯이, 이제 기업은 단지 제품을 생산하는 것만으로는 시장에서 살아남을 수가 없다. 철저한 유통 및 마케팅 전략, 차별화된 고객 서비스, 협력업체와의 긴밀한 의사소통 및 지원 등 서비스 지배 논리에서 말하는 주체적인 자원들이 있어야만 치열한 경쟁에서 수익을 창출해 낼 수 있다.

■ 고객은 가치의 공동 창출자

제품 지배 논리에서 기업의 주요 목적은 제품을 만들어서 소비자에게 판매하는 것으로, 효율적인 제품 생산이 가장 중요시되었으며 제품의 교환에 의해 가치가 창출value-in-exchange 된다고 인식되었다. 반면 서비스 지배 논리에서는 기업만이 가치를 생산하거나 전달하는 주체가 아니라 소비자들이 기업과 함께 공동으로 가치를 생성value-in-use 하는 주체가 된다.

전자의 경우에는 제품 또는 산출물이 교환 대상이고 그 중에서 가장 중요한 요소인 제품은 서비스를 제공하기 위한 전달 수단으로 인식됨에 따라, 고객의 역할은 제품의 구매자나 소비자로 한정된다. 그러나 후자의 경우에는 '서비스화servicing' 와 '경험화experiencing' 가 중요한 교환요소가 되며, 제품 또는 산출물에 부과되어 있는 가치보다 고객과 서비스 제공자가 공동으로 창출하는 가치를 중요시하면서 고객을 '공동 창출자co-creator'로 인식한다.

공동 창출co-creation이란 서비스 제공자가 혼자서 가치를 만드는 것이 아니라 고객이 가치 창출의 전 과정에 기업과 함께 참여하는 것을 의미한다Stephen L. Vargo, and Robert F. Lusch, 2008. 가치의 공동 창출에 대한 경험은 기업이나 제품, 또는 고객 중심이 아닌 고객 개개인이 공급자 네트워크나 고객 네트워크와 특정 목적을 가지고 상호작용을 함으로써 얻게 된다. 공동 창출은 네 가지의 특성을 갖고 있다.

첫째, 공동 창출은 광고나 판촉 활동을 통하여 소비자를 감정적으로 자극시킨다. 프랑스계 여행사 Club Med의 경우 차별화된 여행상품 광고를 통하여 소비자에게 감정적으로 접근한다.

둘째, 이른바 'self-service'의 개념으로 고객이 기업의 제품 관련 업무 중 한 부분을 담당함으로써 공동으로 가치를 만들어나가는 것이다. 스웨덴 가구회사 IKEA의 사례를 보면 고객 스스로가 제품의 운반 및 조립 같은 과정을 담당함으로써 기업과 공동으로 가치를 창출해낸다.

셋째, 공급자는 경험을 제공하고 고객은 그 제공받은 경험을 통하여 가치를 창출한다. 디즈니랜드의 경우, 그들이 강조하는 것은 고객 경험이며 종업원들은 방문 고객들에게 생동감 있는 경험을 주기 위하여 각각의 장소에서 자신이 맡은 캐릭터의 역할을 마치 실제인 것처럼 수행한다.

마지막으로, 고객은 공급자가 제공하는 다양한 의사소통 경로를 선택할 수 있고 원하는 방법을 이용하여 자신의 문제를 처리할 수 있다.

세계적인 금융기관인 씨티뱅크의 경우에는 키보드 응답 시스템을 이용하여 콜센터와 고객을 연결해 줌으로써 인터넷뱅킹과 관련된 문제를 해결하도록 하였다.

기업의 입장에서 공동 창출의 기회는 가치를 창출하기 위한 전략적 선택이 될 수 있다. 이런 맥락에서 공동 창출 기회를 일으키는 요인은 크게 기술의 혁신, 산업논리의 변화, 고객 선호 및 라이프스타일의 변화와 같이 세 가지로 구분될 수 있다.

첫째, 광대역 디지털 TV나 3세대 휴대폰과 같은 신기술 개발은 기업이 고객과 소통하고 관계를 맺는 방식을 변화시킴으로써 혁신적인 제품이나 서비스의 제공을 가능하게 하였다.

둘째, 새로운 고객 접근 채널의 개발에 의한 산업구조의 변화는 공동 창출의 기회를 가져올 수 있다. 예를 들어 이메일, 화상전화, 인터넷 등의 등장은 공급자들이 시간과 공간에 관계없이 보다 유연하게 고객을 대응하는 것이 가능하도록 만들었다. 산업 간 경계가 사라지고 이들 사이에 융합이 활발하게 이루어지는 현상은 개인 각각의 핵심 역량이나 지식 등을 결합하고 새로운 방식으로 가치를 공동 창출할 수 있는 기회가 증가됨을 의미한다.

셋째, 고객의 선호 및 라이프스타일의 변화 또한 공급자들이 고객의 취향에 부합하는 제품을 제공할 수 있는 또 하나의 기회가 될 수 있다. 패션 산업의 경우 최근 10여 년간의 경향을 보면 개인주의적인 성격이 매우 강하게 나타나는데, 이는 점차 개인의 경험이 중시되고 차별화된 제품과 서비스를 추구하는 고객의 성향이 반영된 것으로 볼 수 있다. 영국의 의류업체 Red Letter Days의 경우 고객의 취향과 다양한 요구를 반영한 맞춤 양복을 제작하는 것으로 유명한데, 이는 고객 실험을 통해 이익을 창출하는 대표적인 사례이다.

■ 기업의 가치 제안

제품 지배 논리에서는 기업이 고객이 원하는 제품을 생산하기 위하여 필요한 자원을 통합한 후 판매 가능한 제품으로 제조하고 이것을 판매함으로써 가치 창출이 이루어졌다면, 서비스 지배 논리에서는 지식, 기술 등의 잠재적인 자원이 구체적인 이익으로 실현될 때 가치 창출이 이루어진다.

서비스 지배 논리에서의 가치 창출과 관련된 대표적인 경우가 IT 아웃소싱outsourcing이다. 2002년 플로리다 주는 노후된 인사관리 IT시스템을 대체할 신규 시스템의 도입을 고려하였으나, 교체비용으로 8천만에서 1억 달러가 예상됨에 따라 아웃소싱을 고려하게 되었다. 플로리다 주는 'People First' 라는 프로젝트 하에 직원의 모집부터 선발, 등록, 급여 및 복지에 관한 모든 업무를 아웃소싱하기로 결정했다.

하지만 기존 시스템에서 신규 시스템으로 자료를 이전하는 과정에서 모든 데이터를 새로 입력해야 하는 작업을 수행하여야 했고, 행정기관 간의 조직 구조 및 프로세스의 변경, 법적 규제, 노조 반발과 같은 문제들로 인하여 업무가 원활하게 진행되지 못하였다. 하지만 플로리다 주는 이러한 시행착오를 통하여 아웃소싱의 계획과정부터 아웃소싱을 관리하는 공공기관의 팀과 아웃소싱 업체인 수행팀 간의 적극적인 협업이 필요함을 배우고, 성공적인 아웃소싱을 통해 직접적인 예산 절감 이외에도 지역경제를 활성화하고, 조세 수입의 증가를 가져오는 등 부가적인 가치를 창출하는 결과를 거두었다.

이 사례를 통하여 가치는 단지 기업의 제공 자체로만 창출되는 것이 아니라 제공받는 고객과의 협업을 통하여 함께 경험하고 공유하면서 만들어진다는 것을 알 수 있다.

■ 고객 위주의 관계 지향적 서비스

제품 지배 논리에서 기업은 고객을 단지 제품을 판매하는 대상으로 여기고, 이에 따라 일방적으로 제품에 대한 정보를 전달하고 설득하는 단방향 의사소통을 한다. 반면에 서비스 지배 논리에서는 고객이 주체적인 자원이고 기업과 함께 가치를 창조할 수 있는 존재로 인식됨에 따라 기업과 고객 상호 간의 신뢰, 상호 학습을 기반으로 하는 쌍방향 의사소통을 한다. 이는 마케팅 측면에서도 동일하게 적용되는 것으로, 전자의 경우에는 기업이 고객을 대상으로 단방향 마케팅 활동이 이루어지나, 후자의 관점에서는 고객과 기업을 마케팅 활동의 공동주체로 인식한다.

서비스 지배 논리에서의 쌍방향 의사소통은 많은 부분에서 실현이 가능하지만 가장 대표적인 것이 고객 커뮤니티community이다. 대표적인 사례로 '홈쇼핑 소비자 평가단'을 들 수 있다. 소비자 평가단에 소속된 고객들은 홈쇼핑에서 판매되고 있는 상품을 직접 이용해 보고, 해당 상품의 장점과 단점을 모니터링하며, 개선 방향에 대해서도 의견을 제시한다. 또한 홈쇼핑 사이트 내에서 활동하는 개별 판매자들에 대해서도 가격이나 배송, 품질 등과 관련하여 모니터링하는 역할을 한다. 이러한 과정을 통해 고객은 공급자와 공동으로 제품과 서비스의 질을 향상시키고 새로운 가치를 창출한다. 이와 같이 가치는 항상 기업과 고객이 끊임없는 의사소통을 통하여 함께 만들어가는 것이다.

■ 모든 사회 및 경제주체들은 자원 통합자

제품 지배 논리에서 자원의 통합이란 제품 생산에 필요한 천연자원 등을 수집 및 통합하여 고객들에게 가치를 제공할 수 있는 제품을 만들어내는 것으로 가치 창출을 위한 자원의 통합자는 기업조직Organization 이다.

예를 들어 고객이 원하는 가치를 제공하기 위하여 자동차 제조회사는 자동차 생산에 필요한 철이나 고무 등의 자원을 모아서 완성된 자동차를 만들고 대리점을 통하여 판매하는데, 이때 자원의 통합자는 자동차 회사의 업무를 담당한 조직이다. 따라서 제품 지배 논리에서의 자원은 선형적인 공급망linear supply chain에 따라 한 방향으로 이동되는 것으로 판매자와 구매자가 명확히 구분된다.

서비스 지배 논리에서의 자원의 통합은 판매자와 구매자가 명확히 구분되는 선형적인 형태의 한정된 공급망이 아니라 여러 방향으로 유기적인 관계가 형성되는 가치 창출 네트워크를 의미한다. 즉, 기업 및 제품 또는 고객만이 아니라 고객 개개인이 공급자 네트워크나 고객 네트워크와 일정한 목적을 갖고 상호작용을 함으로써 자원을 통합하고 가치를 창출해 내는 것이다. 이와 더불어 고객이 그들의 핵심 역량, 도구, 천연자원 또는 전문적인 서비스 등을 이용할 때 자원 통합자로서의 역할을 한다고 볼 수 있다,

공급자 또한 가치 창출을 위한 네트워크를 구성하게 된다. 공급자

의 가치 네트워크란 고객이 때와 장소에 따라 다양한 서비스를 원하게 되면 공급자는 다양한 참여자 혹은 아웃소싱 파트너나 사업자 등과 함께 고객의 요구에 대응할 수 있는 네트워크를 만든다는 것을 의미한다.

자원 통합자의 역할을 하는 조직이 네트워크상에 존재한다는 것은 단순히 공급자와 소비자라는 두 주체만의 관계를 의미하는 것이 아니라 복잡한 경제시스템 안에서 수많은 상호 조직 간에 관계를 맺는다는 것을 의미한다. 이러한 가치 네트워크 접근방식에서 조직은 그보다 더 큰 조직의 네트워크를 구성하는 일부로서 다른 조직과 상호작용을 통하여 가치를 공동 창출해 나간다고 본다. 또한 조직의 활동에 대하여 부분적으로 접근하는 것이 아니라 전체적이고 통합적인 시각에서 바라본다는 특징이 있다. 따라서 네트워크 관점은 기업의 시각을 자원이나 원료 중심에서 자원의존도, 거래비용, 각 주체 간의 네트워크 관계 등을 중시하는 방향으로 전환시켰다고 볼 수 있다.

■ 가치는 언제나 수혜자의 각기 다른 경험을 통해서 생성

제품 지배 논리에서 가치는 자원을 기반으로 생성되는데, 특히 객체적 자원의 획득과 관련이 있다. 일반적으로 기업은 제조에 필요한 천연자원을 이용하여 고객이 원하는 제품을 만들고 이를 팔아서 가치를 창출한다. 그렇기 때문에 제품 지배 논리에서 가치 창출의 가장 중요한 요소는 바로 객체적operand 자원이다.

하지만 서비스 지배 논리에서의 가치 창출은 고객의 경험experience에 의해서 이루어진다. 즉, 고객은 자신의 경험을 바탕으로 공급자들과도 유기적인 관계를 형성하여 기업이 제시한 가치를 함께 만들어co-creation

간다.

공급자 및 고객 네트워크를 통한 가치 창출의 기본은 지식과 기술, 역량이나 상상력과 같은 주체적operant 자원이며, 이것을 활용하여 고객 중심의 관계 지향적인 서비스가 이루어져야 한다. 대표적인 예인 코닥Kodak의 경우 과거 고객에게 제공하는 서비스가 사진을 찍거나 인화하고 앨범에 넣는 정도였지만, 현재는 사진을 디지털화하여 고객이 스스로 사진을 편집하거나 전자앨범을 만들어 가족이나 친구들과 공유할 수 있도록 하였으며, 또한 개인 머그잔이나 셔츠에 자신의 얼굴을 프린팅할 수 있게 하는 등의 서비스를 제공한다. 초기에는 코닥이 기존의 필름 제조만을 고집하여 디지털 카메라의 등장으로 인한 시장 변화를 따라가지 못했지만, 지식이나 기술과 같은 주체적 자원을 적극 활용하여 새로운 비즈니스 모델을 창출하고 그것을 고객과 함께 공유함으로써 코닥과 고객이 새로운 가치를 창출하는 시스템을 만들게 된 것이다.

라. 서비스 혁신

우리는 일상 속에서 '혁신'이라는 단어를 자주 접한다. 이는 다양한 단어와 접목되어 경영 혁신, 조직 혁신, 가치 혁신, 기술 혁신 등으로 이용되고 있으며, 이를 이끄는 주체 또한 대기업에서부터 소규모 가게에 이르기까지 매우 다양하다. 다양한 주체들 중에서도 특히 기업들은 빠르게 변화하는 경제환경의 생존전략으로 다양한 방식을 통해 혁신을 하게 된다.

슘페터는 기업가를 '새로운 결합을 능동적으로 수행하는 것이 자신의 기능인 경제주체' 로 정의하고, 기업가는 획기적인 방식으로 새로운 결합을 수행해 기존의 균형을 파괴한다고 하였다. 슘페터가 말한 새로운 결합이란 혁신의 유형을 말한다. 그는 혁신을 "사물을 전통적인 방식과는 다른 방법으로 다루거나 만들어내는 것" 이라고 정의하고 다음과 같이 5가지 유형의 혁신을 제시했다.

- **새로운 상품의 제조**

  소비자들이 아직 모르는 재화 또는 새로운 품질의 재화 생산

- **새로운 생산방법의 채택**

  해당 산업부문에서 사실상 알려지지 않은 생산방법의 도입

- **신시장 개척**

  새로운 판로의 개척

- **신자원 개척**

  원료 혹은 반제품의 새로운 공급의 획득

- **새로운 경영 조직**

  독점적 지위 등 새로운 조직의 실현

피터 드러커는 혁신을 "기존의 자원이 부를 창출하도록 새로운 능력을 부여하는 활동" 이라고 하였다. 그는 영국의 미생물학자 플레밍의

노력이 있기 전까지 페니실린은 단지 병균일 뿐이었다고 하였다. 즉, 혁신은 아무것도 아닌 것에 부를 창출할 수 있는 능력을 부여하는 모든 활동인 것이다.

서비스 혁신은 고객에게 보다 나은 가치를 제공할 수 있도록 서비스 자체 또는 서비스 제공 프로세스, 그리고 조직을 혁신하는 것으로 정의할 수 있다. 서비스 혁신에 대한 기존의 연구들은 서비스 혁신을 대상에 따라 새로운 컴퓨터, 고객 지향 소프트웨어 패키지 등의 도입을 포함하는 기술적 차원의 혁신과 새로운 서비스 개념, 새로운 유통채널, 새로운 서비스 제공 시스템, 새로운 조직 등을 내포하는 비기술적인 차원의 혁신으로 구분하였다. 또한 공급자 주도의 기술적 혁신, 서비스 기업 자체의 혁신, 고객 주도의 혁신, 서비스 기업 주도의 고객 기업 혁신, 가치시스템 전체의 변화를 통한 협동적 혁신과 같이 서비스 혁신의 주체를 5가지로 구분하였다. 이와 같이 기존의 연구들은 서비스 제공자 또는 기술 중심의 혁신을 강조해 왔다. 하지만 최근에는 고객 경험을 극대화하기 위해 고객의 행위를 중심으로 서비스를 혁신해야 한다는 주장이 제기되고 있다. 이러한 주장들은 서비스 혁신이 서비스 상품을 보다 매력적으로 만들기 위해서 수행되는 새로운 발전 행동으로써 고객과의 상호작용에 의해 새로운 가치를 창출해 내는 것이라는 정의에도 부합한다.

마. 서비스 혁신의 과정

시장을 선도해 나가는 서비스 회사들은 혁신을 통해 변화를 주도한다. 선도기업들은 단기적인 관점에 치중하지 않고 자기 스스로를 관리하고 채찍질하며, 모방보다는 발명을 지향한다. 이들은 지속적으로 고객들을 위한 가치 창출의 새로운 방법들을 찾아낸다. 즉, 기업 자신뿐만 아니라 고객이 함께 가치를 얻을 수 있도록 지금의 것을 더 나은 것으로 바꾸는 활동을 서비스 혁신이라 한다.

대부분의 서비스 기업들은 경쟁자보다 한 발 앞서 나가는 것을 혁신이라 생각하여 완전히 혁신적인 제품이나 서비스를 창출해내기보다는 기존의 상품을 개선하는 방향으로 투자한다. 하지만 진정한 혁신은 고객에게 초점을 맞추는 것이며, 고객들만이 진정 새로운 가치 창조의 방법을 제시할 수 있다는 관점에서 접근해야 한다. 따라서 기업은 고객을 중심으로 서비스를 제공하여야 하며, 고객의 의견을 적극 반영할 수 있는 시스템을 반드시 갖추어야만 한다.

이를 통해 기업은 고객으로부터 다양하고 참신한 아이디어를 제공받을 수 있으며, 궁극적으로는 기업의 지속 가능한 성장을 도모할 수 있다. 이러한 시스템을 효율적으로 운영하기 위해서는 공식적인 방법 외에 비공식적인 방법도 필요하므로, 고객들과 여러 가지 채널을 통해 대화를 나누어 보기도 하고 패턴의 변화를 밝혀줄 자료도 활용해야 할 것이다.

바. 경제 패러다임에 따른 서비스 혁신의 의미 변화

지난 30년간 지배적으로 적용되어 온 서비스 혁신에 대한 개념을 살펴보면, 1970년대와 1980년대에는 서비스산업이 공급자에 의해 주도되면서 공급자가 제품 생산을 위해 투자하는 연구와 개발이 혁신을 위한 중심 활동으로 간주되었기 때문에 서비스 혁신은 기술 중심의 혁신으로 그 의미가 매우 제한되어 왔다. 1990년대에는 고객 지향의 개념이 확산되면서 좀더 광범위한 측면에서 서비스 혁신을 이해하고자 하는 노력이 나타났지만 여전히 기술 중심의 사고를 벗어나지는 못하였다. 하지만 경제 전반에서 차지하는 서비스의 비중이 증가하면서 제공자 중심의 기술적 혁신에 대한 견해는 기업 내에서 발생하는 다양한 혁신을 이해하는 데 한계가 있었으며, 이에 따라 새로운 관점에서 서비스 혁신을 이해하고자 하는 노력이 시작되었다.

서비스 지배 논리에서의 서비스 혁신은 고객이 제품 또는 서비스를 구매하고 이를 실제로 이용하여 경험을 축적하는 과정에서 서비스 가치를 창출하는 것을 의미한다. 따라서 서비스 혁신의 이해를 위해서는 서비스 중심적 사고에 따라 고객과 기업이 공동으로 창출하는 가치에 대한 고찰이 수반되어야 한다.

사. 서비스 기반 경제에서 기업의 당면 문제

기존의 제품 기반 경제 시대에서 성장해 온 기업들은 현재 불어닥치고 있는 서비스 기반의 경제에서 어떤 전략을 갖고 대응할 것인지에 대해 명확한 이해가 부족해 새로운 경제체제에 대응하는 데 어려움을 겪고 있다. 아우구스테 등[2006]에 따르면, 제조기업들이 새로운 제품을 출시하거나 새로운 시장에 진입하게 될 때 항상 겪게 되는 문제들은 다음과 같다.

첫째, 자신의 비즈니스 모델이 기존의 제품을 보호하거나 향상시키기 위해 서비스를 이용하는 것임에도 불구하고 서비스 영역에서 성장을 추구하는 것이다. 이 경우 조직 내부의 제품 부서와 서비스 부서 사이의 갈등이 발생하게 되며, 제품 부서의 강력한 주장에 의해 서비스 가격이 지나치게 낮게 책정됨으로써 이익을 낼 수 없는 구조가 만들어지게 된다.

둘째, 이와 반대로 서비스를 중심으로 한 비즈니스를 강력하게 추진하게 되면서 의도하지 않게 제품의 경쟁력을 떨어뜨리는 것이다. 서비스 부문에서 성장을 추구하게 되면서 기업들은 서비스 가격은 높게 책정하는 반면, 관련 제품의 가격은 상대적으로 낮게 책정하게 된다. 이 경우 기업의 제품은 일반화되어 차별성을 갖지 못하게 되고 서비스 가격도 낮게 책정됨으로써 계약기간 동안 손해를 감수해야 한다.

셋째, 기업의 비즈니스가 기술에 기반한 것임에도 불구하고 규모의 확대를 추구하여 자신들의 서비스를 필요로 하지 않는 고객들을 확보하기 위한 경쟁을 한다는 것이다. 이 경우 기업은 많은 비용을 부담하고도 제대로 된 서비스를 전달하지 못해 고객을 만족시키지 못하게 된다. 이처럼 과도한 경쟁은 손실을 유발한다.

마지막으로는 규모의 경제가 작동하는 시장에서 특화된 기술에 의존하다 보니 자신들보다 경쟁력 있는 서비스를 갖고 있고 대규모 고객 베이스를 기반으로 움직이는 경쟁자들의 진입을 막을 방법이 없다는 것이다. 규모의 경제가 작동하는 시장에서는 규모가 증가함에 따라 제품이나 서비스의 원가가 하락하기 때문에 특화된 기술보다는 표준화된 서비스나 제품을 대량으로 생산해야 할 필요가 있다. 그러나 특화된 기술 위주의 비즈니스를 수행하는 기업의 경우는 규모를 확대한다 해도 원가가 줄어들지 않기 때문에 경쟁력에 있어 열위에 놓이게 된다.

위에서 논의된 기업들의 문제는 전략적 의도를 잘못 선정하여 비즈니스에서의 혼돈을 초래하거나 자신의 비즈니스 특성을 간과한 전략을 세움으로써 소기의 성과를 달성하지 못하는 경우로 요약될 수 있다.

그렇다면 이러한 문제들을 해결하기 위해서는 무엇을 고려해야 할까? 아우구스테 등2006은 전략적 의도와 경쟁우위의 원천 모두에 대한 동시적 고려와 선택과 집중이 필요하다고 역설한다.

먼저 전략적 의도에 관해서는 기업이 서비스를 제품을 방어하는 데 이용할 것인지, 아니면 서비스 자체를 독립적인 새로운 성장동력으로 키울 것인지를 명확히 해야 한다. 많은 회사들은 서비스를 제품의 경쟁력을 보호하거나 향상시키기 위해 이용한다. 단순히 제품을 제공하는 것보다는 서비스를 포함시켜 제공함으로써 고객에게 보다 가치 있는 솔루션을 제공할 수 있게 된다. 또한 제품을 활용해 보다 가치 있는 서비스를 제공하는 경쟁사들과의 경쟁에서 살아남기 위해 서비스를 개발하고 제공해야 하는 경우도 있다. 이때 많은 기업들이 서비스를 새로운 성장 플랫폼으로 활용하고자 하는 유혹에 빠지게 된다. 왜냐하면 서비스로부터 얻어지는 이익이 상당히 매력적이라고 느껴지기 때문이다. 예를 들면, 신시내티 벨의 경우 콜센터 영역에서 상당히 성공적인 비즈니스로 알려진 콘버지스Convergys를 별도의 사업단위로 분리하여 성장가도를 달리고 있다.

하지만 이처럼 서비스를 독립적인 성장 플랫폼으로 삼고자 하는 시도는 상당히 위험하다. 왜냐하면 기존의 제품 중심의 사업 모델과는 차별적인 전략, 프로세스, 조직 구조, 그리고 새로운 역량 등이 필요하기 때문이다. 강한 고객관계 관리가 경쟁우위를 가져다주는 제품 중심의 경쟁과는 달리, 서비스를 중심으로 하는 성장 모델은 더 큰 시장과 더 많은 경쟁자들, 그리고 더 많은 파트너들과의 관계 관리에 신경을 써야 한다.

전자 및 산업 장비 유통회사였던 애로우사는 고객들에게 물류 서비스를 같이 제공하기로 결정하였는데, 이는 수송회사, 제3자 물류회사, 그리고 하청 제조회사뿐만 아니라 고객사의 내부 물류 담당 부서와도 경쟁을 해야 한다는 것을 의미했다.

이처럼 기존의 사업을 보호하기 위한 차원의 서비스를 제공할 것인가, 아니면 새로운 성상 플랫폼으로서 서비스를 독립적인 비즈니스로 성장시킬 것인가를 고려함으로써 경쟁적 열위에 놓이는 것을 막을 수 있다.

또한 전략적 의도와 더불어 기업은 서비스 시장에 진입 시 시장의 구조규모의 경제를 요구하는 시장인가, 또는 기술의 경제를 요구하는 시장인가에 따라 달라지는 경쟁우위에 대한 이해도 필요하다. 규모의 경제는 대량 생산과 판매, 낮은 변동비용, 그리고 높은 자산회전율을 요구한다. 예를 들어 자동화된 거래 처리 시스템 시장은 서비스가 표준화되었을 때 무한대의 규모 확장을 보장한다. 이러한 시장에서는 긍정적인 네트워크 효과가 확실하게 나타난다. 따라서 기업들은 유통센터, 데이터 센터와 같이 전 세계에 분산 배치된 자산 혹은 지불 플랫폼 및 프로토콜처럼 네트워크상에서 작동하는 자산 등을 활용해 규모의 경제를 얻게 된다.

기술의 경제에 의존하는 기업들의 경우 희소한 역량을 식별하고 활용하며 재생산하거나 프로세스 혁신을 이루어냄으로써 가치를 창출하게 된다. 여기서 기술은 한 제품에 대한 자세한 지식 또는 문제를 해결함으로써 고객이 갖고 있는 총 소요비용을 낮출 수 있는 경험이나 도구를 말한다. 이러한 기술에 의존하는 비즈니스는 희소한 전문지식을 체계적으로 적용할 수 있는가에 그 성패가 갈리게 되며, 얻을 수 있는 이익은 규모와 상관없이 제한적이다. 왜냐하면 규모를 늘리기 위해서는 필요한 전문인력들을 대거 보충해야 하는데, 이는 비용의 증가를 수반하기 때문이다.

그렇다면 서비스를 중심으로 한 비즈니스를 성공적으로 시장에 내놓기 위해서는 어떤 전략이 필요할까? 다음의 그림은 그 방법에 대해 간략하게 설명하고 있다.

경쟁우위의 원천 \ 전략적 의도	제품의 방어 · 가치 향상	독자적 서비스 성장
규모의 경제	**예 : 애플 iPod와 iTunes** **가격** : 제품 지원 가격정책, 물량 기반 **판매** : 단일 제품 · 서비스 판매조직 **전달** : 하드웨어 · 소프트웨어에 서비스 결합 **조직** : 단일 사업조직, 서비스 개발팀 유지	**예 : IBM 데이터센터 아웃소싱** **가격** : 독립 서비스 물량 기반 가격정책 고객화에 높은 가격 책정 **판매** : 제품과 서비스 판매조직 분리 **전달** : 서비스 전달 자동화, 표준화 **조직** : 독립 사업조직, 서비스 전달 중심의 성과체제 확립
스킬의 경제	**예 : Cisco의 네트워크 통합 및 운영** **가격** : 고객가치 중심 메뉴 기반 가격 **판매** : 서비스 중심 판매조직 **전달** : 제품 디자인, 지식경영, 프로세스 혁신 **조직** : 단일 사업조직, 서비스 인력당 성과 체제 확립	**예 : GE Healthcare 병원 장비 진단 · 지원** **가격** : 고객가치 기반 독립 메뉴 가격 성과 공유 기반 가격 정책 **판매** : 독립 서비스 판매조직, DB **전달** : 베스트 프랙티스, 지식경영 **조직** : 독립 사업조직, 서비스 인력당 성과 체제 확립

그림 1-4 서비스를 중심으로 한 비즈니스 전략

위의 그림이 설명하는 바는 매우 명확하다. 만약 애플의 아이팟iPod

음악 다운로드와 거래 관리 시스템iTunes처럼 전략적 의도가 제품을 보호하거나 제품의 가치를 향상시키는 데 있고, 시장에서의 경쟁우위의 원천이 규모의 경제에 있다면, 그 기업은 제품의 판매를 지원할 수 있는 가격정책을 써야 한다. 판매조직은 단일화해서 운영해야 하고 하드웨어와 소프트웨어에 서비스를 결합시켜서 전달할 수 있도록 해야 한다. 또한 조직은 단일 조직으로 하되 서비스 제공 부분을 개발할 수 있는 특화된 팀을 두어야 한다.

GE 헬스케어GE Healthcare의 병원 장비 진단 및 지원 서비스처럼 기업의 전략적 의도가 서비스를 독립적인 성장 플랫폼으로 가져가는 것이고 기술의 경제가 경쟁우위의 원천인 시장에서 경쟁이 이루어진다면, 기업은 서비스 가격을 고객이 서비스를 이용했을 때 얻을 수 있는 가치혹은 회피할 수 있는 비용를 기준으로 설정하거나 성과 공유 기반의 가격정책을 써야 한다. 독립된 서비스 판매조직을 운영하되 영업사원들이 신뢰받는 조언자 역할을 수행할 수 있어야 하고, 다양한 지식경영 기법을 활용하여 고객에게 맞는 최고의 운영방식을 전달해야 한다. 또한 서비스 판매만을 위한 조직을 별도로 구성하여 운영해야 한다. 이러한 비즈니스 조직에서는 서비스 전달 직원들의 개인 수익, 이익, 그리고 서비스 전달과정 전체의 생산성을 측정하는 것이 매우 중요하다.

3. 비즈니스 모델의 이해

서비스 지배 논리의 당위성을 이해하고 서비스 지배 논리와 비즈니스 모델과의 연관성을 이해했다면 이제는 비즈니스 모델이란 무엇인가에 대한 이해가 필요하다. 비즈니스 모델은 기업이 보유하고 있는 역량을 활용하여 가치를 창출하기 위한 방안을 모형화한 것이다.

가. 체스보러와 로젠블룸의 비즈니스 모델의 구성요소

헨리 체스보러Henry Chesbrough와 리차드 로젠블룸Ricard Rosenbloom이 제시한 비즈니스 모델의 구성요소는 다음과 같다.

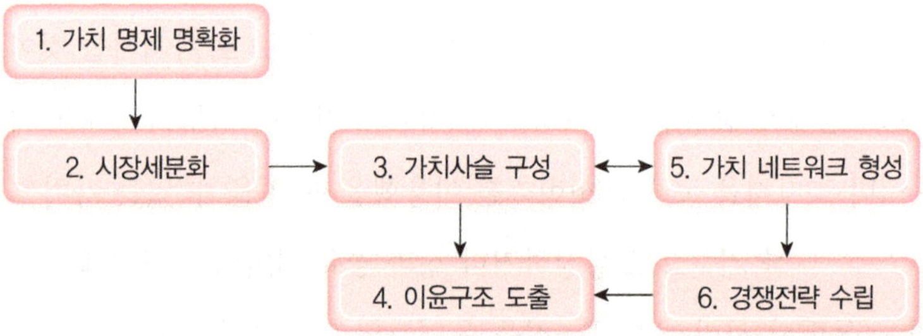

그림 1-5 비즈니스 모델의 구성요소

■ 가치 명제Value Proposition

비즈니스 모델의 구성은 기업이 고객에게 제공하고자 하는 새로운 서비스에 대한 가치 명제를 명확히 하는 것부터 시작하게 된다. 이는 기업이 제공하고자 하는 서비스가 무엇인지에 대한 기본적인 정의와 고객이 제공된 서비스를 어떻게 이용할지를 정의하는 활동을 포함한다. 여기서 말하는 가치란 "주관적으로 판단되는 어떠한 대상thing의 진가worth" 라고 정의된다Cronk, and Fitzgerald, 1999. 가치는 돈뭉치나 금괴와는 달리 손에 잡히지 않는 무형의 것이다. 이러한 가치는 기업의 곳곳에 스며

들어 구체적인 의사결정과 행동을 통해 나타나게 된다. 예를 들면 미드웨스트 익스프레스Midwest Express의 가치는 종업원이 낯선 승객에게 비즈니스 정장을 빌려주거나 어린 여행객을 보살펴주는 행동 등에서 나타난다Berry, 1999.

다음으로 가치 명제는 세 가지 단계를 통해 정의될 수 있다. 첫째, 가치를 창출하는 잠재적 기회를 식별하는 것으로, 고객의 관점에서 생각해 보는 것이 필요하다. 즉, 기업이 해결하고자 하는 고객의 문제가 무엇이며 그 문제가 얼마나 중요한지를 생각해 봄으로써 가치를 창출할 수 있는 잠재적 기회를 식별할 수 있는 것이다. 둘째는 식별된 기회를 고객들에게 제공할 제품 혹은 서비스로 전환하는 것이다. 셋째는 가치를 실현하는 것이다. 여기서 말하는 가치의 실현은 기업에 의해 일방적으로 실현되는 것이 아니라 고객과 함께 실현한다는 의미를 내포하고 있다.

■ 시장세분화

가치 명제를 정의하는 것은 자사의 목표 고객이 누구냐에 따라 달라진다. 즉, 비즈니스 모델을 정의하는 두 번째 요소가 바로 시장세분화Market Segment이다. 비즈니스 모델의 가치 명제는 자사가 제공하고자 하는 서비스를 경험하게 될 고객집단 혹은 세부시장을 목표로 하고 있어야 한다. 고객은 자신이 직면한 문제점을 해결하는 데 드는 비용을 감소시킬 수 있는 능력 혹은 새로운 기회와 해결책을 창출해 낼 수 있는 능력을 통해 가치를 창출할 수 있다. 고객의 이러한 문제를 이해하고 해결하여 가치를 공동으로 창출하기 위해서 기업은 고객집단을 명확히 정의해야 한다.

명확한 가치 명제를 가지고 특정 시장을 목표로 하는 것은 자신의 기업이 제공하고자 하는 서비스를 선택하는 데 필수적이다. 이는 서비스를 창출할 때 어떠한 활동에 초점을 맞춰야 하는지 가이드라인을 제시해 준다. 즉, 표적 고객이 누구인지, 그리고 제공하고자 하는 서비스의 가치가 무엇인지 알기 전까지 기업들은 무엇을 제공해야 하고 하지 말아야 하는지 알 수 없다. 이처럼 시장을 명확하게 세분화하지 못한다면 기업들은 자신이 제공하는 서비스에 너무 많은 것을 포함시키려 할 것이며, 이는 기업에게 높은 위험부담을 줄 것이다.

■ **가치사슬**

비즈니스 모델의 세 번째 속성은 모든 사람들과 연관된다. 기업이 목표 시장과 가치 명제, 그리고 이들을 목표로 하는 서비스를 인식하고 있다면, 이를 전달할 가치사슬을 구성할 수 있게 된다. 가치사슬Value Chain은 반드시 다음의 세 가지 목표를 충족시켜야 한다. 첫째, 가치사슬 전반에 걸쳐 가치가 창출되어야 한다. 둘째, 가치사슬에 참여한 참여자들이 충분한 비율의 가치를 확보할 수 있도록 보장해 주어야 한다. 셋째, 가치사슬을 통해 표적 고객에게 서비스를 생산하고 전달하기 위해 필요한 많은 행위들을 조율할 수 있어야 한다.

이윤을 획득하고자 하는 기업들에게 가치 창출은 필요조건이긴 하나 충분조건은 아니다. 일단 기업이 자신의 서비스를 전달하기 위해 필요한 가치사슬을 인식하였다면 그 다음에는 자신의 가치를 어떻게 달성할 것인가를 정의하여야 한다. 마이클 포터Michael Porter는 가치 창출을 위한 능력은 기업, 고객, 공급자, 경쟁자 간의 힘의 균형에 달려 있다고 설파했다. 또 다른 연구들을 살펴보면 가치 창출은 기업이 제공하는 서비스의 가치를 증가시키는 보완적 제품 혹은 서비스의 활용가능성에 달려 있다고 말하고 있다. 기업 내 제조, 분배, 브랜드와 같은 보완재가 존재한다는 것은 제품이나 서비스를 통해 실제로 가치를 창출할 수 있도록 지원한다는 것이다.

■ 비용 구조와 목표 이윤Cost Structure and Target Margins

비즈니스 모델의 네 번째 요소는 이윤 구조architecture of the revenues에 대한 정의이다. 이윤 구조란 고객이 얼마나 지불할 것인가, 얼마의 가격을 책정할 것인가, 창출된 가치를 고객과 서비스 제공 기업, 공급자 간 얼마의 비율로 할당할 것인가에 관해 정의하는 것이다. 여기서 기업은 하나 이상의 가격 지불 메커니즘을 활용할 수 있다.

일단 기업들이 제공할 서비스와 서비스를 제공하기 위한 가치사슬의 윤곽을 파악하게 되면 기업들은 비용 구조에 대해 이해할 수 있게 된다. 이러한 가격과 비용에 대한 기본적 이해는 목표 이윤이 얼마인지를 인식하게 해준다. 목표 이윤은 가치 명제를 실현하는 데 요구되는 부동산의 구입, 비용의 지출 등에 대한 당위성을 뒷받침해 준다.

■ 가치 네트워크

가치를 창출하고 확보하기 위해서는 기업의 직접적인 가치사슬 외 제3자들도 포함시켜야 한다. 이러한 제3의 파트너들을 통해 기업은 가치 네트워크Value Network를 형성하게 된다. 비즈니스 모델을 기반으로 형성된 가치 네트워크는 공급자, 고객, 그리고 제3의 파트너들로 구성되며, 이들은 혁신으로부터 가치를 확보하는 데 중요한 역할을 수행한다. 기업들이 가치 네트워크의 각 구성원과의 강력한 연결고리를 형성하게 되면 자신이 제공하는 서비스의 가치를 향상시킬 수 있는 기반을 마련하게 된다. 이러한 가치 네트워크 구축이 실패하게 되면 기업이 제공하는 서비스의 잠재적 가치가 하락할 수 있기 때문에 서비스를 통한 경쟁 시 강력한 가치 네트워크를 구축하는 것은 매우 중요하다.

■ **경쟁 전략**

비즈니스 모델을 구성하기 위해서 기업은 목표 시장에서 어떻게 경쟁 전략Competitive Strategy을 펼쳐나갈지 결정해야 한다. 마이클 포터Michael Porter는 비용우위, 차별화 혹은 집중화를 기반으로 경쟁할 것을 강조한다. 또 다른 연구들에 의하면 경쟁에서 성공을 유지하기 위한 핵심 요인에는 핵심 자원에 대해 경쟁자와 다르게 접근할 수 있는 능력, 경쟁자가 쉽게 모방할 수 없는 가치를 고객에게 전달하는 내부 프로세스를 창출할 수 있는 능력, 시장에 대한 풍부한 경험과 미래의 시장에서 자신의 비즈니스를 운영할 수 있는 추진력 등이 있다.

나. 비즈니스 모델 개발 방법론

여기서는 비즈니스 모델을 도출하는 7C 방법론을 통하여 구성요소의 특성을 명확하게 설명하고, 수익성 있고 경쟁적 이점이 보장된 사업화를 가능하도록 하는 방법에 대해 논의한다.

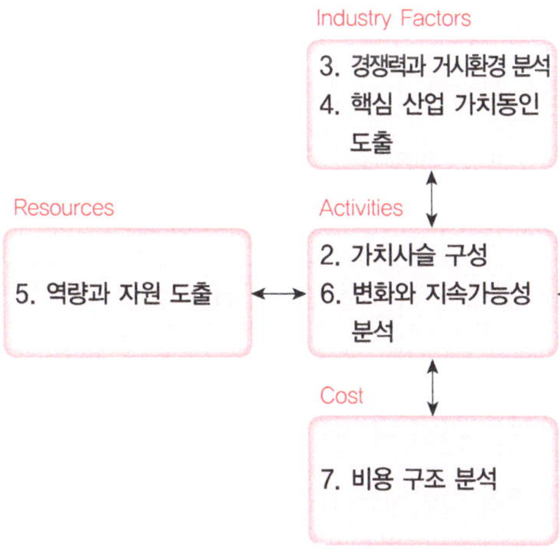

그림 1-6 비즈니스 모델 도출 방법론

▪ 경쟁적 지위 분석Competitive Position

개발하고자 하는 비즈니스 모델의 경쟁적 위치를 조사하고 분석하는 과정이다. 경쟁적 지위 분석은 비용우위 측면과 차별화 측면에서 타 기업과 비교하여 경쟁우위 요소를 도출해 내는 것이다. 시장세분화를 통해 경쟁우위 요소가 구현될 수 있는 표적 시장을 선정하는 것이 첫번째 과제이다. 표적 시장에서 고객에게 비즈니스 모델이 제공하는 가치는 수익원천이 되며, 고객이 가치의 대가로 얼마를 지불할 것인가에 따라 가격정책을 결정하고 경쟁자 대비 협상력을 파악할 수 있다.

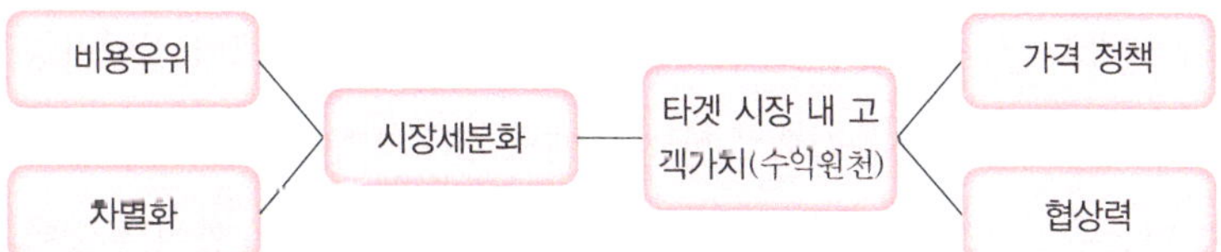

그림 1-7 표적 시장에서 경쟁적 지위 분석

■ **가치사슬 구성**Connected Activities

다음은 비즈니스 모델을 실행하기 위해 가치사슬을 구성하는 단계이다. 가치사슬 전반에서 가치가 창출되도록 비용우위나 차별화에 기여하는 연관 행위들을 도출하고, 시장세분화와 수익원천의 관점에서 행위들을 분류한다. 아울러 경쟁력을 저하시키는 행위나 산업 내에서 중요하게 여겨지는 가치동인Critical Value Driver of Industry의 활용 행위를 분석한다. 이런 과정을 통해 기업은 기업 내 자원과 역량을 활용할 것인지 또는 자원과 역량을 새로 구축할 것인지를 결정한다.

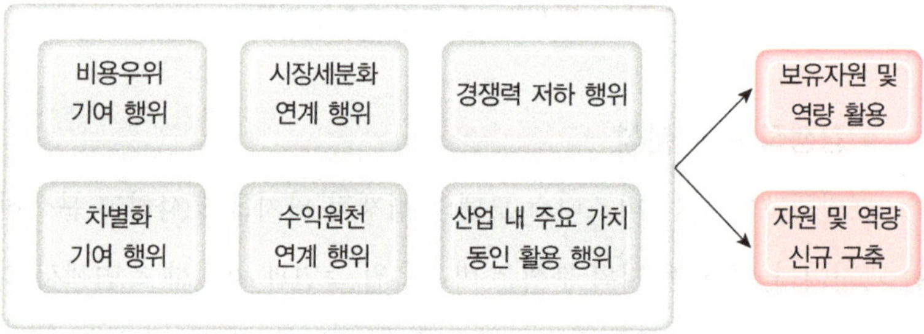

그림 1-8 비용우위나 차별화에 기여하는 연관 행위

■ **경쟁력과 거시환경 분석**Competitive Forces & Macro-Environment Forces

경쟁력과 거시환경에 영향을 미치는 요인들을 분석하는 단계이다. 마이클 포터의 산업구조 분석Five-force Analysis을 통하여 경쟁기업, 진입장벽, 고객의 구매력, 공급자에 대한 구매력, 그리고 대체재의 진입가능성을 분석함으로써 종합적으로 산업의 매력도와 기업이 갖는 경쟁력의 높고 낮음을 파악할 수 있다. 아울러 유의미한 거시환경 요인이 무엇인지 분석하여 기업 정책에 미치는 영향력을 파악한다.

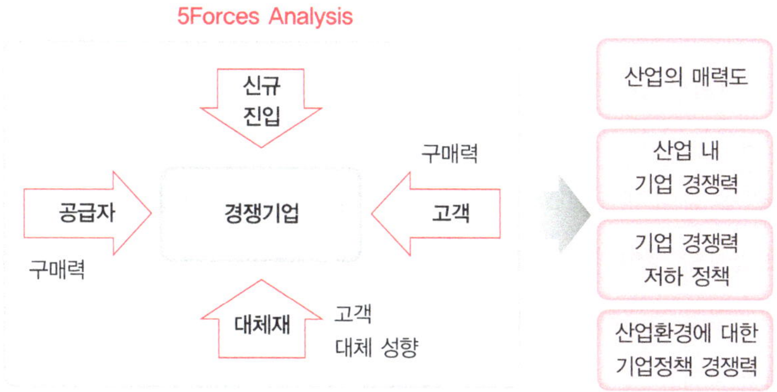

그림 1-9 산업구조 분석(Five-force Analysis)

■ 핵심 산업 가치동인 도출[Critical Industry Value Drivers]

산업 내에서 비용을 늘리거나 줄이는 데 영향을 미치는 주요 변수와 수익에 영향을 주는 잠재력이 높은 주요 변수들, 즉 산업 내 경쟁우위를 결정하는 주요 요소들을 도출하는 단계이다. 예를 들어 항공산업의 경우, 항공사의 비용을 결정하는 주요 변수로는 종업원의 급여수준과 비행기 가동률 또는 좌석 마일당 비용 등이 있으며, 수익에 영향을 미치는 변수로는 승객 수 및 정비 소요시간, 자산 회전율 등이 있다.

■ 역량과 자원 도출[Capabilities and Resources]

다음은 VRISA[Value, Rareness, Imitability, Substitutability, Appropriability] 기법을 활용하여 기업이 보유한 자원과 역량에 대한 가치와 희소성, 모방가능성 등을 파악하는 단계이다. 이 단계에서는 보유 자원과 역량이 경쟁우위를 차지할 만큼 탁월한지, 아니면 경쟁사에 비해 열위에 있는지, 그리고 어떤 역량을 보완해야 하는지 분석하게 된다.

■ 변화와 지속가능성 분석Change and Sustainability

기업의 비즈니스 모델과 이를 구성하는 요소들이 얼마나 지속적인 성장가능성을 갖고 있는지, 경쟁자들은 경쟁기업의 행위에 대해 어떤 반응을 보일지, 그리고 경쟁우위를 선점할 수 있는 차별적 역량을 어떻게 확보할 것인지에 대해 분석하게 된다. 그리고 고객의 요구사항에 대한 변화를 측정하고, 그 변화가 기업의 행위 및 기업의 자원과 역량에 어떠한 변화를 가져오는지를 측정하게 된다.

■ 비용 구조 분석Cost

기업이 수행하는 각종 활동들이 비용을 얼마나, 어떠한 형태로 발생시키게 되는지, 이러한 비용구조가 경쟁사에 비해 우월한지 또는 열위에 있는지 등을 분석하는 단계이다. 또한 대리 비용 발생 여부, 자원 낭비 요소, 종업원 생산성의 차이 전망 등을 바탕으로 비용 구조를 추가적으로 분석하게 된다.

위에 서술한 7' CCompetitive Position, Connected Activities, Competitive Forces & Macro-Environment forces, Critical Industry Value Drivers, Capabilities and Resources, Change and Sustainability, Cost를 반복적으로 분석하는 과정에서 초기 단계의 비즈니스 모델은 보완되고 명확한 실체를 갖추게 된다.

다. 비즈니스 모델 타당성시장성 분석 방법론

비즈니스 모델의 타당성 분석Feasibility Study은 비즈니스 모델에서 제시하는 재무, 기술, 공정 관리, 운영, 법적인 타당성을 검증하는 작업으로, 비즈니스 모델의 실현가능성 여부를 판단하게 된다. 비즈니스 모델 타당성 분석은 비즈니스 모델을 계속 진행하느냐 중지하느냐Go/ No-go를 결정할 뿐만 아니라 여러 대안 중 최적의 안을 선택하거나 추가적으로 가능한 대안을 제시할 수 있도록 지원하며, 비즈니스 모델을 운영하는 데 있어 중요한 정보를 제공하는 등 비즈니스 전략 수립 측면에서도 활용도가 크다.

표 1-5 비즈니스 모델 타당성 분석 대상 범위

구분	세부 내용
재무적 타당성	사업에 투여되는 소요비용과 사업에서 획득되는 재무적 이익을 추정하여 비교 · 분석함으로써 경제적 타당성을 분석함
기술적 타당성	제안한 비즈니스 모델을 구축하고 통합하는 사업 수행 주체의 기술 구현 역량이 적정한지를 결정함
운영적 타당성	사업주체 내부의 의사결정 방향과 고객의 수요 변화에 따라 비즈니스 모델이 지속적으로 운영될 수 있는지를 분석함
공정상 타당성	비즈니스 모델에서 구상한 서비스 체계가 완료되는 시기의 적정성 검증
법적 타당성	비즈니스 모델 구축 및 운영 시 예상되는 법적 · 계약적 이슈의 예상 위험 및 위험 해결방안의 법률적 타당성 검증

비즈니스 모델은 비즈니스 모델 구성요소의 변화뿐만 아니라 비즈니스 모델을 구현하는 기본 전제에 따라 여러 가지 대안이 도출되므로 대안별 타당성 검증이 필요하다.

■ 재무적 타당성

선택한 비즈니스 모델을 사업화할 경우 사업에 투자되는 자본, 인력, 자원 소요비용을 추정하고, 획득되는 재무적 이익을 추정하여 비교 · 분석함으로써 경제적 타당성을 분석하는 것으로, 다음과 같은 사항을 점검한다.

- 기존 비즈니스 모델에 관한 시장 자료를 통해 표적 시장의 예상 성장률을 예측한다. 평균 경제성장률 대비 동종 업종의 시장성장률도 감안한다.
- 표적 시장에서 수요 주체들이 갖고 있는 일반적인 수요 특성들을 파악하고 수요자들이 경기변동과 가격변화에 얼마나 민감한지 파악한다.
- 수요 규모의 성장성과 지속성을 파악수요량 및 가격변화 추이한다.
- 비즈니스 모델 구현에 필요한 투자, 인력, 구매 등에 소요되는 재원 현황을 전망한다.

재무적 타당성의 경우 점검사항에서 주요한 변수를 도출하고, 이를 기초로 재무연산 로직을 이용하여 미래 순 현금흐름을 추정하고, 비즈니스 모델 리스크를 감안한 적정 할인율을 적용하여 사업투자 금액과 비교함으로써 재무적 타당성을 검증하게 된다. 재무적 타당성은 비즈니스 모델 대안별시나리오별로 수행해야 한다.

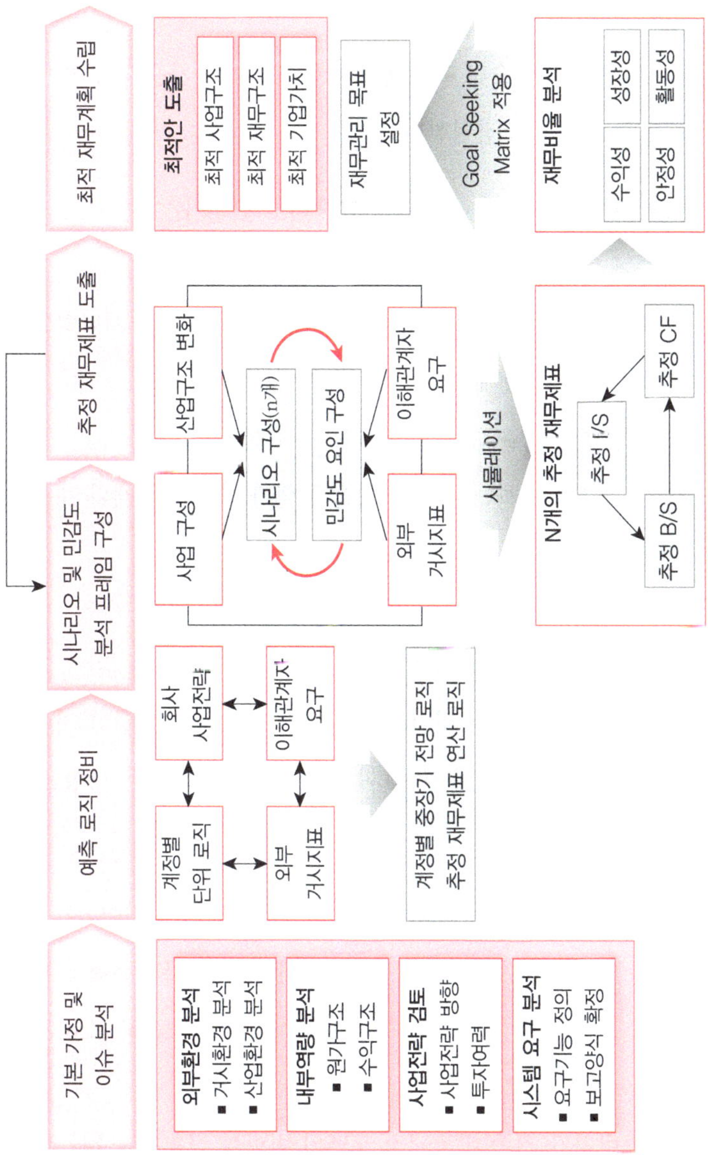

그림 1-10 재무적 타당성 분석 방법론(예시)

■ **기술적 타당성**

비즈니스 모델이 기술적 측면에서 구현이 가능한가를 검토하는 것으로 다음과 같은 사항을 점검한다.

- 사업주체가 현재 필요한 기술을 보유하고 있는가?
- 사업주체가 현재 필요한 전문인력을 보유하고 있는가?
- 사업주체가 구현하고자 하는 일정 또는 관련 기술을 개발하고자 하는 비즈니스 모델에 쉽게 적용할 수 있는가?
- 기존에 증명된 기술 중 어떤 기술을 가장 선호하는가?
- 기존 기술을 이용하는 고객이 기술 구현과 관련된 문제와 개선에 대한 자문을 얻을 수 있을 만큼 충분한가?

■ **운영적 타당성**

운영적 타당성은 최종 소비자와 경영진이 비즈니스 모델이 지속적으로 운영될 수 있는지 여부를 분석하는 것으로, 다음과 같은 사항을 점검한다.

- 비즈니스 모델은 현재뿐만 아니라 미래에도 작동할 것인가?
- 어떠한 비즈니스 모델이라도 최종 소비자 또는 사업주체 내부의 반대에 직면하게 되는데, 반대를 하는 경영진과 최종 소비자를 파악할 수 있는가?
- 최종 소비자가 기존 비즈니스 모델의 변화를 선호하지 않는다면 이를 변화시킬 수 있는가?
- 궁극적으로 최종 소비자나 이해관계자가 개발한 비즈니스 모델

을 채택할 것인가?

■ **공정상 타당성**

비즈니스 모델 구현의 완결성을 확보하는 데 소요되는 기간에 대한 타당성을 검증하는 것으로 다음과 같은 사항을 점검한다.

- 비즈니스 모델 구현에 필요한 기술을 갖고 있지만 기술을 온전하게 적용하는 데 필요한 기술 인력도 보유하고 있는가?
- 적정 인력을 보유하고 있지 않다면 신규 채용이나 아웃소싱에 소요되는 시간이 일정 관리에 어떤 영향을 미칠 것인가?

〈일정 관리 리스크 항목〉

- 사업주체의 기술 인력으로 비즈니스 모델 구현을 위한 기간을 준수할 수 있는가?
- 사업주체가 비즈니스 모델을 구현하는 목표기한을 의무적으로 설정해야 하는가?
- 만약 목표기한 설정이 강제적이라면 대안적인 목표일정을 제시할 수 있는가?
- 비즈니스 모델 일정 관리에서 실제적인 제약조건은 무엇인가?
- 만약 비즈니스 모델 구현이 지체될 경우 어떠한 결과가 예상되는가?
- 일정 관리를 제대로 하지 못해 기능별, 정보별 지체 및 오류가 발생함과 더불어 부적절한 산출물이 나올 가능성은 있는가?

■ **법률적 타당성**

비즈니스 모델이 제반 타당성 요건을 충족했다고 할지라도 법률적 타당성이 훼손되면 사업화가 원천적으로 어렵게 되므로, 다음과 같은 사항을 시기적으로 가장 먼저 검토해야 할 필요가 있다.

- 기존 비즈니스 모델 특허를 침해하는가?
- 개발할 비즈니스 모델이 관련 법에 저촉되지는 않는가?
- 비즈니스 모델에서 구현하고자 하는 서비스가 충실히 이해되지 못해 발생한 사고에 대한 비즈니스 모델 참여당사자 간의 책임소재 및 책임분담 방안은 적법한가?

■ **최종적 선택**

타당성 분석은 개별 모델에 대한 타당성 분석을 수행하지만, 여러 비즈니스 모델에 대한 비교 · 분석을 통하여 최적의 비즈니스 모델을 선택하는 데 도움을 준다. 최종적 선택을 위해서는 비즈니스 모델별 제반 타당성 분석이 통합 정리된 매트릭스를 작성하여 타당성 분석 방법별 비중을 부여한 후 점수를 산정하고 이에 따라 최적안을 선택한다.

4. 서비스 중심의 비즈니스 모델 만들기

가. 서비스 시스템과 비즈니스 모델

서비스가 "타인의 이익을 위해 자신의 역량을 활용하는 것"으로 정의된다면 서비스 시스템은 "사람, 기술, 가치 명제, 그리고 다른 내 · 외부 서비스 시스템과 공유된 정보[언어, 프로세스, 측정지표, 가격, 정책, 법규 등]로 구성된 가치 공동 창출 환경" 이라고 정의할 수 있다. 서비스 시스템은 시스템의 개념을 기초로 하고 있기 때문에 일회성 이벤트로 끝나는 것이 아니라 순환적인 성격을 갖는다. 즉, 입력물[input]이 존재하고, 입력물은 프로세스[process]를 통해 전환과정을 거치며, 최종적으로 결과물[output]로 생성된다. 하지만 여기서 끝이 아니라 결과물은 다시 입력물로 반영되는 피드백 과정을 통해 다시 순환된다.

이전의 서비스 프로세스에서의 고객은 최종 결과물에 대하여 선택하고 소비하는 대상으로 단지 자신의 요구사항만을 전달하는 역할을 수행했을 뿐, 결과물의 설계 · 구현 · 제조 과정에는 실질적으로 참여하지 않았다. 반면, 오늘날의 서비스 프로세스에서는 고객이 서비스 공급자와 함께 입력물을 프로세스에 제공할 뿐만 아니라 서비스 프로세스에도 참여하며, 최종 결과물에도 영향을 미친다. 여기서 말하는 서비스 시스템의 결과물은 유형일 수도 있고 무형일 수도 있다.

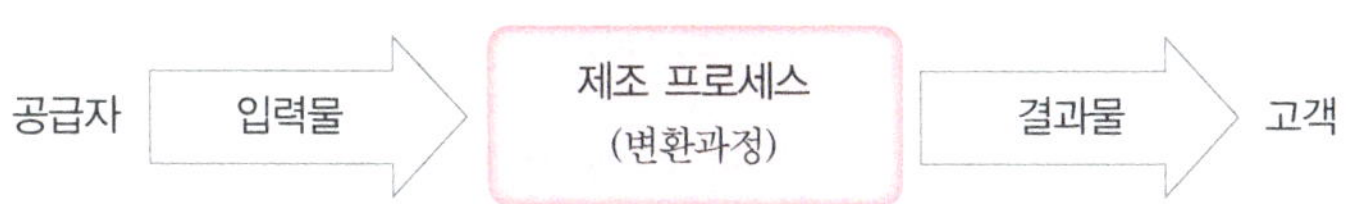

[전통적 서비스 프로세스]

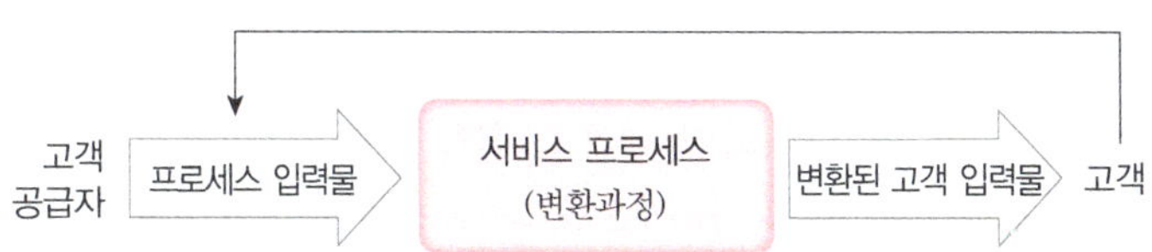

[오늘날의 서비스 프로세스]

그림 1-11 전통적 서비스 프로세스와 오늘날의 서비스 프로세스

결국 서비스 시스템은 서비스를 제공하기 위해 필요한 프로세스와 구성요소를 체계적으로 연결한 오픈 시스템이라고 정의할 수 있으며, 비즈니스 모델은 이러한 서비스 시스템을 운영하기 위하여 필요한 자원과 프로세스를 구성하고 수익 · 비용구조를 만드는 체계라고 설명할 수 있다. 서비스 시스템에서 가치 명제고객, 고객의 문제점, 솔루션들이 정의되고 이를 제공하기 위해 필요한 자원들과 프로세스가 정의되면 이를 달성하기 위한 전체적인 거버넌스governance와 수익 · 비용 구조를 만들어내는 것이 비즈니스 모델의 역할이다.

나. 서비스 모델과 서비스 시스템

이제 서비스 지배 논리와 서비스 모델, 그리고 서비스 시스템이 어떻게 연관되는지를 설명해 보자. 서비스 지배 논리의 주된 목적은 어떻게how, 그리고 왜why 서비스 시스템이 작동하는가를 설명하는 것이다. 서비스 모델의 경우 가치 공동 창출을 위해 필요한 입력물을 정의하는 단계로 서비스 시스템의 구성요소들이 수행하는 행위를 개념적으로 묘사한다. 즉, 기업이 실제로 고객과 함께 가치를 창출하기 위해 필요한 요소들에 대해 구체적으로 정의하고 이를 실현하기 위한 방법을 제시하는 것이다.

서비스 시스템을 도식화한 다음 그림을 보면, 서비스 시스템을 구성하는 서비스 창출 환경은 입력물이 되고 고객과 서비스 공급자 간의 공동 가치 창출과정은 프로세스가 되어 함께 입력물에 대한 변환활동을 수행한다. 궁극적으로 서비스 혁신을 달성하게 되는 것이다. 또한 서비스 혁신을 통해 발생한 가치는 다시 서비스 시스템의 구성요소로 전달되어피드백 과정 지속적인 서비스 혁신을 위한 원천자원으로 활용된다. 따라서 입력물에 해당되는 요소들은 서비스 모델에서 명확히 정의되어야 한다.

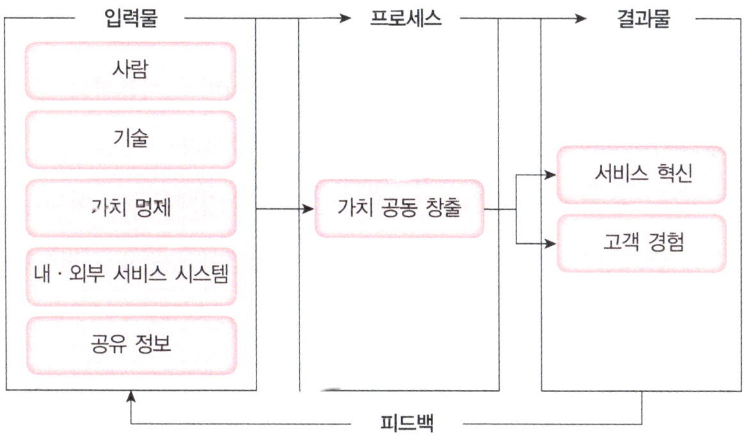

그림 1-12 서비스 시스템

위의 모형을 통해 서비스는 프로세스의 관점에서 이해되어야 하고 서비스 혁신은 서비스 지배 논리에서 제시하고 있는 가치 공동 창출 과정이라는 틀 안에서 이해되어야 함을 알 수 있다.

■ 서비스 시스템 혁신 프레임워크

서비스 시스템이란 복잡한 가치사슬과 네트워크 안에서 서비스 제공사와 이용자가 함께 가치를 생성하도록 하는 다양한 구성요소들의 체계적 집합을 일컫는다. 가장 작은 단위의 서비스 시스템은 '개인' 인데,

하나의 개인은 또 다른 개인과 상호작용을 일으키고 이러한 상호작용을 통해 가치를 창출하게 된다. 한편 가장 큰 단위의 서비스 시스템은 글로벌 경제를 포함한다. 서비스 시스템은 프로세스를 갖고 있는데 이를 우리는 서비스 시스템 라이프사이클이라고 정의한다. 서비스 시스템 라이프사이클은 서비스에 대한 전략을 수립하고 이에 따라 서비스를 설계하여 생산 · 전달하고, 운영 · 유지하며, 평가 및 향상시키는 단계로 구성되어 있다. 이러한 서비스 시스템의 존재는 서비스 이용자의 경험을 체계적으로 이해하고 이를 극대화하는 데 필수적이다.

지식경제 하에서 서비스는 제품과 차별화된 경제활동이 아니라 제품을 포함하는 가치 창출 활동으로, 고객과 기업이 공동으로 지식이나 기술을 활용하여 다양한 네트워크 속에서 고객의 경험을 극대화하는 경제활동으로 인식되어야 한다. 고객의 경험을 극대화하기 위해서는 가치 창출 행위들을 면밀히 분석하고 그들 간의 관계를 네트워크화된 형태로 이해해야 한다. 또한 자원 통합자들이 갖고 있는 다양한 역량들이 최적화되어 이용될 수 있도록 내부의 시스템을 조직화하고 운영하는 것이 필수적이다. 이러한 다차원의 서비스 시스템을 이해하기 위해서는 통합된 프레임워크가 필요한데, 이 글에서는 이를 서비스 시스템 혁신 프레임워크라고 명명한다.

서비스 시스템 혁신 프레임워크는 기업 내부의 자원을 조직화하기 위해 필요한 서비스 라이프사이클의 개념과 고객의 서비스 경험을 극대화하기 위해 필요한 네트워크들로 구성되어 있다. 이 프레임워크에서 이용하는 서비스 라이프사이클은 서비스 전략 및 설계 service strategy and design, 생산 및 전달production and delivery, 운영 및 유지operation and maintenance,

평가 및 향상monitoring and enhancement 등의 4단계로 구성되어 있으며, 고객의 서비스 경험 극대화를 위한 네트워크들은 가치 행위 네트워크value activity network, 자원 통합자 네트워크resource integrator network, 그리고 역량 네트워크capability network 등 3가지 네트워크로 구성된다.

가치 행위 네트워크는 크게 고객이 제품이나 서비스를 이용하여 가치를 창출하는 고객 행위와 고객의 행위를 지원하기 위한 제공자 행위, 그리고 고객과 제공자가 조우하는 접점에서 발생하는 행위로 구분될 수 있다. 특히 고객과 제공자가 조우하는 접점에서의 행위는 가치의 공동 창출에 상당한 영향을 미치게 되는데, 크게 커뮤니케이션 조우communication encounter, 이용 시 조우usage encounter, 그리고 서비스 조우service encounter로 구분될 수 있다.

서비스 라이프사이클상의 각 단계에서 어떤 고객 행위나 제공자 행위가 가치를 창출하는 데 기여하는지, 그리고 고객과 제공자가 어떻게 서로 대면하게 되는지에 대한 깊은 이해가 필요하며, 이를 분석할 수 있는 방법론이 필요하다. 예를 들어 고객 행위 관점에서 각 서비스 라이프사이클을 들여다 보면 서비스 전략과 디자인 단계에서는 고객들이 무엇을 하고 싶어하는지를 분석해야 하고, 생산 · 전달 단계에서는 고객들이 생산 · 전달과 관련하여 어떻게 행동하는지, 무엇을 원하는지를 분석해야 하며, 운영 · 유지 단계에서는 실제 고객들이 제공된 제품이나 서비스를 어떤 목적으로 어떻게 이용하는지, 그리고 문제가 생겼을 때 어떻게 제공자나 그 네트워크와 접촉하는지 등에 관한 이슈들이 검토되고 실세 프로세스에 반영되어야 한다.

표 1-6 서비스 시스템 혁신 프레임워크

<table>
<tr><th colspan="3"></th><th>전략 · 디자인</th><th>생산 · 전달</th><th>운영 · 유지</th><th>평가 · 향상</th></tr>
<tr><td rowspan="4">가치 행위 네트워크</td><td colspan="2">고객 행위(CA)</td><td></td><td></td><td></td><td></td></tr>
<tr><td colspan="2">고객/기업 접점 행위(EA)</td><td></td><td></td><td></td><td></td></tr>
<tr><td colspan="2">제공자 행위(SA)</td><td></td><td></td><td></td><td></td></tr>
<tr><td colspan="2">가치분석 방법론</td><td></td><td></td><td></td><td></td></tr>
<tr><td rowspan="6">자원 통합자 네트워크</td><td colspan="2">핵심 통합자</td><td></td><td></td><td></td><td></td></tr>
<tr><td colspan="2">지원 통합자</td><td></td><td></td><td></td><td></td></tr>
<tr><td rowspan="3">기술의 역할</td><td>CA</td><td></td><td></td><td></td><td></td></tr>
<tr><td>EA</td><td></td><td></td><td></td><td></td></tr>
<tr><td>SA</td><td></td><td></td><td></td><td></td></tr>
<tr><td colspan="2">형태(configuration) 분석 방법론</td><td></td><td></td><td></td><td></td></tr>
<tr><td rowspan="3">역량 네트워크</td><td colspan="2">주체적(Operant) 자원</td><td></td><td></td><td></td><td></td></tr>
<tr><td colspan="2">객체적(Operand) 자원</td><td></td><td></td><td></td><td></td></tr>
<tr><td colspan="2">역량 평가 · 향상 방법론</td><td></td><td></td><td></td><td></td></tr>
</table>

자원 통합자 네트워크는 크게 이용자 자신, 제공자, 파트너, 고객 커뮤니티로 구성된다. 각 네트워크 참여자들은 고객의 가치 창출 행위를 지원하여 고객과 공동으로 가치를 창출하는 역할을 수행하는데, 핵심 통합자와 지원 통합자로 구분될 수 있다. 서비스 라이프사이클 각 단계에서 네트워크 참여자들의 역할이 달라짐에 따라 핵심 통합자와 지원 통합자가 달라지고, 그들이 이용하는 기술들이 달라질 수 있다. 예를 들어 서비스 전략 · 디자인 단계에서의 핵심 통합자는 디자인 에이전시가 될 수 있고, 그들은 고객 행위를 분석하기 위한 다양한 툴들을 이용하며, 서비스 제공자나 파트너, 그리고 고객 커뮤니티는 지원 통합자로서의

역할을 수행하게 된다. 물론 이 단계에서 고객 자신들이 핵심 통합자로서 디자인 에이전시와 협업할 수도 있다. 또한 중요한 자원으로서 기술은 고객, 제공자, 그리고 고객 · 제공자 조우 행위를 지원하기 위해 필수적으로 고려되어야 한다. 이러한 자원 통합자 네트워크는 그 구성 형태에 따라서 고객의 서비스 경험을 극대화할 수도 있고, 저해할 수도 있는데 이를 위해 최적의 자원 통합자, 그리고 기술의 구성을 찾아내기 위한 형태configuration 분석 방법론이 필요하다.

마지막으로, 고객의 서비스 경험을 극대화하기 위해서는 다양한 자원들이 필요한데, 이는 물리적 · 비물리적 자원을 활용할 수 있는 지식이나 스킬과 같은 주체적 자원operant resource과 물리적 형태를 띠는 객체적 자원operand resource으로 구분할 수 있다. 서비스 기반 경제에서 가치를 창출하기 위해서는 지식이나 스킬과 같이 다른 자원을 활용할 수 있는 수준 높은 주체적 자원이 필수적이다. 서비스 라이프사이클 각 단계마다 필요로 하는 자원들이 달라지는데 서비스의 가치를 높이기 위해서 각 단계의 핵심 통합자들은 주체적 자원을 획득하고 관리하는 데 투자를 해야 하며, 다른 참여자들의 주체적 자원의 질을 높일 수 있는 방법을 고려하여야 한다. 이는 고객이 경험하는 서비스의 질은 핵심 통합자의 주체적 자원뿐만 아니라 지원 통합자를 포함한 네트워크 전체의 역량에 의해 결정되기 때문이다. 따라서 자원 통합자 네트워크 참여자들의 역량을 도출 · 분석 · 평가하고 향상시킬 수 있는 방법론에 대한 연구가 필요하다.

■ **서비스 시스템 혁신을 통한 성장전략**

서비스 시스템 혁신을 통한 이용자의 경험 극대화 예시로 가장 많이 제시되는 사례가 애플사의 아이팟이다. 이 사례의 의의는 애플사가 아이팟이라는 새로운 제품을 만들어 MP3 시장에서 선두주자가 되었다는 것이 아니라 아이팟, 아이튠즈, 고객 커뮤니티, 그리고 다양한 참여 기업들을 아우르는 새로운 서비스 시스템을 만들어냄으로써 음악을 듣는 행위, 음반을 사고파는 행위, 그리고 음악을 공유하는 행위들을 완전히 다른 틀로 유도하면서 음악시장 자체를 혁신했다는 데 있다. 서비스 시스템을 혁신하기 위해서는 먼저 가치 행위 네트워크에 대한 보다 세밀한 분석이 필요하다. 왜냐하면 가치 행위 네트워크는 모든 서비스 시스템의 근간이며 새로운 기회를 찾아낼 수 있는 원동력이기 때문이다.

소니 외Sawhney et al., 2004는 서비스 성장을 위한 프레임워크를 서비스 성장의 초점과 타입이라는 두 가지 차원을 이용하여 그 방안들을 설명하고 있다. 여기에 활용된 차원들은 서비스 시스템 혁신 프레임워크에서 가치 행위 네트워크의 두 가지 측면이다. 성장의 타입은 '새로운 활동을 추가하거나 기존의 활동을 재구성' 하는 것을 말하며, 성장의 초점은 '주요 활동이냐 인접활동이냐' 로 구분되어진다.

서비스 성장 프레임워크를 살펴보면 임시적 확장temporal expan-sion, 공간적 확장spatial expansion, 임시적 재구성temporal reconfiguration, 공간적 재구성spatial reconfiguration의 4가지 성장전략이 제시된다.

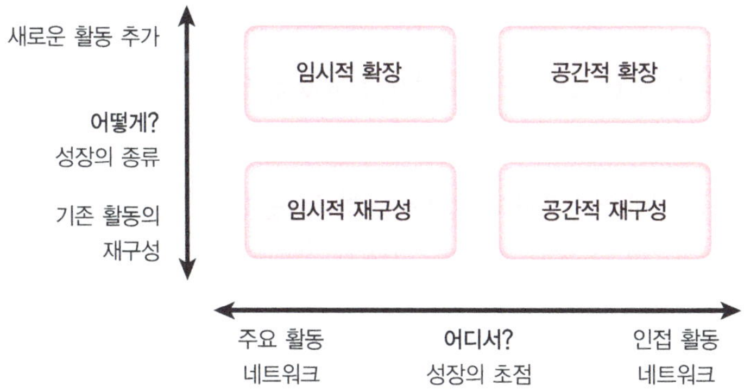

그림 1-13 서비스 성장 프레임워크

임시적 확장temporal expansion은 서비스 기업이 제공하고 있는 서비스 이용자들의 주요 활동에 새로운 활동을 추가하여 서비스 유형을 확장하는 성장이다.

코닥의 예를 살펴보면, 코닥은 기존의 아날로그 필름 시장의 강자로서 디지털 카메라의 등장과 더불어 심각한 매출 감소와 성장 부진을 겪었다. 이는 고객들의 추억 관리와 관련한 가치 행위 네트워크가 변화했다는 걸 감지하지 못했기 때문에 발생한 일이었다. 즉, 디지털 카메라 이용자의 가치 행위 네트워크는 사진 촬영 및 인화뿐만 아니라 디지털 사진첩, 이메일, 함께보기, 프레임워크에 넣어서 인쇄하기 등의 다양한 행위들로 구성된다. 디지털 카메라 서비스의 자원 통합자 네트워크는 디지털 카메라 생산자, 유통업자, 소매업자, 건전지 생산자, 판매자, 인화용지 생산자 및 판매자, 각종 KIOSK, 소프트웨어 공급사, 이용자, 그리고 이용자와 사진을 공유하는 친구 또는 가족 그룹, 그리고 소비자 커뮤니티 등 다양한 관련자들로 구성된다. 마지막으로 서비스 역량 네트워크는 다기능 디지털 카메라 설계 및 생산 능력, 오래 가는 건전지, 인화에 문제 없는 인쇄용지, 문제가 발생했을 때 신속히 처리할 수 있는 서비스 능력, 항상 접속 가능한 네트워크 등 다양한 능력으로 구성되는데, 이는 서비스 이용자의 경험을 극대화하는 데 필수적이다. 이러한 서비스 시스템 전체를 뒤늦게 이해한 코닥은 OFOTO라는 회사와 KIOSK서비스를 인수 · 합병함으로써 다시 부활하게 된다.

공간적 확장spatial expansion은 현재 서비스 기업이 제공하고 있는 주요한 행위는 아니지만 이와 관련된 인접 활동에 새로운 활동을 추가한 서비스를 통한 성장이다.

GM의 경우가 대표적인데, GM은 자동차 서비스가 단순히 자동차를 생산 · 판매하는 데 있는 것이 아니라 고객들이 금융적인 지원과 보험, 그리고 주행 중 도로변에서 발생한 사건들에 대한 지원 등을 필요로 한다는 것을 알고 이를 포함시켰다. 특히 GM은 On-Star 서비스라는 위성서비스를 통해 도로변에서 발생한 응급상황에 효과적으로 대응할 수 있었다. 또한 위성서비스를 바탕으로 차량 감시 서비스라든지 위성 라디오 및 데이터 서비스를 도입함으로써 텔레매틱스Telematics 서비스 영역을 구축했으며, 주택 저당이나 보험, 주택 감시, 위성 TV 등의 서비스를 도입하여 홈 서비스home service라는 영역으로 그 서비스를 확장하는 데 성공했다. 이러한 서비스의 성공적인 확장은 GM이 가치 행위 네트워크를 통합적인 관점에서 이해했고, 각 행위 네트워크를 가능케 하는 자원 통합자 네트워크 및 역량 네트워크를 적절하게 구성했기 때문이라고 볼 수 있다.

임시적 재구성temporal reconfiguration은 기존에 존재하는 서비스 이용자의 주요 활동 안에서 각 행위들의 구조 및 통제를 변화시킨 서비스를 통한 성장이다.

UPS의 경우를 보면, UPS는 전통적으로 물품 배송, 추적, 픽업, 전달이라는 패키지 전달 서비스를 주로 하던 회사였으나 패키지 전달 서비스가 물류logistics서비스의 일부분임을 감안하고 변화를 추구하였다. 기존에는 고객들이 직접 수행하거나 타 협력업체가 수행하던 업무들보관 및 재고 관리, 물류, 서비스 파트 배송, 고객 지원, 조립 및 테스트을 다양한 기술과 고객 인터페이스를 제공함으로써 자신들이 직접 수행하는 종합적인 물류서비스 제공회사로 변신하였다. 이러한 전략은 고객들이 자신의 핵심 역량에 집중할 수 있게 해줌으로써 윈-윈 효과를 가져왔으며, UPS 자체의 사업을 더욱 활성화 시키는 계기가 되었다.

공간적 재구성spatial reconfiguration은 기존의 인접 활동 내부의 구조와 통제를 변화시킨 서비스를 통한 성장이다.

이는 아웃소싱에 탁월한 역량을 갖고 있는 Nike가 추진한 Nike 스포츠 캠프에서 잘 나타난다. Nike는 U.S. Sports Camps와 전략적 제휴를 맺고 전국 각지에서 이루어지는 다양한 스포츠 캠프의 이름을 나이키 캠프로 바꾸었다. 그리고 각 캠프들이 Nike라는 이름을 활용해 운영이 더 잘 되도록 하였으며, Nike는 자사 고객들의 충성도를 보다 높이는 성과를 거두었다. 이는 Nike가 스포츠용품을 만들어 파는 데 그치지 않고 자사의 제품이 활용되는 스포츠 캠프를 지원함으로써 스포츠를 통한 가치 창출이라는 전체 가치 행위 네트워크를 자신의 사업영역으로 포함시켜 얻은 성과라고 할 수 있다. 재미있는 것은 Nike 캠프에서의 자원 통합자 네트워크의 경우 핵심 통합자는 스포츠 캠프들이며, 이들을 지원하는 지원 통합자는 나이키라는 사실이고, 이러한 네트워크를 효율적으로 관리할 수 있는 역량을 Nike가 갖고 있다는 데 있다.

이상에서 살펴본 바와 같이 고객 행위, 즉 가치 행위 네트워크를 면밀하게 분석하는 것은 새로운 사업기회를 제공해 준다. 크리스텐슨 외 Christensen et al., 2004는 이를 변화기류에 대한 포착이라고 명명했으며, 새로운 혁신에 있어서 중요한 역할을 한다고 주장하고 있다. 또한 혁신의 성공을 위해서는 무엇보다도 가치 네트워크를 어떻게 구성하는가 하는 것이 중요하다고 역설했다. 이처럼 새로운 서비스 혁신을 이루어내고 성공시키기 위해서는 서비스 시스템 혁신 프레임워크에 대한 이해를 바탕으로 가치 행위 네트워크를 도출하고 필요한 역량을 정의해야 한다. 또한 어떠한 자원 통합자 네트워크를 구성할 것인가를 결정하는 것도 필수적이다.

서비스 중심의 비즈니스 모델 혁신 사례

SERVICOVATION
ch. two

2

기업들은 자신들의 핵심 경쟁우위의 원천에 대한 충분한 이해를 통해 전략을 수립해야 하며, 이를 위해 시장의 특성 및 구조를 파악하고 자신들의 비즈니스 특성에 대해 먼저 이해하여야 한다. 기업들이 자신들의 경쟁우위를 획득하는 전략은 규모의 경제economies of scale를 활용하는 전략과 기술의 경제economies of skill를 활용하는 전략으로 구분할 수 있다.

규모의 경제Economies of Scale란 제품 및 서비스의 표준화와 프로토콜 확립, 그리고 네트워크의 구축을 통해 경쟁우위를 확보하는 것을 말한다. 규모의 경제를 활용하는 기업들의 특징은 대량생산을 통해 고정비를 분산시키고 변동비를 낮춤으로써 고객에게 상대적으로 저렴한 가격으로 서비스를 제공할 수 있다는 점이다. 또한 표준화된 서비스 제공 프로세스는 생산비용을 낮추고, 이에 따른 높은 이윤을 얻을 수 있다. 더 나아가 규모의 경제를 활용하는 기업들 간의 네트워크를 구축함으로써 유통망, 데이터 센터, 플랫폼 등 전 세계적으로 분산된 그들의 자산을 공유하고 이를 통해 긍정적 네트워크 효과를 창출할 수 있게 되어 보다 큰 경쟁력을 얻을 수 있게 된다. 이들 기업은 특정 고객층을 상대하거나 개인화된 제품 서비스를 제공하기보다는 폭넓은 고객층을 대상으로 제품 서비스를 제공하는 특징이 있다. 대량생산을 통해 생산에 필요한 변동비를 낮추고, 고정자산을 충분히 활용하는 기업은 규모의 경제를 활용한다고 볼 수 있다.

기술의 경제Economies of Skill는 특정한 서비스나 제품에 대한 지식을 바탕으로 서비스 및 제품을 제공하는 것을 의미한다. 고객의 특성 및 의도에 대한 깊은 이해가 가능하고, 축적된 고객 관리 노하우를 통해 향상된 문제 해결 방법 및 고객 맞춤형 서비스를 제공할 수 있는 기업의 경우는 기술의 경제효과를 경쟁우위의 원천으로 삼고 있다고 할 수 있다. 여기서 의미하는 기술Skill은 기업이 제공하는 제품 및 서비스에 대한 상세한 지식은 물론, 앞서 언급한 비즈니스 노하우, 고객 관리 경험, 문제해결 능력 등 가치를 창출할 수 있는 모든 지식과 경험을 의미한다. 이들 기업은 끊임없이 시장에서 가치 있는 희소한 기술을 파악하고, 적극적으로 개발하여 혁신을 추구한다. 높은 가치를 가진 기술은 부가적인 이윤을 창출하는 원동력이 되거나, 시장에 침투하고 시장을 장악하는 속도를 향상시키게 된다. 따라서 고도의 전문성을 얼마나 체계적으로 축적하고 관리하며 활용할 수 있는지가 그들의 경쟁력을 좌우한다. 그리고 이들 기업이 제공하는 서비스, 제품, 솔루션 등은 고객 대상별로 맞춤화되어 있다는 것이 특징이다.

기업이 추구하고 있는 사업이 규모의 경제를 기반으로 하고 있는지 아니면 기술의 경제를 추구하고 있는지를 명확히 이해하는 것은 매우 중요하다. 규모의 경제를 추구하는 기업과 기술의 경제를 추구하는 기업은 그들이 추구하는 가치 명제, 시장세분화 방식, 가치 네트워크 구축 방식, 비용구조와 목표이윤 결정 방식, 그리고 경쟁전략에서 확연한 차이를 보인다. 예를 들어 규모의 경제를 추구해야 하는 사업의 경우, 원가절감과 박리다매의 원칙에 입각해 가격을 낮추고 표준화된 제품이나 서비스를 제공하기 때문에 광범위한 시장을 대상으로 해야 하고, 보다 효율적인 가치사슬을 만들기 위해 노력해야 한다. 반면, 기술의 경제를 추구하는 사업의 경우 고객에게 차별화된 제품이나 서비스를 제공하기 위해 지식에 기반한 다양한 솔루션들을 창출해야 하기 때문에 원가가 높고 표준화도 어렵다. 그래서 보다 작은 표적 시장에 주력해야 하며,

지식 중심의 가치 네트워크를 구축해야 할 필요가 있다. 자사의 비즈니스 특성 및 경쟁우위의 주요 원천을 확실히 이해하지 못할 경우 잘못된 전략을 취할 위험이 높으며, 특히 잘못된 표적 고객층을 선정할 경우에는 차별적인 가치를 제공해 주지 못해 시장에서 도태될 위험이 높다. 예를 들어 자신들의 기술Skill을 활용하는 것이 적합한 기업이 규모 중심의 경쟁에 뛰어든다면, 비록 고도로 맞춤화된 서비스를 제공하더라도 경쟁자가 제공하는 저렴한 서비스를 고객이 선호할 가능성이 높다. 그렇기 때문에 자사의 비즈니스 특성 및 경쟁우위의 주요 원천을 명확히 파악하여 자사에 적합한 전략을 수립하는 것이 중요하다. 그럼 기업이 제공할 수 있는 서비스 제공 방법에는 어떤 것들이 있으며, 어떤 기업들이 이 서비스 제공 방법을 택하게 되는가?

이에 대한 답변으로는 서비스 제공 방법How to provide service에 대한 설명이 있는데, 서비스 제공 방법에는 단일원천Single Source 기반 방식과 복합원천Multi Source 기반 방식이 있다.

첫째, 단일원천을 기반으로 하는 서비스는 서비스 공급자와 소비자 간의 커뮤니케이션이 주요 서비스 · 제품을 제공하는 주도적 기업에 의해 이루어지는 서비스 제공 방법으로서, 주로 제품의 판매와 마케팅 등의 촉매재로 작용하는 서비스를 일컫는다. 단일원천 서비스에서 그 중심은 제품 또는 제품으로서의 서비스이며, 따라서 이는 비교적 전통적인 의미의 제품을 보조하는 서비스를 뜻한다. 단일원천의 서비스 논리에 의하면 기업은 제품을 제조하는 프로세스를 거쳐 원활한 제품의 판매를 위하여 다양한 활동을 수행하게 되는데, 그 중 사후 서비스가 제품의 성패에 결정적인 영향을 미친다. 따라서 단일원천 방식의 서비스를 제공하는 기업은 대부분 제조업이나 기존의 서비스업 분야에 속한 경우가 많고, 서비스 그 자체보다는 제품에서 서비스가 차지하는 비중과 역할에 중점을 두는 것이 일반적이다.

둘째, 복합원천 서비스란 사람이나 기술, 다른 내·외부 서비스 혹은 서비스 시스템과 공유된 정보로 구성된 공동의 가치 창출 환경을 포괄하는 서비스 네트워크 개념에 기반을 두고 있다. 다시 말해 서비스가 만들어지고 전달되는 과정에 많은 기업들이나 개인들이 참여하고, 고객 접점에서 서비스를 제공하는 참여자들이 복수로 존재한다는 것이다. 이전의 서비스 프로세스에서는 고객이 자신의 요구사항을 전달하기만 했을 뿐 제품 및 서비스를 설계하거나 구현하고 제조하는 과정에 직접적으로 참여하지는 않았다. 또한 고객은 제품이나 서비스의 최종 결과물을 선택하고 소비하는 대상으로만 인식되었다. 그러나 오늘날의 서비스에는 서비스 시스템, 즉 다양한 이해관계자와 여타 서비스가 네트워크를 형성하여 고객이 제품과 서비스 공급자에게 아이디어를 제공하고, 서비스 프로세스에도 참여하며, 최종 결과물에도 영향을 미치는 방향으로 바뀌고 있다. 이러한 서비스 시스템을 구축하고 많은 내·외부 이해관계자들과 네트워크를 형성하며, 서비스 공급자와 소비자 간의 커뮤니케이션 채널에 다양한 기업과 고객이 참여하는 서비스를 복합원천 서비스라고 한다. 복합원천 서비스에서 특히 중요한 부분은, 제조업에서처럼 주도적 기업이 존재하고 다른 모든 기업들은 그 기업에 종속되는 형태로 제품이나 서비스를 제공하는 것이 아니라 네트워크에 기업과 사용자 모두가 참여하여 수평적인 형태로 자신들의 역할을 수행함으로써 서비스 경험을 극대화하는 데 기여한다는 점이다.

서비스 중심의 비즈니스 모델을 이해하기 위해서는 서비스 제공 형태를 이해하는 것도 중요하다. 제품이나 서비스의 경쟁력을 보완하려는 목적으로 주도기업의 커뮤니케이션 채널을 통하여 서비스를 제공하는 단일원천 서비스를 채택하는 경우와 서비스를 중심으로 비즈니스 모델을 완전히 바꾸고 다양한 기업이나 사용자들을 직·간접적으로 참여시켜 복합원천 서비스 제공으로 바꾸는 방식이다. 단일원천 서비스를 제공하는 기업의 경우, 기존의 제품이나 서비스가 제공되는 방식을 크게 바꾸지 않으면서 서비스를 묶음 형태로 제공하게 되는데, 기존 제품의 가격을 그대로 두고 서비스를 제공하는 방식과 기존 제품이나 서비스의 가격을 낮추고 새로 제공되는 서비스의 가격을 높게 하여 비용구조와 이윤 사이의 균형을 유지하는 방식이 있다. 표적 시장도 기존의 시장을 중심으로 하는 경우가 많고, 가치사슬과 가치 네트워크의 경우도 기존의 형태를 유지하게 된다.

반면 복합원천 서비스를 제공하는 기업의 경우 기존 제품이나 서비스와는 완전히 다른 형태로 서비스를 제공되게 되는데, 서비스의 가치를 중심으로 가격을 결정하고, 기존의 사업방식과는 다른 역량제조 역량과 서비스 역량은 서로 다른 역량이다에 기반하여 서비스를 제공하기 때문에 새로운 가치사슬과 가치 네트워크를 구축해야 한다. 또한 기존의 가치 네트워크와는 다른 방식의 수익 및 이익 배분 방식을 도입하여야 하며, 특히 사용자의 참여가 핵심적인 역할을 수행하기 때문에 이러한 참여를 촉진하기 위한 다양한 동기부여 방안이 필요하다. 〈그림 2-1〉은 경쟁우위의 원천source of competitive advantage과 서비스 제공 방식how to provide service을 기준으로 네 가지 유형의 서비스 중심 비즈니스 모델 혁신 방법을 보여주고 있다.

그림 2-1 서비스 중심 비즈니스 모델 분류 프레임워크

규모의 경제-복합원천 서비스 모델을 활용하는 기업은 규모의 경제를 경쟁우위의 원천으로 삼아 표준화된 제품과 서비스를 제공하고, 다양한 이해관계자를 촘촘히 연결한다. 이들은 일반적으로 업계 표준이 되는 플랫폼이나 프로토콜을 기반으로 기업이나 사용자들의 직·간접적인 참여를 유도한다. 그리하여 자사를 중심으로 한 이해관계자 간 네트워크[최근에는 생태계(ecosystem)의 개념으로 소개되는 경우가 많음]를 형성하고 이를 통해 사용자 가치를 창출한다. 이 모델의 특징은 서비스 플랫폼을 중심으로 다양한 서비스들이 활용될 수 있도록 설계되고, 제품이 서비스를 전달하는 매개체로 완벽하게 융합되어 규모의 경제 이점을 극대화할 수 있다는 것이다. IT를 활용한 정보 제공 플랫폼을 중심으로 새롭고 다양한 객실 서비스를 융합하여 고객에게 차별화된 경험을 제공하는 인포퀘스트[InfoQuest]와 세이버놋[Saberknot]은 규모의 경제를 통한 경쟁우위를 바탕으로 복합원천 방식의 서비스를 제공하는 모델의 대표적인 사례이다.

이 장에서는 〈그림 2-1〉의 분류를 중심으로 서비스 혁신의 사례를 살펴보기로 한다.

1. 기술의 경제—단일원천 서비스

가. 아메리칸 익스프레스의 여행비 관리 서비스

흔히 아멕스라고 불리는 아메리칸 익스프레스American Express의 신용카드는 기업의 법인카드로 상당한 인기를 끌었었다. 특히 아메리칸 익스프레스의 카드 발급 전략은 실무자가 기업의 담당자에게 업무상 지출되는 비용을 신용카드로 사용하면 현금도 아끼고 지출도 정확히 파악함으로써 전체적인 지출을 줄일 수 있다고 설득하여 직원들에게 아멕스 카드를 지급하도록 하는 것이었다.

1982년 아메리칸 익스프레스는 법인카드를 담당하고 있는 해당 부서를 여행 서비스 부서로 이동시켰다. 여행 서비스 부서가 주로 하는 일은 여행이나 출장을 가는 카드 고객들의 호텔 객실 예약과 비행기나 철도 같은 이동수단의 탑승권을 미리 확보하는 것이었다.

아메리칸 익스프레스는, 기업이 전국적인 운영망을 갖고 있을 정도의 큰 규모일 경우 직원들의 출장기간은 길 것이고 이에 따라 발생하는 비용도 증가할 것이라고 예상하였다. 더불어 항공요금과 호텔 숙박료를 협상을 통하여 조정하는 경우 기업들이 출장 경비를 산출하는 데 어려움을 겪고 있음을 파악하고 자사의 법인카드를 사용하는 기업 고객들에게 출장 경비 운영에 대한 컨설팅과 전용 상담라인을 확보하여 고객들의 출장과 관련된 제반 사항들을 준비해 주는 서비스를 실시하였다. 즉, 아메리칸 익스프레스가 기업 고객의 출장과 관련된 경비 운영을 지원한 것이다. 뿐만 아니라 대상 기업의 조직 구조를 파악하여 직급별로 가장 효율적인 출장 경비를 산출해 주었고, 일정 기간 동안의 출장비 지출내역을 정리하여 고객사의 재무 담당자에게 보내주는 서비스를 제공하였다.

아메리칸 익스프레스는 고객사들을 위하여 여행이나 출장과 관련된 비용을 어떻게 하면 효율적으로 사용할지와 비용 산출에 어려움을 겪는 재무 담당자들에게 어떠한 도움을 줄 수 있는지에 대하여 항상 연구하였다. 물론 연구 결과를 실천하는 데는 많은 어려움이 따랐지만, 아메리칸 익스프레스가 아니었다면 고객사를 위한 창의적이고 고객 중심인 사고방식으로 신용카드 사업의 확장에 접근하기는 어려웠을 것이다. 즉, 아메리칸 익스프레스는 자신과 고객은 하나라고 생각하였으며, 항상 그러한 사고방식을 기반으로 좀더 나은 수준의 고객 서비스를 위하여 노력한 것이다.

아메리칸 익스프레스는 서비스 혁신에 있어 주체적 자원이 얼마나 중요한 것인가를 보여주는 대표적인 사례이다. 단지 고객에게 신용카드를 발급해 주는 서비스에서 끝난 것이 아니라 아메리칸 익스프레스 관리자들은 어떻게 하면 고객들이 여행비를 효율적으로 사용할 수 있을까라는 부분에서부터 시작하여 자신들의 지식을 고객들에게 전달해 주는 것까지 고민한 것이다.

이 사례를 통하여 서비스 경제 시대의 경쟁력의 기초는 결국 지식과 역량과 같은 잠재적인 자원이라는 것을 알 수 있다. 단순한 타겟팅 업무뿐만 아니라 고객의 출장비 관리와 같은 서비스는 가치를 창출하는 중요한 요소이다.

단지 호텔 예약이나 티켓 확보와 같은 단순한 업무가 아닌 고객 회사의 재무적인 부분까지 관리를 해주고, 고객은 이러한 카드사의 서비스를 경험함으로써 아메리칸 익스프레스가 제공하는 서비스의 가치를 경험하고 또 같이 만들어가는 것이다.

마지막으로, 기업과 고객은 서로 분리되어 있는 것이 아니라 함께 결합되어 운영되어야만 진정한 가치를 창출할 수 있다는 사실을 알 수 있다. 만약 아메리칸 익스프레스가 회사와 고객을 별개의 것으로 인식하고 단순한 업무 제공에 사업 활동을 제한하였다면, 다른 일반적인 카드사와 별반 다르지 않은 카드사 중 하나로 남았을 것이다.

나. IBM의 경영 혁신

IBM의 창업주인 토마스 왓슨 1세는 자신의 가치관을 기반으로 IBM 조직구성원들의 행동규범을 만들고자 하였으며, 이때 만들어진 IBM의 기업 신조는 아들인 왓슨 2세가 회사의 경영권을 물려받았을 때에도 계승되었다.

IBM의 기업 신조는 크게 세 가지였다. 첫째, 조직구성원 개개인을 존중해야 한다. 둘째, 고객에게는 최상의 서비스를 제공해야 한다. 셋째, 경쟁을 통한 조직구성원의 탁월성과 뛰어난 성과를 추구해야 한다.

이러한 기업 철학을 바탕으로 조직문화의 혁신을 이루어낸 IBM은 큰 성공을 거둘 수 있었다. 하지만 1980년대에 들어서면서 기술의 발전으로 인하여 변화한 시장 환경에 적절히 대응하지 못하면서 큰 위기에 직면하였다. 대형 컴퓨터에 대한 수요가 없어짐에도 불구하고 IBM은 계속해서 생산을 고집하였고, 결과적으로 후발업체들에게 컴퓨터 시장을 빼앗기게 되었다. 즉, 기술의 발전으로 인한 소비자들의 수요 및 시장 환경의 변화를 무시한 결과였다. 1990년대 IBM의 규모가 방대해지고 조직이 복잡해짐에 따라 업무 처리 프로세스가 중복되었으며, 관료주의의 팽배로 인하여 고객의 요구가 적절하게 의사결정에 반영되지 못하였다.

하지만 2000년대 초 위기의 IBM은 연간 81억 달러의 흑자를 기록하며 재기에 성공하였다. 그 이유는 바로 1993년에 새롭게 영입된 루 거스너 회장이 IBM의 위기를 고객 중심의 관점에서 극복하고자 한 경영 혁신 때문이었다. 루 거스너 회장의 리더십 하에 IBM은 오랫동안 만연해 있던 조직구성원들의 기업 중심 사고방식을 고객 중심의 사고방식으로 전환시켰다. 그리고 효과적인 조직 구성과 기술 및 시장의 변화에 대한 탄력적인 대응을 추구하였으며, 조직구성원들에게 IBM의 가치와 비전을 지속적으로 제시하고, 개개인이 전문적인 기술 습득을 통하여 경쟁력을 갖출 수 있도록 장려하였다. 이러한 노력들은 기존의 하드웨어 제조사업을 과감하게 정리하고 컨설팅을 중심으로 한 전문 서비스 기업으로 재출발을 할 수 있도록 하는 기반이 되었다.

시스템적으로는 모바일오피스 제도를 활용하여 네트워크화를 통한 업무 환경을 조성하였으며, 전 세계의 IBM 직원들이 원활한 의사소통을 할 수 있는 사내 커뮤니케이션 환경을 구축함으로써 조직구성원들의 업무 집중도를 높일 수 있도록 하였다.

비록 위기가 있었지만 세계적인 기업 IBM이 처음부터 지금까지 최고의 자리를 유지할 수 있었던 이유는 조직 문화의 혁신을 위한 지속적인 노력과 고객 중심적인 사고, 그리고 기술을 기반으로 한 조직구성원들의 적극적인 가치 창조 활동이 있었기 때문이다Ref〉 정재용 · 황혜란 · 이병헌, 『공학기술과 경영』, 지호, 2006.

IBM의 사례를 통하여 단지 기업의 제품 생산 활동만으로는 고객에게 가치를 전달할 수 없다는 것을 알 수 있다. 즉, 새로운 기술의 등장으로 인한 시장 환경의 변화를 받아들이고 이를 적용시킬 수 있는 창의력이나 도전정신과 같은 주체적 자원, 조직구성원들의 개인적인 역량, 업무 환경은 기업이 고객과의 가치 창출을 통하여 성공을 이루는 데 있어 필수 요소이다.

그리고 IBM의 가장 중요한 성공요소인 고객 중심의 사고방식에서 볼 수 있듯이, 고객 만족 및 분석, 참여 등의 고객 관계 지향적 관점이 현대 기업 경영에 있어서 얼마나 중요한 역할을 하는지를 명확하게 알 수 있다.

다. Eaton Electrical사의 Home Heartbeat 서비스

Eaton Electrical사는 1911년에 설립되어, 가정집에서 사용하는 다양한 전기기기를 생산하여 왔다. 그런데 최근 시장경쟁이 치열해짐에 따라 Eaton Electrical사의 관리자들은 제품 중심의 비즈니스에서 'Smart service' 중심의 비즈니스로의 전환을 시도하였다. 이를 위해 가정에서 사용하는 모든 전기기기조명, 전자제품 등를 네트워크에 연결하고,

각종 센서물 센서, 전원 센서, 열기/닫기 센서 등를 설치하여 원격 모니터링과 제어 등 부가서비스를 제공하였다. 그리고 이러한 서비스들에 대한 수수료를 사용자에게 청구하는 모델을 구축하였다. 이를 통해 고객들은 집 밖에서도 가스레인지, 냉·난방, 수돗물 등을 제어할 수 있게 되었고, 이는 집에서 발생할 수 있는 여러 위험요소들로부터 벗어나게 해주었다. Eaton Electrical의 성공적인 비즈니스는 기존의 제품판매 형식과 사업영역에 새로운 서비스 네트워크를 형성하여 서비스 유지·보수 프로세스를 추가하고 새로운 서비스 전달체계를 구축한 결과라고 볼 수 있다.

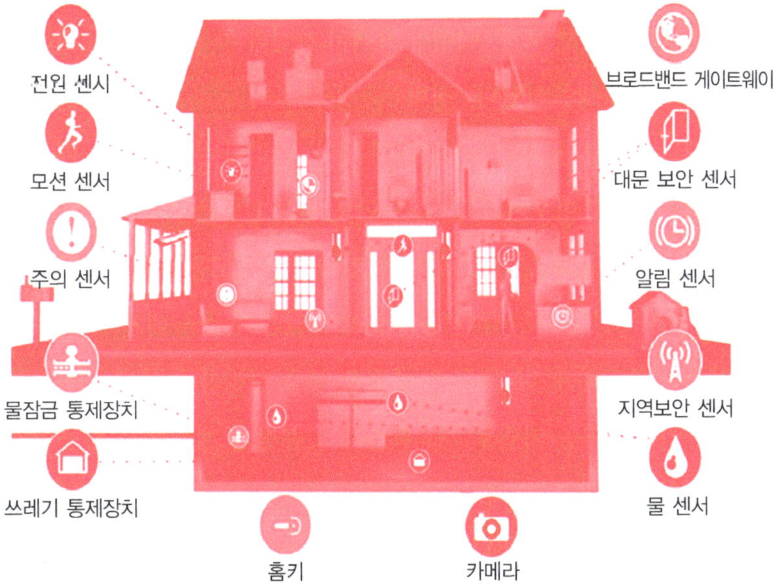

그림 2-2 Eaton Electrical사의 Home Heartbeat 서비스

라. 자동차 수리 서비스 시스템

기술의 경제에서 단일원천 서비스 비즈니스 모델은 자사의 축적된 특정한 서비스와 제품에 대한 지식을 바탕으로 단일원천 방식의 서비스를 제공하는 것을 의미한다. 이 모델에서 제공하는 서비스는 기술의 경제-복합원천 서비스에서 제공하는 통합적인 시스템 측면의 서비스와는 달리 자사의 비즈니스를 촉진시키기 위해 개별적으로, 그리고 단일 커뮤니케이션 채널을 통하여 제공되는 서비스를 의미한다. 본 비즈니스 모델에 적합한 사례로는 각종 컨설팅 회사 및 네트워킹 서비스 기업에서 제공하는 특화된 지식 및 기술 서비스를 들 수 있다. 전통적인 서비스 시스템을 생각해 보자. 어떠한 고객이 자신의 차를 수리하기 위해 자동차 정비소에 방문하였다. 정비공은 문제를 진단하고 자동차 수리를 위해 반드시 필요한 부품을 주문하게 된다. 그러나 부품 주문은 매우 복잡한 프로세스로 이루어져 있다. 일단 문제의 원인을 파악하고, 결함이 있는 부품을 확인하고, 필요 시 전문 기술자에게 도움을 요청하기도 한다. 이러한 과정이 모두 끝난 후에 문제가 있는 부품을 대체해 줄 수 있는 부품을 주문하게 된다. 부품 주문은 부품 관리자에 의해 수행된다. 부품 관리자는 부품 카탈로그를 확인하고, 부품을 제공할 수 있는 공급자의 위치를 파악하고, 재고도 파악한 다음 최종적으로 부품을 주문한다. 부품은 제3의 공급자나 부품 OEM original-equipment manufacturer 생산자, 인증된 공급자들로부터 제공받게 된다. 이때 일반적으로 정비공이 자동차의 문제점을 파악하기 위해 1시간 정도를 소비하며, 부품 관리자는 부품을 찾기 위해 30분 이상을 소비한다. 더욱이 이러한 일은 매일 반복적으로 일어난다. 이러한 모든 행위들로 인해 수리 시간은 더욱더 길어지고, 고객의 만족도는 더욱더 낮아지게 된다. 자동차 수리 서비스에 대한 낮은 만족지수는 그 업체의 자동차 재구매 비율을 낮추게 된다.

이와 같이 서로 분리된 행위자 간의 활동으로 인해 서비스 제공 과정에서 시간적 투자와 비용적 낭비가 발생하고, 결국 고객이 느끼게 되는 만족은 점점 낮아지게 된다. 이와 같은 문제를 해결하는 방법은 행위자들 간에 유기적 연결고리를 형성시켜 요구되는 행위를 신속하게 처리하는 것이다. 이러한 행위자들 간의 연결고리를 개념적으로 도식화하면 다음과 같은 네트워크 기반 서비스 시스템의 형태를 이루게 된다.

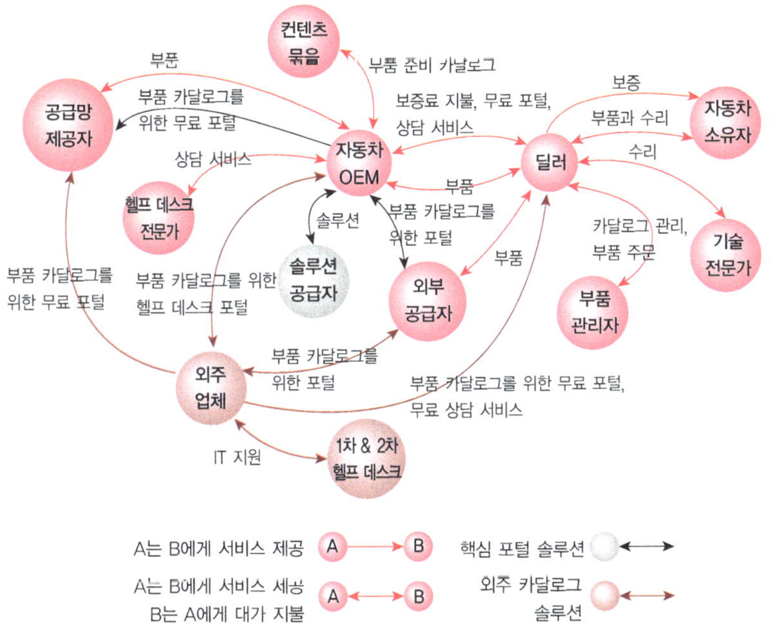

그림 2-3 오늘날의 자동차 수리 서비스 시스템

〈그림 2-3〉은 자동차 수리 서비스 시스템 내에서 이루어지는 다양한 파트너들 간의 서비스와 제품의 흐름을 나타내고 있다. 본 서비스 시스템에는 서비스를 제공하는 다양한 기술자와 부서 관리자, 그리고 헬프 데스크 전문가가 포함되어 있다본 그림에는 관계비용, 거래비용, 위험비용, 및 운영비용은 포함되지 않았음. 이러한 서비스 시스템 도식을 통해 해당 서비스를 제공하기 위해 요구되는 모든 구성요소를 일목요연하게 파악할 수 있고, 서비스 시스템을 구성하는 각 객체가 갖고 있는 역량의 활용법 및 부족한 점에 대한 보완책을 정의할 수 있다.

마. 인포시스 아웃소싱

인도의 대표적인 IT 아웃소싱 업체인 인포시스Infosys는 '기술의 경제-단일원천 서비스'의 서비스 비즈니스 모델을 잘 활용한 기업이다. 인포시스는 단순한 아웃소싱 서비스에 머물지 않고 새로운 아웃소싱 파트너를 자사의 가치 네트워크에 참여시킴으로써 새로운 비즈니스 모델을 만들고 고객사에게 제공하는 아웃소싱 서비스를 최적화하는 데 성공하였다. 인포시스가 모든 거래 절차와 애플리케이션, 인프라를 통합하여 차별화된 서비스를 제공함으로써 고객사들은 비용절감뿐만 아니라 지속적인 경쟁우위를 발굴할 수 있는 기회를 얻을 수 있게 되었다. 또한 인포시스의 상징 중 하나인 글로벌 콜센터Business Processing Office는 세계 전역의 소비자들로부터 걸려오는 상담과 주문, 고객 불편 신고 전화를 담당하는 단순한 업무 대행 서비스에 그치지 않고 기업의 모든 업무를 처리해 주는 것이 특징이다. 고객 기업의 직원들이 신청한 각종 서류나

재직증명서를 발급해 주는 것은 물론, 기업의 채용이나 면접에 필요한 공고 등 각종 절차를 대행해 주고, 쏟아져 들어오는 이력서들을 검토하여 회사가 정한 기준에 맞는 후보들을 추려내는 작업, 직원 직무교육을 위한 직원별 일정 관리, 통보 절차, 자재를 대량으로 저가에 구입하여 고객사에 공급해 주는 작업 등 수많은 서비스를 제공해 주고 있다. 이처럼 단순한 하청업체 수준의 아웃소싱 서비스에 그치지 않고, 인포시스의 지식과 역량을 활용하여 서비스를 통합적으로 고객사에게 제공함으로써 그들의 경쟁력을 향상시켰다.

또한 소비자 입장에서도 복잡한 절차를 거치지 않고 인포시스와의 일차적 접촉만을 통해 다양한 서비스를 제공받을 수 있기 때문에 편의성이 높아졌으며, 이는 인포시스가 제공하는 서비스의 가치를 높이는 데 기여하고 있다. 이 외에도 인포시스는 은행을 위한 통합 IT 시스템인 'Finacle'을 개발하였는데, 이는 가장 성공한 금융거래 시스템으로 평가받고 있다. 그들이 쌓아온 기술력 및 노하우를 바탕으로 은행의 여신, 수신, 외환, 인터넷뱅킹 등 기본 업무는 물론 CRM, 신상품 개발, 데이터 관리에 이르기까지 모든 업무를 포괄하여 통합적으로 서비스를 제공하는 시스템을 구축한 것이다. 은행이 제공하는 복잡한 서비스를 통합적으로 제공함으로써 소비자들은 시스템 접속을 통해 편리한 서비스를 제공받을 수 있게 되었다. 은행 경쟁력의 원천이라고도 할 수 있는 핵심 시스템을 인포시스가 통합하여 판매함으로써 수백 억 원에 이르는 이 시스템은 세계 100여 개의 은행에 도입되었고, 금융분야의 최고 상품으로 수차례 선정되기도 하였다.

바. UPS

UPS는 자사의 경쟁력 있는 유통망에 파트너사의 서비스를 접목시킴으로써 새로운 형태의 물류 서비스, 즉 효과적인 4자 물류 시스템을 통해 수익성 향상과 경쟁력 강화에 성공하였으며, 해당 분야에서 입지를 굳건히 하고 있다. UPS는 4자 물류 시스템을 통해 물류의 전반적인 업무는 물론, 물류와 관련된 인사, 재무, 마케팅, 생산 등의 활동과 물류 시스템의 구축, 물류 컨설팅 등의 업무 또한 수행하고 있다. 이를 통해 고객사는 물류와 관련된 업무를 전적으로 UPS에 맡길 수 있게 되었으며, 결과적으로 물류비용의 절감, 인력 손실 방지 등의 부가적인 효과를 낳았다. UPS는 고객사와의 상호작용을 통해 효과적인 서비스를 제공하기에 적합한 네트워크를 구축하였으며, 자신들이 고객사를 대신하여 고객과 접촉하고 관련 서비스를 통합적으로 제공해 줌으로써 서비스 제공의 효율성 또한 제고시켰다. 예를 들어 UPS는 고객사였던 버켄스탁Brikenstock을 위해 'Trave Direct Air' 라는 프로그램을 구축하였으며, 이를 통해 버켄스탁을 자신들의 가치 네트워크에 통합시키는 서비스를 제공하였다. 즉, 외국에 있는 버켄스탁 공장에서 미국의 UPS 창고로 물건을 바로 가져왔으며, 다시 재포장을 하여 고객에게 최종적으로 배송하는 형태의 서비스를 제공하였다. 또 다른 고객사였던 Jockey International을 위해 UPS는 Jockey International의 재고 관리 및 인터넷 주문, 고객 관리 서비스를 제공하였는데, 이를 통해 소비자가 Jockey International에서 물품을 주문하면 UPS가 주문, 포장, 배달, 반품 등의 모든 프로세스를 대행해 주었다. 마지막으로 UPS는

Toshiba의 SCM을 통합하여 컴퓨터 수리 서비스를 제공하였다. 고객이 수리가 필요한 Toshiba 노트북을 UPS나 Mail Boxes Etc 상점에 맡기면, 노트북은 포장되어 Kentucky, Louisville에 있는 Toshiba에 의해 훈련된 UPS 수리 기술자들에게 전달되었고, 수리가 완료된 제품은 다시 고객이 노트북 수리를 맡겼던 지점으로 배송되는 형태의 차별화된 물류 서비스를 제공하였다. 이와 같이 UPS는 타 기업들이 제공하는 단순한 재고 관리 및 물류 서비스가 아닌 고객사와의 협력을 통해 그들을 자신들의 가치 네트워크에 참여시켜 각 고객사에게 적합한 통합 물류 서비스를 제공하였다. 즉, UPS는 다양한 분야에 있는 다양한 고객사의 생산 특성, 제품 특성, 고객 특성을 고려하여 기존에 소유하고 있던 UPS의 강점인 창고 및 운송수단과 결합하여 통합적인 솔루션을 개발·접목함으로써 고객과 기업에게 차별화된 서비스를 제공할 수 있었다.

사. 현대중공업 스마트 조선소

현대중공업의 '스마트 조선소 및 스마트 십smart ship' 사례를 들 수 있다. 스마트 십 기술은 선박 기관감시제어장치, 항해정보기록장치, 주추진제어장치 등을 하나의 네트워크로 통합하여 독자적인 선박 통합 통신망을 구축하는 것이 핵심이다. 현대중공업은 지난해 3월 한국전자통신연구원ETRI과 공동 개발한 스마트 십을 건조하였는데, 스마트 십 기술은 현대중공업의 선박 및 조선과 관련한 특화된 전문지식을 바탕으로 기술의 경제 효과를 창출하고 있으며, 모든 프로세스를 통합적으로 관리하고 있기 때문에 단일원천 서비스로 볼 수 있다. 스마트 십은 선박

엔진과 제어기, 각종 기관 등의 운항 정보를 위성을 통해 육상에서 실시간으로 모니터링하고 선박 내 통합시스템을 원격 진단하고 제어할 수 있는 차세대 선박이라고 할 수 있다. 스마트 십 기술의 통합 통신망을 통해 수집 · 분석 · 가공된 정보는 선박의 경제적 운항 관리는 물론 선반 내 기자재의 재고 관리 등 차세대 부가서비스까지 연동할 수 있어 그 가치를 더하고 있다. 해당 시스템의 활용 사례는 무궁무진하다. 예를 들어, 육상에서도 원격으로 선박의 상태를 실시간으로 모니터링 할 수 있고, 원격 유지 · 보수가 가능하기 때문에 항해 장치에 이상이 생길 시 전문가를 헬기로 선박에 직접 파견할 필요 없이 원격 보수로 대체함으로써 건당 약 3,000달러의 비용 절감도 가능하다. 또한 조선소의 품질관리 절차도 원격으로 시스템을 통해 설계 부서와 품질관리 부서 간의 업무 협의가 가능해졌기 때문에 업무의 효율성 또한 개선되었다. 현대중공업은 향후 건조 예정인 컨테이너선에도 해당 시스템을 탑재할 예정이며, 덴마크의 AP 몰러 등 해외 선도 해운사들 또한 해당 시스템을 도입하는 등 큰 부가가치를 창출하고 있다. 이와 더불어 해당 선박통신 기술인 선박 통합관리 네트워크SAN 신기술이 IEC 국제 표준으로 채택되었고, 스마트 십 기술은 세계 선박의 표준을 제정하는 국제해사기구IMO의 표준화 작업도 진행되고 있어 해당 기술은 국제적인 가치를 지니게 되었다는 것이 그 의의를 더하고 있다. 이와 같은 현대중공업의 스마트 십 및 조선소 시스템은 그동안 현대중공업이 쌓아온 스킬비즈니스 경험 및 노하우을 활용하여 자사의 공정, 품질관리, 운영, 유지 등 모든 프로세스를 통합적으로 관리하고 개선하여 부가가치를 창출할 수 있는 시스템을 구축한 좋은 사례로 볼 수 있다. 핵심 스킬을 활용하여 유기적이며 활용가능성이 높은 시스템을 구축하였으며, 본 시스템을 구축함으로써 현대중공업의 전체 프로세스를 혁신적으로 바꾸어 놓았고, 이는 다시 현대중공업의 스킬을 향상시키는 데 기여할 것이다.

2. 기술의 경제—복합원천 서비스

가. 포스퀘어

기술의 경제를 기반으로 복합원천 서비스를 제공하는 또 다른 기업 사례로 최근 들어 각광받고 있는 포스퀘어Foursquare를 꼽을 수 있다. 포스퀘어는 체크인이라는 위치 기반 서비스를 소셜 네트워크 서비스와 결합하여 다양한 서비스를 창출함으로써 세계적 주목을 받고 있다. 타임The Time지는 체크인Check in이 웹에서 가장 많이 사용되는 단어가 될 것이라고 설명하며 포스퀘어의 서비스에 주목하였다. 유명 IT 블로그 사이트 중 하나인 RWWRead Write Web 역시 포스퀘어의 등장에 대하여 '위치가 플랫폼이 되는 시대가 도래하였다' 라고 평가한 바 있다.

포스퀘어는 닷지볼Dodgeball, 구글에 인수된 소셜 네트워킹 서비스 창업자가 구글에서 나와 만든 SNS와 위치정보가 결합된 서비스로서, 위치 기반 SNS라는 특화된 분야에 대한 전문적인 지식과 노하우를 통해 기술의 경제 효과를 활용하고 있으며, 다양한 외부 기업을 자사 서비스에 통합시키는 형태의 복합원천 서비스를 제공하고 있다. 포스퀘어는 2009년 3월에 서비스를 시작한 이후 전 세계 각지의 도시 지도를 게임 보드로 만들었다. 2010년에는 세계 60여 개 국가의 대표 도시가 추가되었으며, 서울도 포함되어 국내 사용자도 서비스를 이용할 수 있게 되었다. 이 서비스는 특정 장소에서 활발한 활동을 하는 사람에게 시장mayor의 지위를 부여하고 활동에 대한 보상 차원에서 뱃지badge를 부여하는 등 소셜 게임의 요소까지 포함하는 것이 특징이다. 또한 유선 웹뿐만 아니라 아이폰 등 다양한 플랫폼의 모바일 전용 애플리케이션을 제공하고 있다. 최근 국내에서도 트위터 사용자들을 중심으로 인기를 끌고 있다. 휴대폰에 있는 GPS 기능을 십분 활용해서 현재 사용자의 위치를 파악한 다음 주변 장소를 찾아주는 기능을 제공하며, 이러한 사용자의 위치를 등록된 지인들과 공유하고 이에 대한 의견을 나눌 수 있게 설계되어 있다. 포스퀘어 사용자들은 문자 메시지 또는 스마트폰 애플리케이션을 이용하여 그들이 선호하는 장소에 언제 방문했었는지에 대하여 포스팅 할 수 있다.

포스퀘어는 다양한 파트너십을 구축하여 무료 사용자를 충성도 높은 사용자로 전환하는 노력을 기울이고 있다. 미국 콜로라도의 모드마켓Modmarket 등 200여 개 이상의 지역 사업자들과 전략적 제휴를 맺고 10회 이상 포스퀘어에 체크인 할 경우 무료로 음식을 제공하거나 현재 시장mayor 지위를 획득한 사람에게 무료음료를 제공하는 등의 혜택을 주고 있다. 이러한 포스퀘어는 지역 사업자들에게 긍정적인 영향을 미치고 있으며, 방송이나 신문 등 미디어 업체와의 전략적 제휴도 진행하고 있다. 캐나다에서는 지하철 무가지인 메트로Metro와 제휴하여 지역 뉴스와 포스퀘어의 위치 기반 SNS를 결합한 서비스를 출시할 계획이며, 브라보TV와도 제휴하여 그들의 프로그램에 등장하는 장소를 500개 선정해 포스퀘어 사용자들이 그곳을 방문한 뒤 체크인 하면 브라보TV를 상징

하는 뱃지를 준다는 계획을 추진하고 있다.

하버드 대학은 대학 홍보 차원에서 최근 포스퀘어와 전략적 제휴를 맺었다. 포스퀘어는 하버드 대학을 위한 특별 페이지를 만들고 교수와 학생, 방문객들이 학교 주요 시설을 방문해 휴대폰으로 포스퀘어에 체크인 하도록 함으로써 학생들 간의 커뮤니케이션을 유도하거나 학교에 관한 각종 팁을 제공하도록 하고 있다. 이러한 적극적인 파트너십 구축 전략과 사용자의 증가를 통해 포스퀘어는 지난 2009년 140만 달러 상당의 투자를 유치하기도 하였다. 따라서 위치 기반 SNS 분야에 대한 전문적인 지식과 노하우를 활용하여 다양한 서비스를 제공하는 것은 물론, 다양한 외부 기업과의 전략적 제휴를 통해 서비스 네트워크를 형성하는 포스퀘어의 서비스는 기술의 경제를 경쟁우위의 원천으로 삼으면서 사용자의 적극적인 참여를 통한 복합원천 방식의 서비스를 제공하는 대표적인 사례 중 하나로 볼 수 있다.

나. 스포티파이

소셜 네트워크 서비스와 연계한 음원 스트리밍 서비스를 제공하는 '스포티파이Spotify' 역시 기술의 경제에 입각하여 경쟁우위를 획득하고 있는 동시에 복합원천 방식의 서비스 제공을 통해 가치를 창출하고 있는 기업 사례이다. Spotify는 기존의 음원 스트리밍 및 다운로드 서비스에 소셜 네트워크 서비스를 접목시킴으로써 소비자의 자발적 참여를 유도하고 이를 통해 고객들에게 새로운 경험을 제공하고 있다.

Spotify는 영국에 본사를 둔 기업으로 영국, 스웨덴, 프랑스, 스페인, 미국, 핀란드 등에 사무소를 두고 이용자가 좋아하는 음악을 친구와 공유하거나 의견을 교환할 수 있는 서비스를 제공하고 있으며, 이 과정에서 페이스북 및 기타 소셜 네트워크 서비스를 활용함으로써 그들의 가치를 높이고 있다. Spotify를 이용하는 사용자들은 페이스북 등 많은 소셜 네트워크 서비스와 연동하여 음악을 찾고, 자신과 음악적 취향이 비슷한 사용자들이 페이스북 및 블로그 등에 Spotify에서 찾은 음악을 포스팅 하고, 페이스북을 통해 그 리스트들을 실시간으로 공유함으로써 사용자 간의 상호작용을 활발히 하고 있다. 이와 더불어 선택한 음악을 간단한 조작을 통해 친구들과 음악을 주고받을 수 있으며, 누가, 언제, 어떤 음악을 알려주고, 보내주었는지 확인할 수 있다. 또한 특정 플레이리스트를 공유하여 친구들과 함께 특별한 공동 앨범을 만들 수 있는 서비스도 제공하고 있다.

이 외에도 개인의 음악적 취향뿐만 아니라 Spotify 이용자의 프로필 및 활동내역을 소셜 네트워크 서비스와 연동시킴으로써 사용자의 서비스에 대한 몰입도를 더욱 높이고 있다. Spotify는 자사의 프로그램을 웹사이트에서 무료로 사용할 수 있도록 함으로써 사용자들의 서비스 이용에 대한 거부감을 낮추고 사용자들의 적극적이고 활발한 서비스 이용을 장려하고 있다. 또한 메이저 음반사들과의 전략적인 계약을 통해 풍부한 음원을 제공함으로써 서비스의 품질 향상에도 주력하고 있다. 이와 같은 Spotify의 비즈니스 모델은 자사의 차별화된 기술력 및 스킬을 바탕으로 모든 이용자들이 자신에게 맞춤화된 서비스를 받는다는 느낌을 갖게 하는 동시에 많은 이용자들의 원활한 상호작용 및 커뮤니케이션을 지원함으로써 서비스에 대한 몰입도를 높여 Spotify가 제공하는 서비스 자체의 가치를 향상시키고 있다. Spotify가 제공하는 형태의 서비스는 더욱 많은 사용자가 참여할수록 서비스의 가치가 높아지며, 이는 다시 더욱 많은 사용자를 참여시키는 선순환으로 이어진다. 그렇기 때문에 Spotify는 자신들의 핵심 기술력 및 고객 지원 노하우를 적극적으로 활용하여 차별화된 서비스를 제공함과 동시에 경쟁력 있는 이해관계자를 네트워크에 참여시키고 이를 중심으로 서비스를 구축함으로써 자신들의 서비스 역량을 강화하고 있는 것이다.

3. 규모의 경제—단일원천 서비스

가. 델 컴퓨터

델[Dell]은 보증된 품질의 하드웨어를 판매함에 있어 철저한 Service Level Agreement[SLA]에 기반한 고객 지원 서비스를 제공함으로써 고객에게 향상된 가치를 제공하고 있다. 델은 전 세계에 걸친 공급사슬 및 고객을 기반으로 표준화된 제품을 판매하여 규모의 경제 효과를 창출하는 동시에 다양한 공급자들과 고객들에 대한 독립적인 서비스 접점의 역할을 수행함으로써 단일원천 서비스를 제공한다. 컴퓨터와 스토리지 등의 첨단 제품을 생산하는 글로벌 기업인 델은 온라인으로 다이렉트 비즈니스를 주 비즈니스 모델로 삼기 때문에 고객서비스 수준 관리[SLA: Service Level Agreement]에 특히 신경을 쓰고 있다. 이를 위해 델은 고객지원센터의 기능을 크게 강화해 고객들의 요구에 적극적으로 대응하고 있다.

북아메리카와 유럽, 아시아 등 전 세계에 걸쳐 수천 개의 고객서비스 요구사항을 해결해야 하는 델 고객지원센터는 최상의 고객 경험을 제공하는 목표를 달성하기 위하여 모든 기업 거래처를 정확히 파악할 수 있는 세계적인 안목이 필요했다. 이는 단순히 고객 요청만을 관리하는 것이 아니라 다른 요소와의 상호관계까지도 파악하고 관리할 필요가 있다는 것을 의미했다. 델의 고객지원센터는 전 세계 기업 고객에 대한 SLA의 가시성을 높이기 위하여 고객의 서비스 요청에 대한 처리 시간을 2시간에서 4시간까지 차별화하고 플래티넘과 골드, 실버로 서비스 레벨을 분류했다. 또한 델이 SLA에 의해 일관되고 신속한 서비스를 달성하기 위해서 단지 매시간 데이터를 업데이트하는 것으로는 충분치 못했으며, 최신 정보를 모니터링하고 분석하는 것이 필요했다. 델의 중앙관리본부 관리자는 콜센터가 최고의 서비스를 제공하기 위해서는 반드시 실시간 리포팅 시스템이 필요함을 절실히 깨닫고 있었다. 몇 년 전 델은 전체 고객 지원 케이스의 중요한 점을 한 번에 정리하여 보여주는 실시간 리포팅의 개념에 접했던 적이 있었지만, 그 실시간 리포팅 시스템은 고객과 거래처들이 각기 다른 SLA를 갖고 있었기 때문에 실제로 적용하기 힘들다는 단점이 있었으며 일부분의 데이터밖에 볼 수 없어 광범위하게 다시 개발하는 작업이 필요했다.

델 고객지원센터에서는 고객이 전화로 서비스를 요청했을 때 바로 해결하는 횟수와 반복된 고객의 서비스 요청 및 방문 서비스 건수가 얼마나 되는지를 정확히 측정할 수 있고, 전체적인 흐름의 파악과 지속적인 모니터링이 가능한 차세대 리포팅 시스템이 필요했다. 델 고객지원센터의 입장에서 지속적으로 SLA를 관리하는 솔루션을 도입한다는 것은 일종의 도전으로 받아들여졌다. 델 고객지원센터는 인사담당 시스템, 파견 시스템, 컨택 센터 스위치 정보 등을 포함해 최소한 4개의 데이터베이스와 애플리케이션을 바탕으로 한 데이터를 신뢰할 수 있다고 판단하고, 여러 종류의 데이터를 모두 처리할 수 있는 강력한 시스템을 추구하였다. 추가 비용이나 IT 개발 인력 없이도 그 시스템을 갖고 쉽게 업데이트하고 변경할 수 있어야 하는 것 또한 매우 중요한 사항이었다. 이미 존재하는 대부분의 시스템들은 업데이트가 어려웠기 때문에 IT 개발에 필요한 추가적 비용이 소요되고 일정이 지연되는 문제가 존재하였다. 델의 중앙관리본부는 수많은 BI와 리포팅 솔루션을 평가한 후에 프리패키지 된 하드웨어와 소프트웨어 또는 가상기기와 같이 지속적인 모니터링 솔루션으로 활용 가능한 IBM 사의 Cognos Now를 선택하였다.

IBM Cognos Now는 20개 이상의 데이터와 12개 이상의 주요 측정법으로 매 분마다 수백 명의 사용자를 지원할 수 있고 수만 개의 기록들을 처리할 수 있다. 또한 단 4주 이내에 가동이 가능하다는 장점도 있다. 따라서 이제 델 고객지원센터는 실시간 모니터링을 통해 SLA를 확실히 보증할 수 있고 지원센터를 좀더 능률적으로 운영할 수 있게 되었다. IBM Cognos Now의 도입 전에는 고객의 서비스 요청이 있을 경우 어떻게 처리되는지 파악하는 것이 어려웠지만, 지금은 1,000개 이상의 고객 서비스 요청을 빠르게 처리할 수 있으며 더욱 잘 응대할 수 있게 되었다. 이와 같은 델의 사례는 컴퓨터 및 스토리지 제조업체로서 델이 보유한 공급사슬 관리라는 핵심 역량 위에 고객 지원 서비스라는 제품과 결합된 단일원천 서비스를 가장 적절히 구현하여 규모의 경제 이점을 극대화한 사례라고 할 수 있다.

나. 유니클로

규모의 경제를 기반으로 단일원천 방식의 서비스를 제공하고 있는 또 다른 사례로 일본의 유니클로Uniclo를 들 수 있다. 유니클로는 자사의 제품을 판매함에 있어 파트너십전략적 제휴을 기반으로 통합적 수직 계열화 체계를 구축함으로써 값싸고 질 좋은 상품을 고객에게 제공할 수 있게 되었는데, 유니클로의 통합적 수직 계열 체계는 생산단가를 절약시킬 수 있는 규모의 경제 효과를 낳고 있다. 유니클로의 기본 전략 방향은 패스트푸드 개념을 패션에 도입한 '패스트 패션fast fashion' 으로 요약되며, 이는 그룹의 지주회사명이 '패스트 리테일링' 이라는 점에서도 잘 나타나 있다. 유니클로의 주요 전략 방향은 다음과 같다.

첫 번째 전략 방향은 파트너형 수직 계열화이다. 유통업체로 시작한 유니클로는 1990년 중국에 생산기지를 만들면서 기획에서 생산까지 직접 담당하는 수직 계열화 체제, 즉 SPA 체제를 구축하게 되었다. 야나이 회장에 따르면 '일본 소비자에게 세상의 옷이란 값비싼 브랜드 의류와 값싼 노브랜드 의류 두 종류 밖에 없는데, 결국 싸고 좋은 옷을 공급하여 성공하기 위해 SPA 체제를 선택했다' 고 한다. 유니클로의 수직적 통합은 일반적으로 추구되는 'make' 형, 즉 자체 공장 체제가 아니라 '파트너' 형, 즉 전략적 제휴 체제이다. 생산의 90%를 담당하는 중국을 중심으로 약 70개의 파트너사와 거래를 하고 있는데, 이들을 장기간 함께하는 파트너로 인식하고 적극적인 기술지원과 철저한 품질관리를 통해 파트너들의 역량을 극대화함으로써 100만 단위로 대량생산되는 상품에 대해서도 높은 품질을 유지하고 있다. 기술지원은 일본 섬유

산업에서 30년 이상의 경험을 가진 기술자집단인 유니클로 '마스터팀'이 담당하는데, 방적, 방직, 직포, 염색, 봉제, 마무리, 출하에 이르기까지 공정 관리 전반에 걸친 기술을 파트너 공장에 전수하고 있다. 아울러 상하이, 심천, 호치민 등 주요 생산거점의 생산관리사무소에 주재하는 170여 명의 유니클로 생산관리 담당자가 매주 공장에 가서 품질을 체크하고 있다. 수직적으로 계열화된 가치사슬value chain 구조 속에서 이른바 '토털 프로듀서'를 지향하는 것도 패스트 패션의 근간이 되는 빠른 의사결정과 소비자 욕구 반영을 가능하게 한다. 토털 프로듀서란 가치사슬 선 과정의 담당자들이 함께 모여 의사결정을 하는 시스템을 말한다.

두 번째 유니클로의 전략 방향은 소품종 대량생산이다. 유니클로의 특징적인 전략 중 하나는 기본형 위주의 소품종을 대량으로 생산한다는 점이다. 소품종 대량생산 전략은 생산비가 저렴한 중국을 생산기지로 활용하는 전략과 함께 저가격전략을 가능하게 하는 중요한 기반이 된다. 규모의 경제와 저렴한 인건비가 생산원가 절감의 중심축인 셈이다. 원자재도 전량 구매하여 파트너 공장에 공급함으로써 소재 원가절감도 꾀하고 있다.

세 번째 전략 방향은 1승 9패 전략이다. 1승 9패는 야나이 회장이 2003년 출간한 책 이름이자 본인의 경영철학이기도 한데, 아홉 번 실패해도 한 번 크게 성공하면 모두 회복하고도 남는다는 것이다. 야나이 회장에게는 경영자가 연전연승한다는 것은 새로운 것을 시도하지 않았다는 것과 같은 말이다. 다만 실패를 실패로 거듭하는 것이 아니라 다음 성공의 열쇠로 삼아야 한다는 점을 강조하고 있다. 실패했을 때 빨리 인정하고 냉정히 그 원인을 분석해 성공의 밑거름으로 삼는 것이 중요하다는 것이다. 사양산업이라는 부정적 인식 속에서 유니클로를 탄생시킨 배경이나 업태, 상품, 매장 등에 새로운 시도를 끊임없이 이어가는 유니클로의 성장 배경에는 야나이 회장의 이러한 도전의식이 깔려 있다. 의류 제조 및 유통 사업을 통해 비교적 단기간에 일본 최고의 부자 위치에 오른 배경이기도 하다.

네 번째 유니클로의 전략 방향은 소재 개발에 있다. 싸고 좋은 옷의 빠른 공급에 필수적인 품질 좋은 소재의 안정적 확보를 위해 소재 개발에도 주력하고 있다. 유니클로는 R&D, 상품기획팀, 소재기획팀, 생산공장이 연계되어 소재를 개발·공급하는 전략을 추진하고 있다. 신소재 개발은 소재 제조업체와의 전략적 제휴를 통해 이루어지는데, 도레이 주식회사와의 전략적 파트너십이 대표적 예시이다. 이 제휴를 통해 개발된 발열 보온 소재 히트테크Heattech는 기능성이 뛰어난 히트작으로 꼽히고 있다. 이 소재를 활용한 보온 내의 히트테크는 출시 후 1년간 일본에서 2,800만 매가 팔리는 경이적인 기록을 갖고 있다. 이와 같은 유니클로의 전략은 타 기업과 전략적 제휴 및 파트너십을 공고히 하면서도 소비자와의 커뮤니케이션 채널은 유니클로가 단독으로 담당하면서 소품종 대량생산과 같은 규모의 경제를 통해 경쟁우위를 창출하고 있음을 알 수 있게 한다.

다. 그라민 폰

규모의 경제를 주요 경쟁우위의 원천으로 삼으면서 단일원천 방식의 서비스를 제공하고 있는 또 하나의 사례로 방글라데시의 그라민 폰

Grameen Phone을 들 수 있다. 그라민 폰은 새로운 개념의 모바일 솔루션인 PreTUPS라는 선불 모바일 솔루션의 제공을 통해 새로운 플랫폼을 구축함으로써 사용자의 서비스 이용 부담을 낮추고 규모의 경제 효과를 극대화하고 있으며, 이를 기반으로 다양한 옵션 서비스를 제공하고 있다. 방글라데시의 통신업체인 그라민 폰은 혁신적인 선불 기술을 활용함으로써 수익성 부족으로 외면받은 비도시권 지역의 통신 시장을 개척하였고, 고객 유치율 55%를 달성하는 성과를 거두었다. 신규 시장 개발과 관련하여 경제성장과 통신 인프라 구축은 그 우선순위를 따질 수 없을 만큼 어려운 문제이다. 국가의 경제성장을 위해서는 인프라 구축이 필요한 것은 두말할 나위 없거니와 통신은 경제성장을 촉진시키는 데 있어 막중한 임무를 수행한다. 또한 통신 채널의 적절한 활용은 기술과 경제의 동시 성장을 가능하게 하는 원동력이다. 사회과학이 자주 거론되는 시점에서 우리는 기술이 전반적인 경제성장을 이끌어내는 데 어떤 역할을 수행하는지, 사회의 빈민층에게 어떠한 영향을 미치는지에 대한 논의가 꾸준히 제기되어 온 것을 보아 왔다.

그라민 폰은 서비스로부터 소외된 상태에 있지만 잠재적 서비스 인구가 많은 비도시권 지역의 저소득 계층을 타겟으로 시장을 개척해 나가는 방법을 보여주었다.

비도시권 시장을 타겟으로 할 때 이동통신 사업자들이 가장 꺼리는 요소가 바로 경제적 접근성이다. 그라민 폰의 경우 애초부터 솔루션은 간단하지 않았는데, 낮은 소득, 제한된 서비스 환경, 그리고 통신 인프라의 부족은 시장 개척에 있어 최대 장벽이었다. 또한 비도시권 지역의 이동통신 서비스는 비싸다는 단점을 안고 있었다. 이익 창출이 기업 목표인 통신사업자들이 ARPU가입자당 평균매출액를 극대화할 수 있는 시장으로 눈길을 돌리는 것은 당연하며, 정부의 개입이 없는 한 통신사업자들이 적극적으로 비도시권 시장을 개척하는 일은 힘들다는 것이 지론이다.

결국 시장의 특성에 맞게 비용부담 가능성을 커버할 수 있는 제품 라인을 개발하는 것이야말로 시장 개척과 확장을 꾀하는 데 있어 필요한 비용에 대한 부담을 최소화할 수 있는 핵심 포인트이며, 이는 가격 할인과 같은 단순한 문제가 아니다. 가격 대비 효율을 높이기 위해서는 피라미드의 가장 아래쪽BOP ; Bottom Of the Pyramid에 있는 수요층의 소비 행태를 명확히 파악해야만 한다. 비도시권 시장의 BOP는 대다수가 일용직 노동자들인데, 이들은 절대적으로 부족한 평균 수입 때문에 휴대폰이나 충전형 선불 바우처와 같은 고가품을 이용할 수 없다.

그라민 폰은 비용 부담이 가능한 통신요금 체계에 대한 저소득층의 요구사항을 수용할 수 있는 능력이 통신사업자의 CPTCost Per Transaction와 밀접한 관련이 있음을 보여준다. 바우처의 충전에 필요한 높은 단가는 BOP 계층을 성공적으로 끌어당길 수 있는 적정 가격에 서비스를 공급하는 일을 실현 불가능하게 만든다. 물리적인 바우처의 공급량에 의존하는 기존 비즈니스 모델은 인쇄, 물류 보관, 운송, 화물 추적과 같은 요소들을 포함하므로 서비스 단가가 높아질 수밖에 없다. 기존 모델은 BOP 계층에게 있어 진입 장벽이 높았다. 도로, 운송 경로, 저장 창고, 안정된 시장경제와 같은 제반 인프라 환경의 결여를 감안해 볼 때 CPT는 높아질 수밖에 없었다. 새로운 형태의 비즈니스 모델이 요구된다는 이야기인데, 그라민 폰은 바흐티 텔레소프트의 PreTUPS라는 선불 모바일 솔루션을 도입 · 발전시켰다. 이것은 기존의 전통적인 선불 서비스 공급 체인을 파괴하고 스크래치 기반 카드로 대체함으로써 통신사업자들이 기존 공급 채널을 통해 전자적 형태로 선불 통화시간을 구현할 수 있도록 한다. 그라민 폰은 PreTUPS를 통해 BOP 계층을 대상으로 경제적 접근성이 타당한 서비스를 공급할 수 있게 됐다.

PreTUPS는 전통적인 선불 서비스 공급 체인에서 스크래치 카드와 중간 과정을 없애고 다국어 SIM 기반 메뉴를 도입해 통화시간을 공급하기 위한 기능을 수행하게 되었다. 소매업자는 전화 메뉴를 통해 가입자의 계정을 충전시키며, 공급업자는 소매업자의 통화 공급량을 체크할 수 있다. 단말기의 제한시간도 조정할 수 있다. 또한 PreTUPS는 SMS를 통해 선불-선불과 선불-후불로 통화시간 지불방식을 자유롭게 전환할 수 있도록 지원하며, 발신자의 계정에서 가입자가 요구하는 통화시간을 빼내어 수신자의 선불 계정에 추가할 수도 있다. 그라민 폰은 PreTUPS를 통해 엔드 투 엔드 플랫폼을 구현함으로써 선불 서비스 공급과 관련한 다양한 요소들을 보다 효과적으로 제어 · 관리할 수 있게 되었다. PreTUPS는 가입자들이 이용할 수 있는 가장 적합한 가격의 휴대폰 서비스를 제공하는 옵션을 갖게 된 것이고, BOP의 저소득 계층들은 그동안 호사품이었던 휴대폰 서비스를 일상에서 누릴 수 있게 된 것이다. 결과적으로 그라민 폰은 지난 12개월 동안 가입자 유치율 55%를 달성하는 등 시장 개척에 있어 괄목할 만한 성과를 거두었다. 여타 사업자들처럼 ARPU에 골몰하는 대신 그라민 폰은 서비스 확장과 신규 시장 개발을 통해 새로운 수익원을 발굴하게 된 것이다. 이는 가입자들의 서비스 이용률이 낮다고 해서 수익성이 없다고 판단하는 것은 잘못된 견해임을 증명한 것이다. 그라민 폰 비즈니스 사례는 개도국에서 서비스를 공급 중이거나 계획 중인 통신사업자들에게 귀감이 될 수 있다.

PreTUPS와 같은 혁신적인 서비스의 도입으로 앞으로 통신사업자들은 BOP 계층의 소비 패턴에 맞는 서비스 판매 방법을 개발할 수 있을 것이다. 결과적으로 방글라데시의 BOP 소비자들은 Post PreTUPS를 통해 소액으로 계정을 충전시키고 이동전화 서비스를 이용할 수 있게 되었다.

또한 PreTUPS와 같은 서비스는 인쇄, 패키징, 운송, 저장, 물류 보관, 화물 추적과 같은 중간 요소들에 소모되는 비용을 제거할 수 있기 때문에 서비스 공급 단가를 낮출 수 있다는 강점이 있다. 인쇄에 드는 단가는 대략 0.05달러로 서비스 침투율 62%에 가입자당 월 평균 5번을 충전한다고 가정할 때 바우처 인쇄와 관련한 비용을 연 평균 900만 달러나 줄일 수 있다는 계산이 나온다. 아울러 SMS 기반 충전 시스템의 도입으로 IVR 비용도 줄일 수 있었다. 그라민 폰의 비즈니스 사례가 보여주듯 통신사업자들은 가입자들의 비용부담 가능성에 맞추어 선불 서비스의 접근성과 이용성을 높일 수 있으며, 이러한 새로운 모델들의 확산으로 경제 전반에 걸쳐 긍정적인 영향을 미칠 수 있게 됐다. 즉시 충전과 소액 선불 시스템의 도입으로 사업자의 월 ARPU는 긍정적인 흐름을 타게 될 것이다. 그라민 폰의 경우 충전 비율이 250% 늘어났으며, 선불 유저들의 ARPU는 월 6.30달러 수준이다.

결론적으로 중요한 사실은, 그라민 폰이 수익성 부족으로 여타 통신사업자들에게 철저히 외면당해 온 BOP 저소득 계층을 대상으로 수익성 있는 모델을 구현하였으며, 이는 비용 지불방식의 변화 및 사용방식의 변화를 통해 서비스 접근성과 사용편의성을 높이는 혁신을 함으로써 가능했다는 점이다.

4. 규모의 경제—복합원천 서비스

가. 애플사의 아이팟 서비스 혁신

〈그림 2-4〉는 애플Apple사의 아이팟iPod 사례를 기초로 서비스 경험이 가치 창출에 미치는 영향과 공동 가치를 창출하기 위해 고려되는 다양한 객체들의 관계를 나타내고 있다. 고객들은 아이팟을 사용하는 과정에서 가치를 창출하게 되는데, 이 과정 속에서 다양한 상호작용을 경험하게 된다. 특히 애플의 아이팟과 상호작용하는 프로세스예를 들면, 아이튠즈를 통한 음악 다운로드나 다른 사용자와의 음악 교류, 애플 직원 또는 고객 커뮤니티와의 상호작용 등이 고객 경험의 질을 결정한다. 이처럼 고객이 상호작용을 통해 가치를 창출하는 제품, 고객 커뮤니티 또는 기업의 네트워크

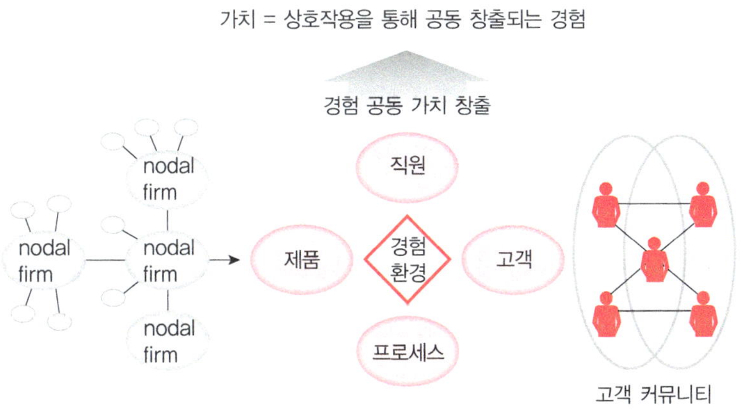

그림 2-4 새로운 가치 창조 시스템

를 '경험환경experience environment' 이라고 정의할 수 있다. 즉, 경험환경은 단순히 제품 또는 서비스가 거래 또는 교환되는 것을 뜻하는 것이 아니라, 고객이 제품, 프로세스, 사람, 그리고 고객 커뮤니티와 함께 개인 중심의 상호작용을 할 수 있도록 지원하는 환경을 의미하며, 이는 서비스 시스템이라고 이해될 수 있다. 기업은 서비스 시스템 내에서 일어나는 고객의 상호작용을 이해하여 기술 플랫폼, 정보 인프라를 설계하고, 이에 기반하여 고객의 경험을 극대화할 수 있어야 한다.

이 사례에서 가장 중요한 사실은 애플사가 아이팟이라는 새로운 제품을 만든 MP3 시장에서 선두주자가 되었다는 것이 아니라, 아이팟, 아이튠즈, 고객 커뮤니티, 그리고 다양한 참여 기업들을 아우르는 새로운 서비스 시스템을 만들어냄으로써, 음악을 듣는 행위, 음원을 사고파는 행위, 그리고 음악을 공유하는 행위들을 완전히 다른 틀로 유도하면서 음원 유통시장의 강자로 부상했다는 데 있다. 이처럼 새로운 서비스 시스템을 구축한다는 것은 서비스 사용자들에게 완전히 새로운 서비스 경험을 선보이면서 기존의 시장을 뒤흔들고 새로운 시장을 창출한다는 의미를 갖는다.

애플Apple Inc의 서비스 중심 비즈니스 모델은 애플 앱스토어Appstore를 중심으로 구현된다. 애플은 자사가 생산하는 다양한 제품단말기들에 앱스토어라는 복합서비스 플랫폼을 접목시킴으로써 고객에게 차별화된 경험을 제공하는 데 성공하였다. 애플의 최대 강점은 매킨토시나 맥OS가 아니라 아이폰과 아이팟, 그리고 아이패드로 대변되는 모바일 기기와 제반 소프트웨어 플랫폼 서비스이다. 특히 애플은 아이팟을 앞세워 휴대용 음악 단말기 시장의 정상에 오른 이력도 지니고 있으며, 아이팟을 통해 휴대용 음악 단말기 시장을 석권한 뒤에는 이를 발판으로 전화와 인터넷을 결합하여 아이폰을 출시하였다. 그러나 여기서 가장 중요한 것은 애플이 전화기를 개발한 것이 아닌, 바로 아이튠즈iTunes를 중심으로 한 네트워크 구조와 이를 통한 수익 창출 구조의 혁신이다. 아이팟이나 아이폰, 아이패드 등의 단말기는 바로 이 아이튠즈와 결합될 때 최대의 가치를 창출할 수 있도록 비즈니스 모델이 설계되어 있다. 즉, 단말기가 아이튠즈를 중심으로 한 네트워크형 서비스의 일부인 것이다. 아이튠즈는 동영상이나 음악, 애플리케이션 등을 PC에서 동합 관리하는 소프트웨어이자 애플 단말기의 관리 소프트웨어이기 전에 애플이 구축한 앱스토어의 구매 관리 소프트웨어로서의 역할을 수행한다.

사실 기업이 과금 체계를 치밀하게 관리하려면 관리 소프트웨어의 일관성, 즉 결제 시 언제나 똑같은 플랫폼의 단말기가 사용되는 것이 가장 이상적이다. 애플은 iOS라는 단일 운영체제를 아이팟과 아이폰, 그리고 아이패드에 적용하여 빠르게 이 시장을 잠식하였으며, 최근에는 자사의 PC에 적용되는 맥 OS에까지 앱스토어를 사용하는 등 비즈니스 모델을 확대하고 있다. 아이팟이나 아이폰과 같은 단말기는 성능이 제한적이긴 하지만 범용적인 플랫폼이기 때문에 사용하는 소프트웨어에 따라 다양한 용도로 사용이 가능하다. 또한 애플은 애플리케이션을 배포하는 앱스토어를 이용자는 물론 외부 소프트웨어 개발자들에게 개방하는 전략을 택하였다.

아이튠즈는 이미 엄청난 규모의 고객을 보유한 인프라인데, 여기에 '단말기의 기능 추가'라는 형태로 애플리케이션 시장이 형성되자 그 파급력은 상당히 강력했다. 게다가 앱스토어 사용자들은 애플리케이션을 구입하고 사용하려는 의욕이 대단히 높아 이는 상당히 큰 가치를 지닌 시장으로 발전하였다. 또한 앱스토어가 애플 외부 개발자들에게 개방됨으로써 애플로서는 내부 애플리케이션 개발 역량만으로는 다양한 이용자의 요구에 부응할 수 없던 단점을 상쇄시켰다. 애플리케이션을 개발하여 앱스토어에 등록하는 개발자들 또한 이용자의 반응에 따라 개발에 따른 충분한 보상을 받을 수 있기 때문에 이를 반겼음은 물론이다. 앱스토어가 등장하기 전까지는 개인 혹은 소규모 애플리케이션 개발자는 획기적인 아이디어나 개발 의욕이 있어도 이를 효과적으로 보급할 방법이 없어 그동안 많은 개발자가 애플리케이션 개발을 포기하거나, 개발하여 배포하더라도 충분한 대가를 받지 못했다. 그러나 애플의 앱스토어에는 언제나 대량의 잠재고객과 손쉬운 결제수단이 준비되어 있는 까닭에 많은 애플리케이션 개발자들에게 이곳은 매력적인 시장으로 다가갈 수 있었다. 이와 같은 이용자와 개발자의 활발한 참여를 통해 현재 앱스토어에는 20만 개 이상의 애플리케이션이 등록되어 있고, 다운로드 수는 누계 30억 건을 훌쩍 뛰어넘는 초대형 시장으로 발전하였다. 이처럼 개인들이 갖고 있는 스킬을 광범위하게 활용할 수 있는 장을 열어주고 이를 네트워크화함으로써 새로운 시장을 개척할 수 있는 비즈니스 모델이 기술의 경제, 즉 네트워크형 비즈니스이다.

나. 그루폰

규모의 경제를 경쟁우위의 원천으로 삼으면서 복합원천 서비스를 통해 가치를 창출하는 또 다른 기업 사례로 그루폰Groupon을 들 수 있다.

그루폰은 공동구매 몰의 개념과 소셜 네트워크 서비스를 융합함으로써 높은 부가가치를 창출하는 비즈니스 모델을 구축하고 있다. 즉, 서비스와 서비스의 융합을 통해 획기적인 성과를 거두고 있다. 그루폰은 SNS 서비스를 통해 네트워크 효과를 극대화함으로써 규모의 경제를 경쟁우위의 원천으로 삼고 있으며, 고객과 파트너와의 서비스 참여를 유도하는 복합원천 서비스를 제공하고 있다. 그루폰은 쿠폰을 이용자가 공동으로 구매규모의 경제하여 할인된 가격에 상품을 살 수 있도록 하는 서비스를 제공하고 있다. 한 가지 쿠폰을 단 하루만에 44만여 장이나 팔아 110만 달러 수준의 매출을 올린 기록이 있는 그루폰은 창업한 지 2년이 채 지나지 않은 새내기에 불과한데, 예상 매출액은 5억 달러, 기업 가치는 12억 달러로 추정된다. 흔한 원어데이 몰이나 공동구매 몰에 그쳤을지도 모를 그루폰이 이런 성공을 만들어낸 비결은 의외로 단순했는데, 바로 소셜 네트워크 서비스SNS와의 결합, 즉 소셜커머스였다. 그루폰은 하루 한 가지 상품을 50% 이상 할인된 가격에 구매할 수 있는 쿠폰을 판매하고 있는데, 최소 판매 수량이 충족되어야만 거래가 유효하다는 조건을 내건다. 갖고 싶다면 사람을 데려오라는 것인데, 여기까지는 여타의 공동구매 몰과 다를 바가 없다. 그러나 그루폰은 공동구매 몰 서비스를 SNS소셜 네트워크 서비스와 연동함으로써 비즈니스 모델을 한 차원 끌어올렸다. 이것은 곧 소셜커머스로 진화하게 되는 것인데, 그루폰의 모든 상품 페이지에는 트위터, 페이스북 등의 SNS 단추 묶음이 있다. 이 단추는 고객들이 사이트를 이동할 필요 없이 그 자리에서 자신이 활동하고 있는 SNS로 상품 정보를 퍼뜨릴 수 있도록 도와준다. 예를 들어 트위터 단추를 누르면 자신의 트위터 계정으로 글을 쓸 수 있는 메시지 입력 창이 활성화되는데, 해당 웹페이지의 URL과 간략한 상품 판매 정보가 자동으로 들어가 있기 때문에 확인만 해도 트위터의 모든 친구들에게 동시에 입소문을 낼 수 있다. 이러한 SNS를 통한 입소문은 크게 두 가지 사회적 기능을 활용하고 있다. 첫째, 친구들은 메시지를 작성한 사람이 상품에 대한 신뢰를 보증해 준다고 믿기 때문에 웹 링크를 클릭할 가능성이 높다는 것, 둘째, 상품과 할인율이 아주 매력적이라면 설령 구매를 하지 않는다 하더라도 자신의 친구들에게 또다시 메시지를 퍼뜨리기도 한다. SNS 이용자들은 가치 있는 정보라면 서로 나누려고 하는 성향을 지니고 있기 때문이다. 바로 이러한 SNS의 순간적인 입소문 확산과 수요 동원 능력이 평범한 쿠폰 공동구매 몰을 스타 비즈니스로 탈바꿈시켜 준 것이다. 물론, 상품이 별로라면 입소문이 나기는 어려울 것이므로 그루폰은 이를 보완하기 위한 인센티브를 내걸어 고객의 입소문을 장려하고 있다. 구체적으로 말하면, 고객이 SNS로 배포한 웹 링크를 통해서 구매가 이루어질 경우 일정 금액을 마일리지로 적립해 주는 것이다. 참고로 그루폰의 경쟁사인 리빙 소셜은 고객의 입소문으로 세 명이 상품을 구매하면 그 상품을 무료로 제공해 주고 있다. 이러한 그루폰의 사례에서 볼 수 있듯이 그루폰은 단순히 제품을 판매하는 기업이 아니다. 그루폰 스스로가 제품을 제조하는 것은 아니지만 공동구매 및 소셜 네트워크를 통한 규모의 경제를 바탕으로 여러 다른 기업들과 제휴하여 SNS 상의 많은 잠재고객을 대상으로 할인 쿠폰을 판매하고 상품에 관한 정보를 확산시키는 네트워크를 구축하여 이를 기반으로 복합원천 방식의 서비스를 제공하고 있다.

다. 닌텐도

닌텐도Nintendo는 가정용 게임기 '위Wii' 와 휴대용 게임기 '닌텐도 DS' 의 대성공을 기반으로 경쟁사들이 난립한 게임시장에서 독보적인 위치를 차지할 수 있었다. '위' 는 지난해 4~12월 사이 전 세계에서 2,000만 대가 넘게 팔렸는데, 이는 전년 동기 대비 40% 증가한 실적이다. '닌텐도 DS' 도 전년 실적을 웃도는 약 2,500만 대가 판매됐다. '위' 와 '닌텐도 DS' 의 성공 비결을 찬찬히 뜯이보면 불황으로 사람들이 외출이나 여행을 자제하면서 집에서 보내는 시간이 늘었다는 점이 게임기의 수요가 증가할 수 있는 기본적인 토대가 되었다는 것을 알 수 있다. 그렇다면 왜 유독 닌텐도의 게임기만 불티나게 팔려나간 것일까. 바로 '닌텐도 DS' 의 경우 단순 게임뿐만 아니라 영어 학습, 지능 개발 등 교육적인 게임 타이틀을 개발해 게임기에 대한 부모들의 저항감을 최소화했고, '위' 는 가족들이 거실에 모여 운동 삼아 즐길 수 있는, 기존에는 경험하기 힘들었던 새로운 고객 가치를 제공했기 때문이다. 닌텐도의 사례에서 볼 수 있듯이 다양한 외부 이해관계자와의 복합적인 파트너십을 구축하여 규모의 경제를 통해 경쟁우위를 창출하고 사업을 영위하는 규모의 경제의 복합원천 서비스 방식은 새로운 고객 가치를 제공함으로써 기업 성장의 기폭제가 될 수 있다.

라. 고객의 기억을 관리하고 공유하는 코닥

서비스 경쟁력을 획득하기 위한 제품의 서비스화 외에 또 다른 서비스 혁신 방법으로 서비스의 제품화Productization 방안을 들 수 있다. 서비스의 제품화는 기업이 고객의 더 많은 요구를 실현시키고자 기존의 서비스들이 구현하지 못했던 서비스들을 결합하여 제품화하는 것을 의미한다. 여기에는 기존의 서비스를 제품화할 수 있는 기술이 접목되어야 하는데, 단적인 예로 팩스, 프린터, 스캐너 등의 서비스 기능을 합친 복합기기를 들 수 있다. 또한 최근 IBM은 기존의 시스템 구축을 위한 컨설팅, 유지 · 보수 등의 서비스를 제품화시키고자 ODISOn Demand Innovation Service라는 조직을 설립하여 전 세계에 동일한 방법으로 맞춤형 서비스를 제공할 수 있는 표준화된 프로세스를 만들었다. 그리고 서비스를 제품의 형태로 무한 확대하여 재생산 및 재사용할 수 있도록 서비스의 생산성을 획기적으로 높이는 혁신을 이끌고 있다.

코닥Kodak은 최근 7년간 디지털 카메라의 등장으로 고객들이 카메라를 사용하는 활동영역이 달라졌음을 인지하고 디지털 기술 응용을 통해 고객과의 상호작용을 확대하는 방법을 개발하기 시작하였다.

새로운 디지털 카메라를 통해 고객이 원하는 서비스를 제공하기 위해 코닥은 온라인 프린팅 서비스를 제공하는 이지쉐어 갤러리EasyShare Gallery를 인수하고, 디지털 포토 이메일 전송, 포토 카드 제작과 같은 새로운 서비스들을 개발하였다. 그리고 사진을 인화하고자 하는 고객들에게 제공하던 기존의 서비스 프로세스에 새로운 서비스들을 추가하여 좀더 업그레이드된 서비스 프로세스를 고객들에게 제공하게 되었다. 그 결과 코닥의 고객은 매월 13%씩 증가하였으며, 이지쉐어 갤러리를 인수한 지 불과 2년 만에 200만 명이 넘는 고객을 확보하게 되었다.

코닥은 아날로그 필름 사업의 급속한 쇠퇴로 매우 큰 고통을 받았지만, 디지털 기술을 응용한 기존의 제품·서비스에 새로운 서비스를 추가로 제공함으로써 안정적인 수익을 확보하고 성장을 지속할 수 있게 되었다.

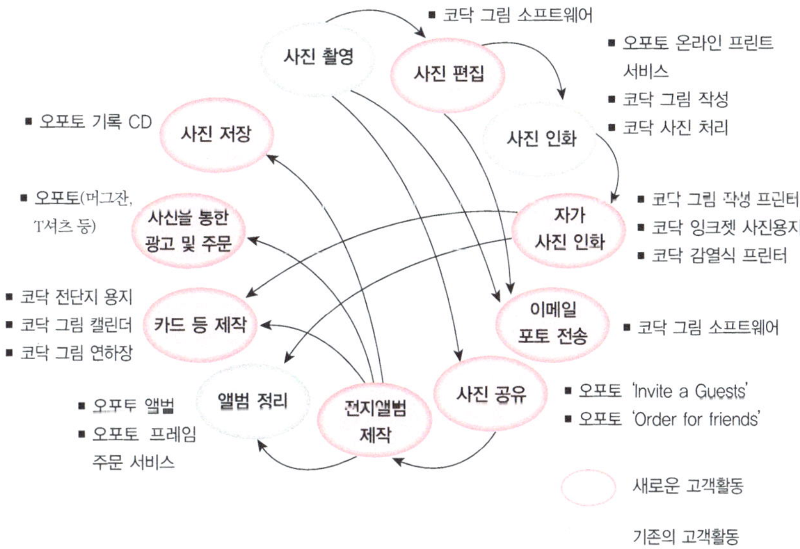

그림 2-5 코닥의 서비스 확장

고객을 어떻게 볼 것인가?

3

SERVICOVATION
ch. three

과거 제조업 중심의 시스템 사회에서는 고객을 크게 고려하지 않았다. 시장에 상품이 많지 않고, 상품들은 시장에 공급되는 즉시 소비자에게 팔려나갔기 때문이다. "공급이 수요를 창출한다"라는 세이의 법칙 Say's law이 시장을 지배했고, 상품을 만들어내기만 하면 시장수요가 그것을 모두 충족시키고도 남을 만큼 충분했다. 그러나 제2차 세계대전 이후 제조기술의 급속한 성장에 따라 시장에는 초과공급이 발생하였고, 더 이상 시장수요가 따라갈 수 없을 정도로 공급이 폭발적으로 증가하였다. 이러한 시장구조의 변화에 따라 "수요가 공급을 창출한다"는 개념이 정립되기 시작하였고, 기업들은 소비자가 원하는 제품을 만들어 시장에 내놓아야 했다. 소비자는 이제 단순히 재화를 사들이는 구매자가 아니라 재화의 생산에 지대한 영향을 미칠 수 있는 고객이 되었다. 기업들은 시장의 경쟁에서 살아남기 위해 소비자의 니즈Needs를 파악하는 데 많은 노력을 쏟아부었고, 이에 따라 시장은 고객의 니즈에 기반한 상품들로 넘쳐나게 되었다. 구매의 폭이 넓어진 고객들은 더 이상 상품의 질이나 외형만으로 구매의사 결정을 하지 않기 시작했고, 이에 따라 상품의 품질뿐만 아니라 그 외적인 요소들의 중요성이 부각되기 시작하였다.

이 시기부터 상품의 품질뿐만 아니라 그 외적 요소의 중요성이 부각되기 시작하였다. 그동안 부가적 요소로만 여겨져 왔던 서비스가 이제 중심적 역할을 하기 시작한 것이다. 비슷한 기능의 상품을 가지고 어떠한 방식으로 접근하느냐, 어떻게 하면 고객이 자사 제품에 친근함을 느끼고 다가올 것인가에 대한 연구가 트렌드가 되었고, 각 기업들은 자사의 제품뿐만 아니라 서비스를 혁신하기 시작하였다.

소비자에게 맞는 서비스를 제공하기 위해 기업들은 지속적인 노력을 하였고, '대량 맞춤화Mass Customization' 라는 방법을 고안해냈다. 대량 맞춤화는 일반적이고 공통적인 소비자의 니즈를 파악하여 이를 제품 전반에 걸쳐 적용하는 것으로, 소비자 니즈와의 광범위한 커뮤니케이션을 이루어내며, 소비자들이 공통적으로 원하는 바를 포착하여 대규모의 시장을 공략하는 효과적인 방안이다. 그러나 소비자의 디테일한 요구에 완벽하게 부응하지 못하고 비용이 지나치게 많이 발생하여 기업 입장에서 보면 효율적인 방안은 되지 못하였다.

이를 극복할 수 있는 방안으로 고안된 것이 제품, 서비스 생산과정에 고객을 참여시키는 방법인데, 고객이 가치 창출 과정에 참여함으로써 상품과 서비스의 차별화를 유도하고 고객만족을 극대화하는 것이다. 그 대표적인 예가 버거킹의 "당신 마음대로Have it your own way" 라는 슬로건이다. 이는 버거킹의 모든 식음료 생산과정에 고객의 의견을 최대한 반영하여 고객이 원하는 디테일한 부분까지 충족시키고자 한 방식이었다.

이러한 논리가 시장에 적용되면서 시장의 근본적인 교환 메커니즘에도 일부 변화가 나타나기 시작했다. 시장이 단순히 재화와 용역이 거래되는 '교환' 의 공간이 아닌 제품을 사용하고 경험하는 과정을 통해 가치를 창출해 나가는 심층적인 공간으로 변화한 것이다. 이처럼 서비스 지배 논리는 기업이 제품을 생산하여 고객에게 판매하는 과정에서 가치를 전달하기보다는 서비스 속에 제품을 융합시켜 고객 스스로가 원하는 본질적인 가치를 만들어가도록 하는 절차를 갖고 있는 것이 그 특징이다. 고객과 서비스 제공자를 공동 가치 창출자로 인식하여, 고객이 자신이 원하는 부분을 제품에 적용하는 일종의 프로슈머prosumer의 역할을 하게 만들어 고객 가치를 극대화하는 것이다. 기업 입장에서 고객과 함께하는 공동 가치 창출은 자사 제품의 가치를 제고할 수 있는 전략적 선택이 될 수 있다.

이러한 제조자와 고객의 공동 가치 창출 과정은 고객에 의한, 고객이 주도하는 혁신을 이루어냈다. 고객이 제품이나 서비스를 이용하면서 쌓은 경험을 서비스, 제품 제조과정에 적용하여 제품 서비스 혁신이 일어나고 있는 것이다. 이러한 혁신은 과거 일반적인 기술주도형 혁신과는 달리 고객이 원하는 적정 기술을 활용한다는 점에서 기술 적용에 있어서 낭비를 막고 고객의 요구를 더욱더 정밀하게 충족시킬 수 있다. 하지만 이러한 고객 주도의 혁신이 자동적으로 발생하는 것은 아니다. 기업은 고객의 경험을 얻기 위해서 끊임없이 고객의 입장을 이해하고 고객의 경험을 전달받을 수 있어야 한다. 은행의 경우와 같이 고객 개개인의 성향을 분석하여 적합한 상품을 제시하고 개발할 수 있어야 한다.

앞서 언급한 바와 같이 기업이 시장지배력을 높이거나 혁신을 통해 새로운 시장을 만들기 위해서는 고객에 대한 이해가 필수적이다. 이 장에서는 고객의 유형을 기술 수용 관점과 서비스나 제품 사용에서의 고객 참여 정도에 따라 분류하고, 혁신 유형에 관해 논의한 후 고객의 관점에서 서비스 혁신을 논의하기로 한다.

1. 고객의 유형 분류

가. 기술 수용 관점에서의 고객 분류

에버렛 로저스Everett M. Rogers는 기술수용이론에서 기술 수용자 집단의 종류를 혁신 수용자, 선도 수용자, 전기 다수 수용자, 후기 다수 수용자, 지각 수용자의 5가지로 분류하고 있다.

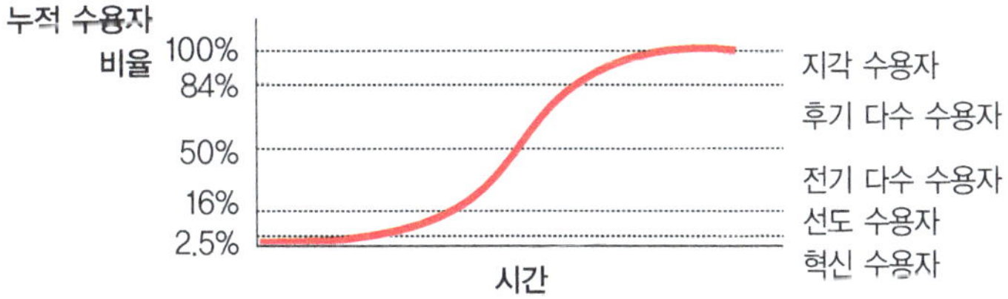

(a) 누적 수용자 S-곡선

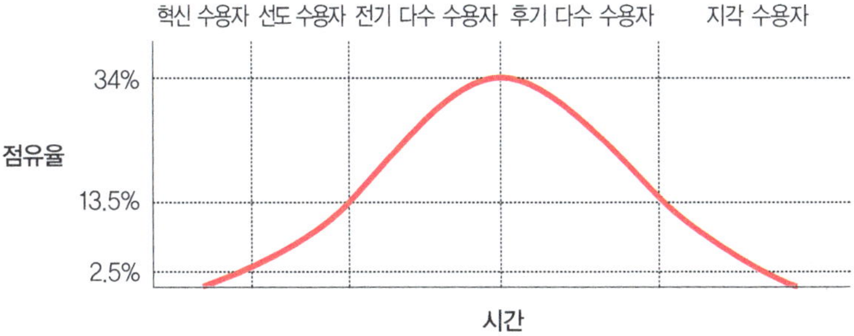

(b) 시장점유율 정규(Bell-Shaped) 곡선

그림 3-1 혁신 전파에 따른 수용자 분류

혁신 수용자Innovators는 최초로 혁신을 수용하는 약 2.5%의 사람들이다. 이들은 모험을 즐기는 편이고 높은 수준의 복잡성과 불확실성을 불편해하지 않으며, 일반적으로 경제력이 있다. 선도 수용자Early Adopters

는 그 다음으로 혁신을 수용하는 13.5%를 말하는데, 이들은 사회 시스템에 잘 융화되어 있는 사람들로서 의견 선도자로서의 자질을 갖고 있다. 다른 잠재적 수용자들이 주로 혁신 수용자와 선도 수용자로부터 정보와 조언을 구하므로, 이들은 신제품과 서비스를 만들고 전파하는 데 있어 훌륭한 조언자가 된다. 전기 다수 수용자Early Majority는 그 다음에 혁신을 받아들이는 34%의 사람들이다. 이들은 의견 선도자는 아니지만 사회의 평균적인 사람들보다 약간 앞서서 혁신을 수용하고, 동료들과 빈번히 접촉한다. 후기 다수 수용자Late Majority는 전기 다수 수용자 다음의 34%의 사람들을 말하는데, 그들은 혁신을 별로 신뢰하지 않는다. 따라서 동료로부터 압력을 받기 전에는 혁신을 수용하려 하지 않고, 경제력은 약할 수도 있다. 마지막으로 지각 수용자Laggards는 끝까지 혁신을 수용하지 않는 마지막 16%의 사람들을 말한다. 그들은 의견을 선도하는 경향은 전혀 없으며 주로 과거 경험에 근거하여 의사결정을 내린다. 따라서 혁신과 혁신자에 대해 상당히 회의적이고 혁신이 실패가 아니라는 확신이 들어야만 수용하는 그룹이다.

기술수용이론에 따르면 시장에서 혁신을 이루기 위해서는 혁신과 수용이 선도 수용자Early adopter에서 후기 다수 수용자Late Majority로 이어져야 하는데, 이를 위해서는 구전효과가 중요하다. 하지만 불확실성이 큰 하이테크 산업에서는 구전효과가 잘 일어나지 않는다. 이는 캐즘Chasm이 발생하기 때문이다. 캐즘은 새롭게 개발된 제품이 시장에 진입한 이후 선도 수용자들만 사용하고 대중화되지 않아 일시적으로 수요가 정체되는 현상을 말한다. 혁신이 도입된 초기의 시장에서 기술향상에 민감하고 가격에는 덜 민감한 선도 수용자와 그렇지 않은 초기 다수 수용자사이에 캐즘이 존재하게 되는 것이다. 이러한 캐즘은 전기 다수 수용자를 공략한 '볼링앨리The Bowling Alley' 전략으로 극복할 수 있다. 즉, 전기 다수 수용자 그룹에서 킹핀에 해당하는 무리의 사람들에게 경험의 기회를 제공함으로써 구전효과를 만들고, 이에 따라 나머지 무리의 사람들도 혁신을 받아들이기 쉽도록 만들면서 시장 확산을 효과적으로 하는 것이다. 캐즘을 넘어서면 돌풍Tornado 단계가 나타나는데, 이 단계를 넘어야 주류 시장에 진입하게 된다. 이 단계에서는 마케팅에서 제품으로 핵심 포인트가 전환되므로 전략적 제휴를 통한 기술 인프라 확산, 표준화를 통한 원가절감과 사용 용이성 향상, 저비용 유통채널의 확보 등 캐즘을 넘어서기 위한 전략과는 다른 전략을 사용해야 한다.

나. 마케팅 관점에서의 고객 분류

일반적으로 마케팅에서는 고객을 잠재고객, 신규 고객, 충성고객으로 구분한다. 잠재고객은 구매가능성이 있는 고객이고, 신규 고객은 처음으로 구매한 고객, 그리고 충성고객은 재구매를 하는 고객을 말한다. 마케팅에서는 인구통계학적 수치, 고객의 라이프스타일, 고객의 구매패턴을 기반으로 고객을 분석하고 이해함으로써 신규 고객을 확보하며, 고객의 충성도를 제고하고 유지시키는 방법을 주로 활용한다. 최근에 들어서는 고객의 정보를 이용하여 고객 행동을 이해하고 고객이 원하는 혜택을 제공함으로써 고객과의 장기적인 관계를 구축하는 고객관계관리CRM 방식을 사용하는 것이 일반적이다. 대표적인 사례로 SK의 OK 캐쉬백 정책을 들 수 있다. OK 캐쉬백 정책의 초기 사용률은 1% 미만이었으나 SK는 연령별로 사용내역을 분석하고 이를 기반으로 "고객 맞춤형 쿠폰"을 제공하여 사용률을 12%까지 올리는 데 성공하였다. 그러나 CRM이 항상 성공적이기만 한 것은 아니다. 국내 기업들이 실시한 CRM 진단결과를 살펴보면, 대부분의 기업에서 시행한 CRM 프로젝트는 실패로 나타났다. 이들의 공통적 문제점은 CRM을 단순한 고객 파악의 도구나 타겟 마케팅을 효율적으로 수행하기 위한 프로세스 정도로 생각하여 고객과의 윈윈 파트너십으로 발전시키지 못하였다는 것이다. 단순히 고객의 의향을 파악하는 정도로만 활용된 CRM은 성공할 수 없다. 또한 CRM의 기본 원칙을 지키지 않고, 혜택을 제공하는 척 하면서 실제로는 피해를 끼치는 행위를 하기도 하였다. 겉으로는 고객 중심의 서비스를 약속하면서 실제로 실천을 하지 않는 보여주기 식의 CRM을 한 사례도 많았다. 이처럼 고객과의 파트너십을 구축하는 것이 아닌, 일방적으로 고객의 의중을 묻는 형태의 CRM은 성공할 수 없다.

우리는 기업들의 사례를 통하여 기존의 CRM으로 고객을 완벽히 이해할 수 없다는 한계점을 알게 되었다. 하지만 기업이 만든 제품이 고객에게 외면받지 않으려면 지속적인 혁신이 필요하고, 그 혁신이 소비행위로 이어지는 연결고리를 파악하기 위해서는 고객에 대한 더 상세한 분류가 필요하다.

다. 서비스 가치 창출 과정 참여 관점에서의 고객 분류

서비스 가치 창출 참여 관점에서는 고객의 경험을 높임으로써 고객의 가치를 극대화하는 것이 중요하다. 즉, 가치는 제품을 고객들에게 제공함으로써 창출되는 것이 아니라 고객의 활동을 통해 창출되는 것으로, 기업은 이러한 가치를 제안하는 중요한 역할을 한다. 기업은 고객이 새롭게 느끼는 가치에 대해 접근할 수 있어야 하는데, 기업의 가치 제안 Value Proposition과 고객의 활동이 맞물려서 가치 창출 네트워크가 이루어지게 된다.

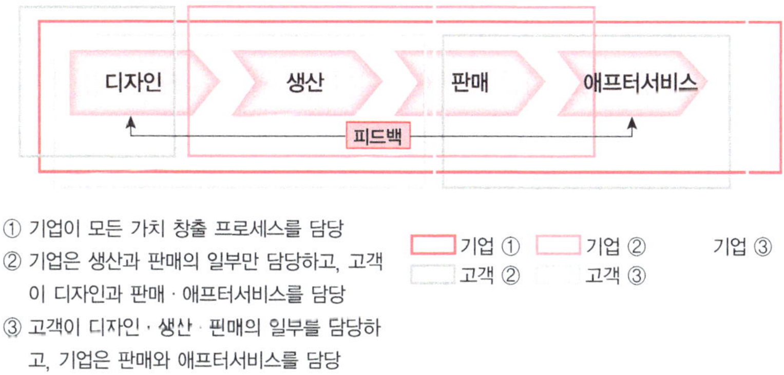

그림 3-2 가치 창출 프로세스 분할도

위의 그림은 기업과 고객 간 '가치 창출 프로세스 분할도'를 나타낸 것이다. 기업이 가치를 창출하기 위해서는 다양한 프로세스를 거쳐야 한다. 이런 프로세스는 기업이 온전히 수행할 수도 있고, 기업과 고객이 공동으로 수행할 수도 있으며, 고객이 거의 모든 부분을 수행하고 기업이 일부를 수행할 수도 있다. 다음의 사례들을 통하여 고객이 가치 창출 과정에서 어떤 부분에 참여하는 것이 고객의 지식과 자원 활용에 용이한지, 또한 고객이 어떠한 형태로 가치 창출 과정에 참여하고자 하는지를 살펴보자.

고객의 참여 분야는 '디자인 · 생산'과 '판매 · 애프터서비스'로 구분할 수 있으며, 고객의 참여 형태는 트라이슈머Trysumer와 프로슈머Prosumer로 구분할 수 있다. 트라이슈머는 '시도하다try'와 '소비자consumer'의 합성어로, 간접 정보에 의존하기보다 새로운 서비스나 제품을 직접 경험하기를 원하는 체험적 소비자를 지칭한다. 정보기술IT 서비스 업체들은 정식 제품을 내놓기에 앞서 베타 테스트를 실시할 때 트라이슈머를 적극 활용한다. 프로슈머는 '생산하다produce'와 '소비자consumer'의 합성어로, 기존 소비자와 달리 생산활동 일부에 직접 참여하는 소비자들을 뜻한다. 각종 셀프서비스나 DIYDo It Yourself 모델 등을 통해 소비자 참여가 활성화되고 있는 가운데, 프로슈머는 인터넷의 여러 사이트에서 자신이 새로 구매한 물건특히 전자제품의 장 · 단점과 구매가격 등을 다른 사람들과 비교 · 비판함으로써 제품 개발과 유통 과정에서 막강한 영향력을 행사하고 있다.

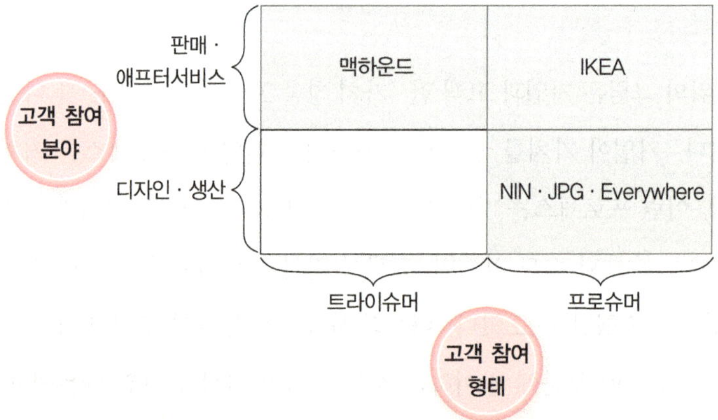

그림 3-3 고객 지식 활용 분야 및 참여 형태

〈그림 3-3〉은 앞으로 소개될 고객 참여 분야와 고객 참여 형태에 따른 사례들을 보여준다. 먼저 판매 · 서비스에 고객 체험 기회를 제공하는 사례를 살펴보자. 최근 타임의 자회사인 맥하운드는 고객들에게 선택의 자유를 주는 '믹스 앤드 매치 서비스Mix and Match Service' 라는 새로운 모델을 내놓았다. 맥하운드는 포브스, 피플, 내셔널지오그래픽, 타임 등 240개의 매거진을 서비스 대상으로 하고 있는데, 종래에 회원들이 고정된 매거진을 연간으로 구독하게 하였던 것에서 벗어나 매달 구독하고 싶은 매거진을 선택할 수 있게 한 것이다. 또한 회원권도 연간 계약이 아니라 자유롭게 기간을 선택할 수 있도록 하였으며, 취소도 언제든지 가능하게 하였다. 가격구조도 계층화하여 3, 4, 5개의 타이틀로 구성된 패키지를 각각 4.95달러, 7.95달러, 9.95달러로 정하였다. 맥하운드 구독 서비스는 트라이슈머들을 대상으로 구독방식에 유연성을 줌으로써 고객의 매거진 선택권을 극대화하는 비즈니스 모델의 사례로 볼 수 있다. 종래의 판매 · 서비스에 대한 고객 체험 기회를 제공하는 많은 기업들, 특히 지식과 정보를 제공하는 기업은 고객들에게 연간 구독권에 대한 판매를 고집하는데, 이는 고객의 선택권을 심각하게 제한하는 행위이다. 맥하운드와 같은 서비스는 본질적으로 소비자의 특성과 기업의 제품 또는 서비스 구매 행위를 세밀하게 관찰함으로써 실현할 수 있으며, 지식 서비스의 각 분야에 다양하게 적용될 수 있을 것이다.

다음으로, 디자인 · 생산에 대한 고객 참여 사례인 CNET.com을 살펴보자. 최근 매거진 업계는 인터넷 발달과 활자 매체 구독률 감소로 인해 심각한 생존의 위협을 받고 있는데, 이런 상황에서 CNET.com은 고객의 참여를 통한 새로운 비즈니스를 시도한 사례이다.

금융정보 제공 업체인 247wallst.com에 따르면, 최근 신문업계의 광고 수입이 급감하면서 적자 업체가 속출하고 있다. 미국 신문업체의 2008년 광고 수입은 2007년 대비 15% 줄어들었다. 이 가운데 부동산, 구인 · 구직, 중고자동차 판매 등과 관련한 광고 수입은 30%가 감소했다. 신문 구독자층이 인터넷으로 대거 이동함에 따라 구독률이 줄었고, 이에 따라 광고들이 인터넷으로 이전되고 있기 때문이다. 매거진 업계의 상황도 유사하다. 2008년 비즈니스 매거진과 뉴스 주간지의 광고 페이지가 15~20% 줄어들었고 하우스&가든House & Garden, 틴피플Teen People, 엘르걸Elle Girl 등 유명 잡지들이 2007년에 잇따라 폐간됐다. 미국의 최대 매거진 발행사인 타임Time사는 2008년에 600명을 해고했다. 이처럼 인쇄형 매거진 시장은 전문가들 예측보다 훨씬 빨리 축소되고 있다. 이에 따라 매거진 발행사들은 인터넷을 활용해 새로운 활로를 모색하고 있지만 인터넷 시장에서의 경쟁이 워낙 치열하기 때문에 성과를 내기는 쉽지 않다. 이런 상황에서 CNET.com이 설립한 8020은 고객과의 상호작용을 통해 웹과 인쇄매체를 효과적으로 결합한 새로운 비즈니스를 성공적으로 만들어가고 있는데, 그 대표적인 예가 JPG와 Everywhere이다.

JPG는 2개월에 한 번씩 발간되는 작품사진 중심의 매거진으로 2006년에 발간되기 시작했다. 이 잡지는 인쇄에 필요한 작품사진을 매월 독자들이 투고한 디지탈 카메라 이미지들에서 얻고 있다. 매호당 가용한 사진 수는 약 2만 개에 이르며, 매월 웹사이트 방문자는 약 50만 명에 달한다. 편집진은 이렇게 고객들이 올린 사진들을 주제별로 정리해서 2개월에 한 번씩 인쇄본을 발간한다. 인쇄된 매거진은 매호 약 2

만 3천 권 정도 팔린다. 두 번째 매거진인 Everywhere는 여행에 관한 잡지로 2007년에 발간되기 시작했다. 독자들이 여행을 하면서 경험했던 특별한 사연을 글로 써서 인터넷에 올리면 JPG와 마찬가지로 편집진이 선별해 매거진을 발간한다. 매호 투고되는 체험담 수나 웹사이트 방문자의 수, 그리고 판매되는 인쇄본 매거진의 수는 JPG와 유사하다. 이 잡지의 제2호는 'searches for the soul of Los Angeles' 와 'explore[s] the crossroads of historic Turkey' 라는 주제로 발행됐다.

이 두 잡지는 여러 공통점이 있다. 먼저 독자또는 기고가들이 콘텐츠를 웹사이트에 올리면, 사이트 방문자들이 각 사이트jpgmag.com과 everywheremag.com에서 투고된 내용에 대해 투표를 하고, 편집진이 가장 많은 득표를 한 내용 가운데 어떤 것을 인쇄용 매거진에 실을지 결정한다. 참여 고객들은 투고내용이 인쇄될 때 100달러를 상금으로 받고 24.99달러에 해당하는 무료 구독권을 제공받는다. 이처럼 고객이 생산하는 콘텐츠를 발행하면 타겟 마켓이 명확하게 정의된다. 따라서 명확한 타겟 고객을 상대로 광고를 집행하고 싶어하는 광고주들에게 이 매거진은 매력적인 대상이 된다.

8020이 시도하고 있는 비즈니스 모델, 즉 매거진의 디자인, 생성, 활용 과정에 고객의 능동적 참여를 유도하는 모델을 잘 활용하기 위해서는 다음 몇 가지 핵심 이슈를 주목해야 한다. 첫째, 고객이 만든 콘텐츠, 포맷 등을 적극 활용해서 고객이 스스로 매거진의 발행자가 되고, 구매자가 되며, 홍보자가 되는 구조를 도입해야 한다. 둘째, 텍스트, 메일, 오디오, 비디오, 소셜 네트워크 등 다양한 방식을 통한 콘텐츠 생성 및 전달 기술을 적극적으로 수용해서 고객의 매거진 생성 및 사용 프로세스를 지원해야 한다. 마지막으로는 이미 발행된 매거진 정보를 디지털화해 재활용을 극대화해야 한다. 특히 정보 수집 시점부터 적절한 체계를 갖춰 지식정보의 재활용을 통한 자원 생산성을 극대화해야 한다.

8020과는 약간 다른 형태지만 고객의 디자인 및 생산에 관한 지식을 적극 활용해 시장에서 입지를 확고히 한 다른 사례로 미국 NINNine Inch Nails를 들 수 있다. NIN은 1988년 트렌트 레즈너Trent Reznor가 설립한 락음악 그룹이다. NIN의 음악은 상당히 광범위한 장르에 걸쳐 있었지만 전자악기를 활용한 독특한 음을 기초로 하고 있다. 레즈너는 보통 새로운 앨범을 출시한 후 밴드를 조직해서 순회공연을 하는데, 공연이 최고조에 이를 때 밴드 구성원들이 그들의 악기를 부수면서 장엄하게 마무리를 하는 것으로 유명하다. NIN은 최근 'Ghosts I~IV'와 'The Slip'를 발표했다. 이 두 앨범은 모두 CCLCreative Commons Licenses이라는 저작물 관련 라이센스 하에서 발표됐다. CCL은 자신의 창작물에 대해 일정한 조건저작자 표시, 비영리, 변경 금지, 동일 조건 변경 허락만 지키면 모든 이의 자유로운 이용을 허락하는 내용의 라이센스다. NIN은 CCL을 통해 음악에 대한 사용자의 능동적 참여를 보장했다. 이를 토대로 레즈너는 거대 음악 기업들과 계약하지 않고도 음악시장에서 영향력을 행사할 수 있었다. 두 개의 앨범 모두 처음에는 디지털로 발표됐고 나중에 오프라인에서 발표됐다. 심지어는 'The Slip'의 디지털 버전은 완전히 무료로 팬들에게 제공됐다. NIN은 무려 12번이나 그래미상에 노미네이트된 바 있고, 1992년과 1995년에 그래미상을 받았다.

거대 음반회사를 통해서 마케팅을 하지 않는 레즈너가 음악시장에서 자신의 고유한 색채를 유지하며 영향력을 가질 수 있었던 이유는 무엇 때문일까? 레즈너는 다양한 밸류패키지, 즉 무료 다운로드, 5달러 다운로드, 10달러 디스크 팩, 75달러 딜럭스 에디션, 그리고 300달러 울트라 딜럭스 에디션 등 다섯 가지 옵션을 제시하며 온라인으로 음반을 판매했다. 300달러짜리 울트라 딜럭스 에디션은 3일 만에 2,500카피가 팔려나가 75만 달러의 수익을 올렸다. 그만큼 열광적인 팬들이 많다는 증거다. 열광적 팬이 늘어난 데에는 CCL이 한 몫을 담당했다. 레즈너는 CCL로 음악을 발표하면서 그의 팬들이 자신이 발표한 'Ghosts I～IV' 음악 중 36곡을 자유롭게 리믹스하고 공유할 수 있도록 허용했다. 이러한 지식 또는 지적 재산의 공유와 창의적 재활용은 시장에서 폭발적인 반응을 이끌어내는 원동력이 됐다. CCL 조건 하에서는 고객들이 스스로 새로운 형태로 음악을 리믹스하고 공유한다 해도 원작자인 그의 이름이 항상 함께 따라간다. 때문에 기하급수적으로 사용자가 증가하는 특성을 지닌 소셜 네트워크를 기반으로 그의 음악에 대한 대한 영향력 또한 기하급수적으로 커졌다. 결국 레즈너는 음악의 생성 · 활용 과정에 고객의 능동적 참여를 유도하는 모델을 잘 활용해 고객이 스스로 음악의 재창조자, 구매자, 홍보자가 되는 구조를 만들어냈다.

마지막으로, 판매 · 애프터서비스에 대한 고객 참여 사례인 IKEA의 경우를 살펴보자. 스웨덴 가구업체 IKEA는 '고객과 일을 나눠 고객과 함께 가치를 창출한다' 는 개념을 비즈니스에 적용해 급격히 성장했다. IKEA는 고객들이 가구를 조립하는 데 필요한 지식을 갖고 있으며, 이런 지식을 활용하여 조립을 완성했을 때 만족감을 느낀다는 점을 이용하여 DIY 가구 콘셉트를 도입하였다. 이는 궁극적으로 가구 조립과 배송에 들어가는 인건비와 비용의 감소를 가져왔고, 이를 고객에게 돌려주는 가격정책으로 고객과 함께 성장하는 기반을 마련한다. 1958년 스웨덴에 첫 가구 매장을 낸 이 회사는 기존 완성품 가구업체의 절반도 안 되는 저렴한 가격에 높은 품질, 세련된 디자인, 그리고 직접 집안을 꾸미는 재미를 제공했다. 이를 통해 2014년 12월 기준 종업원 16만 4,000명, 46개국에 361개의 매장, 16개국에 27개의 물류센터와 11개의 고객 배송센터를 소유하며 연간 301억 유로의 매출을 올리는 거대기업으로 성장했다.

고객이 가치 창출 프로세스에 참여하면 기업과 고객은 여러 혜택을 얻을 수 있다. 첫 번째 혜택은 비용 절감이다. DIY 가구는 기업의 조립 관련 비용을 줄일 수 있다. 기업은 절감된 비용의 일정 부분을 고객에게 되돌려줌으로써 고객 만족도를 높일 수 있다. 관련 비용을 자세히 살펴보자. 조립을 하지 않으므로 우선 조립에 들어가는 장비와 인건비를 줄일 수 있다. 또 완성품 운반에 필요한 비용과 완성품을 보관하는 데 들어가는 창고 비용도 줄어든다. 두 번째 혜택은 고객이 제품을 운반하므로 배송 비용이 거의 생기지 않는다는 점이다. 실제로 IKEA는 고객이 쉽게 자가 배송할 수 있도록 제품 사이즈를 조정하였다. 세 번째 혜택은 저가 전략으로 보다 많은 고객을 끌어들이고, 이를 기초로 규모의 경제를 확보할 수 있다는 점이다. 네 번째 혜택은 고객들에게 스스로 집을 꾸미는 재미를 느낄 수 있도록 최고의 디자이너를 통하여 세련된 디자인을 제공했다는 점이다. 이들은 다양한 연령대의 고객 욕구를 충족시킬 수 있도록 간결하면서도 세련된 가구를 디자인하고 있다. 단순하고 간결한 가구 디자인으로 고객들의 사랑을 받으면서 원가도 크게 낮춰 수익성을 획기적으로 높일 수 있었다. 마지막으로 '고객과 함께 가치를 창출한다'는 개념을 현실화하기 위해 IKEA에서의 쇼핑이 '즐거운 가족 나들이'가 되도록 했다. 이를 위해 IKEA는 매장을 넓고 편안하며 다채롭게 꾸몄다. 또 시내 중심지가 아닌 도시 외곽에 매장을 내어 임대료를 줄이면서 넓고 편안한 주차공간을 확보하고, 다양한 놀이 및 문화 시설을 수용했다. IKEA 매장은 카페와 레스토랑, 어린이를 위한 놀이시설을 갖추고 있어 주로 가족 단위로 쇼핑과 나들이를 함께 즐기는 고객들이 많이 찾고 있다. 결론적으로 IKEA는 제품을 만들어 파는 데 집중했다기보다 가치 창출 프로세스에 고객의 참여를 극대화해 본질적으로 새로운 가치를 제공했다. 또 고객의 참여가 '제품의 구매 및 조립'이라는 단순한 형태에 머무는 게 아니라, 고객이 즐기는 문화 공간과 그에 적합한 디자인을 제공해 능동적 형태의 참여가 이루어지도록 했다. 지금까지 고객 참여를 통한 서비스 혁신 사례를 살펴봤다. 이러한 서비스 혁신에 성공하려면 고객이 어떤 지식과 스킬을 갖고 있는지, 그러한 지식과 스킬을 어떤 방식으로 활용하고 싶어하는지 이해해야 한다. 또 고객들이 자발적으로 가치 창출 프로세스에 참여할 수 있는 조건을 만들어줘야 한다. 이를 위해서는 제품이나 서비스의 디자인, 생성, 활용 과정에서 고객의 참여를 어떻게 유도하고, 고객이 참여할 수 있도록 하는 기술들을 어떻게 확보해 활용할지, 또 생산된 지식[정보]을 어떻게 재활용할지 진지하게 고민해야 한다.

라. 고객의 욕구 충족 정도에 따른 분류

혁신에서 가장 중요한 부분은 고객이 느끼는 문제를 얼마나 정확하고 빠르게 이해하고 이에 대한 해답을 찾아낼 수 있느냐 하는 것이다. 많은 기업들이 혁신에 실패하는 이유는 현재의 고객을 대상으로 그들의 만족도를 높이는 데 초점을 맞추기 때문인데, 현재의 고객뿐만 아니라 비사용자까지 포함하여 분석할 수 있어야 이러한 문제를 해결할 수 있다. 고객의 욕구 충족 정도에 따라 고객을 분류하면 충족 고객, 미충족 고객, 과충족 고객, 그리고 비사용자로 구분할 수 있다.

미충족 고객Undershot customer은 기업에서 제공되는 제품의 성능과 서비스가 부족하다고 느끼는 고객이고, 과충족 고객Overshot customer은 기업

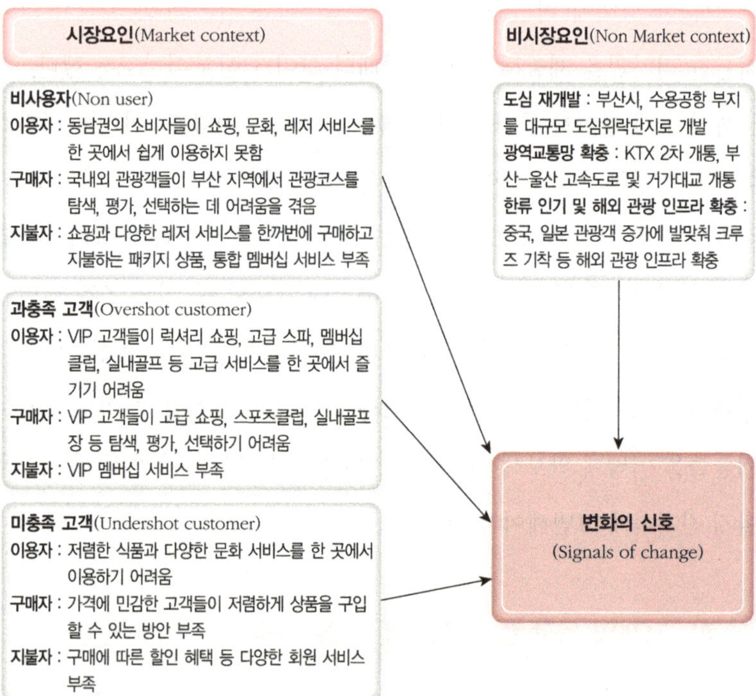

그림 3-4 신세계 센텀시티점 개점과 관련한 고객 분류

이 제공하는 제품이나 서비스의 성능 또는 품질이 과다하다고 생각하는 고객층이며, 비사용자Non user는 구매력이 없거나 능력이 없어 기업이 제공하는 제품이나 서비스를 사용하지 않는 고객들로 현재 기업의 목표 고객에 해당하지 않는 고객층이다. 〈그림 3-4〉는 신세계 센텀시티점 개장 시 고객의 욕구 충족 정도를 파악하여 분류하고 고객의 역할에 따라 발생하는 문제를 중심으로 분석한 것이다. 그럼, 고객의 욕구 충족에 따라 분류한 고객의 종류를 하나씩 자세히 살펴보자.

■ 미충족 고객

미충족 고객Undershot customer은 제품이나 서비스의 내용을 부족하게 생각하는 고객으로서 이들에 대한 분석을 위해서는 자사 입장에서 부족한 점이 무엇인지를 찾아내는 것이 핵심이다. 이들은 기존 제품의 성능이나 서비스 개선에 얼마든지 가치를 지불하고자 하는 의지를 가진 고객으로서 자신이 사용하는 제품이나 서비스가 항상 완벽하기를 바라는 니즈를 갖고 있다. 미충족 고객은 회사에 대한 충성도는 매우 높으나 항상 일정 정도의 불만족을 갖고 있으며, 새로운 기능이나 서비스에 대한 개선을 요구하는 집단이다. 따라서 기업들은 항상 이들의 니즈를 조사하여 제품에 반영하고자 노력하며, 이를 충족시킬 수 있는 제품이나 서비스를 가장 우선적으로 고려하게 된다.

과거 미국의 가전업체인 RCA는 1950년대 진공관을 탑재한 탁상형 라디오를 개발했다. 고객들은 소리의 질과 화질 개선 등 제품의 성능에 대한 개선 요구를 지속적으로 하였고, 이를 수용한 RCA는 탁상형 라디오에 이어 바닥형 텔레비전, 컬러 텔레비전까지 신제품을 출시하게 된다.

또 다른 사례로는 인텔의 지속적인 CPU 개발을 들 수 있다. 인텔에서는 동급 성능의 제품군을 용도에 따라 또는 사용처에 따라 굉장히 다양하게 출시하는데, 이런 세부화로 인하여 고객은 자신이 중점적으로 필요로 하는 부분에 맞추어 제품이나 서비스를 선택할 수 있게 된다.

▪ 과충족 고객

과충족 고객Overshot customer은 주어진 기능을 제대로 활용하지 못하는 고객이다. 제품에 자신이 필요한 기능보다 과다한 기능이 탑재되어 있다고 생각하며, 적정 정도의 상품이나 자신이 요구하는 최소의 수준만 갖춘 제품을 원한다. 이러한 과충족 고객은 최신 기술이나 첨단 방식보다는 어느 정도 일반화되고 기초적인 기능을 갖춘 저렴한 제품을 선호하며, 그렇기 때문에 제조사에 대한 일방적 충성보다는 타사의 저렴한 제품이 출시되었을 때 바로 사용 제품을 변경하는 유동적인 계층이다. 따라서 제품이나 서비스가 개선되었다 하더라도 이에 크게 중점을 두고 반응하지 않으며, 프리미엄 가격을 지불할 의사도 없는 고객으로 개선된 성능이나 서비스보다는 할인가격이나 제휴 제품을 더 중요하게 여긴다. 그러므로 자사 제품이나 서비스의 기능 중에서 어떠한 점이 이들에게 불필요하게 작용하는지를 찾아내는 것이 가장 중요하다.

RCA가 진공관을 소재로 한 라디오를 출시하였을 때, 가격에 민감한 고객인 청소년들은 트랜지스터를 이용한 저렴한 소니의 포켓 라디오에 열광하였다. 비록 포켓 라디오가 성능 면에서는 진공관 소재의 라디오보다는 떨어지지만, 청소년 고객층은 트랜지스터 방식의 라디오에 충분히 만족하였기 때문에 소니의 포켓 라디오를 더 선호하였던 것이다. 이는 과충족 고객의 요구사항을 반영해 적정 기술을 사용함으로써 고객의 니즈를 충족시킨 대표적 사례라고 할 수 있다.

다른 사례로는 에어컨 시장에서 히타치의 시장접근전략을 들 수 있다. 히타치는 기존의 월풀이나 캐리어사가 고성능의 에어컨을 가지고 경쟁을 하던 상황에서, 기본 기능에 충실한 제품만을 원하는 과충족 고객을 상대로 틈새시장을 공략하여 성공을 거두었다. 이는 최첨단 기술을 원하는 소비자가 아닌, 일반적인 기능만을 원하는 고객의 니즈를 정확히 파악한 사례로, 적정 기술을 잘 활용하고 저가전략을 활용한 대표적인 사례이다.

■ 비사용자

비사용자Non user는 제품이나 서비스를 사용하고 있지 않은 사람들로, 제조사나 서비스 회사는 이들이 제품에 접근하도록 유도해야 한다. 이 집단은 제품의 성능이나 서비스가 너무 비싸거나 복잡하다고 생각하여 제대로 이용할 수 없거나 불편하게 느끼는 고객층이다. 어느 회사에 대한 충성도도 없는 백지상태의 고객들이다. 이러한 고객들을 상대로는 일단 저가전략을 활용하여 구매의 진입장벽을 최소한으로 낮추는 것이 중요하다. 즉, 과충족 고객을 대할 때와 같이 제품에 핵심적인 주요 기능만 탑재하여 최대한 간편하고 저렴한 가격으로 고객을 설득시키는 것이 효과적이다.

방글라데시의 그라민뱅크의 사례는 비사용자를 타겟으로 새로운 서비스를 만들어낸 대표적 예이다. 금리가 높거나 신용이 불량하여 은

행의 대출서비스를 이용하지 못하는 사람들을 대상으로, 소액에 한하여 저금리 대출을 해주고 이들이 대출금을 사용하여 사업을 할 수 있도록 함으로써, 대출 손실률을 줄이고 성공을 거두었다. 또 다른 사례로는 노키아의 1달러 휴대폰이 있다. 아프리카에서 휴대폰을 이용하지 못하는 사람들에게 통화기능만 지닌 휴대전화를 1달러의 매우 저렴한 가격으로 대량 공급하였는데, 이는 피라미드의 밑단BOP ; Bottom Of Pyramid 시장을 잘 공략한 사례라고 볼 수 있다.

표 3-1 문제 해결에 따른 고객의 분류

고객의 유형	문제점	해결 기준
미충족 고객 (Undershot Customer)	성능과 서비스가 부족함	지속적인 개선
과충족 고객 (Overshot Customer)	성능과 서비스가 과잉	다른 편익을 제공 가격할인, 제휴, 포인트 적립 등
비사용자 (Non user)	사용하지 않음	새로운 접근방법 소개

2. 혁신의 유형

혁신innovation이란 과거의 정태적 균형을 창조적으로 파괴하여 새로운 균형을 이루도록 함으로써 결과적으로 생산성을 향상시키거나 비용을 감소시키거나 수익의 극대화를 꾀하는 아이디어나 방법을 의미한다.

슘페터Schumpeter가 주창한 "창조적인 파괴creative destruction"의 논리에 숨겨진 의미는 혁신과 밀접한 관련이 있다. 창조적인 파괴는 무한경쟁을 의미하는 글로벌 경쟁시대, 디지털시대와 지식경영시대를 맞이하여 기술발전과 혁신의 속도를 더욱 가속화시키고 있다.

로저스[Rogers]는 "혁신은 사회적 시스템의 구성원 간에 시간에 걸쳐 어떤 채널을 통해 커뮤니케이션이 이루어지는 과정"이라고 정의하고 있다[Rogers, 1995]. 즉, 혁신은 개인이나 조직에 의해 새롭게 인식되는 아이디어[idea], 연습[practice], 또는 대상[Object]과의 상호작용을 통해 진행된다는 것이다.

어터백[Utterback]은 기술혁신을 점진적 혁신[Incremental Innovation]과 급진적 혁신[radical innovation]으로 구분하였다. 그는 기존 산업 내에서 이루어지는 점진적 혁신은 기업의 생산성을 높여주고 수익을 증대시키지만, 종종 산업 외부로부터 유래되는 급진적이고 불연속적인 혁신은 기존 기업의 기술진부화[Technological Obsolescense]를 초래한다고 주장했다[Utterback, 1994]. 즉, 급진적 혁신의 경우 기술 변화에 적응하지 못하는 기존 기업들을 도태시킴으로써 산업구조를 근본적으로 변화시키곤 한다고 주장했다.

투시맨[Tushman]과 앤더슨[Anderson]은 기술혁신을 역량강화적[Competency-Enhancing] 혁신과 역량파괴적[Competency-Destroying] 혁신으로 구분하고, 기술혁신의 성격에 따라 기존 기업의 경쟁력이 강화될 수도 있고 반대로 급속히 파괴될 수도 있음을 보여주었다[Tushman & Anderson, 1986].

이러한 연구들이 공통적으로 주장하고 있는 것은 산업 외부로부터 시작하여 마침내 기존 기술을 진부하게 만드는 불연속적인 기술혁신이 진행되어 기존 기업의 역량을 쓸모없는 것으로 만듦으로써 그러한 환경에 적응하지 못하는 기업들은 결국 시장에서 도태되고, 따라서 산업구조에 근본적인 변화를 가져온다는 것이다. 어터백[Utterbak]은 급진적 혁신 속에서도 간혹 살아남는 기업들에 대해서는 이를 예외적 사례로 보았다. 그는 많은 기업들이 이러한 급진적 혁신의 파괴적 결과를 피하기 위해 다양한 연구개발 포트폴리오를 구성하거나, 신규 기업과의 전략적 제휴나 합병을 통해 새로운 기술을 흡수하려 하거나, 별도의 사업부를 구성하여 역량 파괴적 기술혁신을 미리 대비하는 등의 전략을 취하지만 많은 경우 성공적이지 못하다고 분석했다.

가. 제품과 서비스를 중심으로 분류한 혁신의 유형

혁신을 제품과 서비스 중심으로 분류하면 제품 혁신Product Innovation, 프로세스 혁신Process Innovation, 서비스 혁신Service Innovation으로 나눌 수 있다.

첫째, 제품 혁신Product Innovation은 제품의 핵심적인 개념을 변화시키지 않으면서 제품을 구성하는 부품 간의 결합방법을 변화시키는 것이다. 다시 말해서 부품의 변화는 새로운 연결방법 또는 다른 부품과의 결합을 통해서 혁신을 하는 것이며, 이는 고객에게 새로운 가치를 제공하

		중심 개념: 강화	중심 개념: 뒤엎기
중심 개념과 구성요소의 연결방법	변화 없음	점진적 혁신	모듈러 혁신
	변화	구성방식 혁신	급진적 혁신

그림 3-5 기술혁신의 유형

게 된다. 제품 혁신에 관한 대표적인 주장은 Dussauge[1997]의 기술혁신이다. Dussauge는 기술혁신을 중심 개념과 구성요소의 연결방법에 따라서 점진적 혁신Incremental Innovation, 급진적 혁신Radical Innovation, 모듈러 혁신Modular Innovation, 구조적 혁신Architectural Innovation으로 나누었다.

점진적인 혁신은 기존 제품이나 공정의 질적인 향상을 위한 혁신전략으로, 마이크로소프트사가 기존의 설계와 부품을 개선하고 확장하여 개발한 소프트웨어가 이에 해당된다. 급진적인 혁신이란 총체적으로 새로운 개념, 방법 및 능력을 도입한 혁신전략으로, 아주 새로운 시스템의 설계나 핵심 부품의 교체를 통해 개발된 트랜지스터나 즉석사진 등이 이에 속한다. 모듈러 혁신은 제품의 전반적인 설계를 변경하지 않고 핵심 부품을 바꾸는 혁신전략으로, 같은 제품을 아날로그에서 디지털로 바꾸는 것이 이에 속한다. 구조적 혁신이란 제품 배열이 다르지만 기초 부품에는 영향을 거의 미치지 않는 혁신전략으로, 기존의 기술과 부품이 새로운 방식으로 결합된 개인용 컴퓨터가 이에 해당된다.

기술혁신 전략에 있어서는 점진적인 혁신과 급진적인 혁신을 구별하는 것이 핵심이다. 점진적 혁신과 급진적 혁신은 아주 다른 경쟁적 속성과 결과를 지니고 있는데, 점진적인 변화는 기존 제품의 위치Positioning를 강화시키는 데 반해 급진적 혁신은 새로운 스킬Skill이나 능력Capability을 개발하도록 강요한다. 대부분의 제품은 여러 가지 독특한 기술과 부품으로 구성되어 있기 때문에 기술과 부품 간의 연결뿐만 아니라 그 자체의 변화를 반영하는 것이 매우 중요하다. 혁신은 하나의 시스템 또는 구조물 내에서 부품들이 결합하는 방식에서 혹은 개개의 부품과 연관된 핵심 개념에서도 일어날 수 있다. 이와 같이 점진적 혁신은 소비자의 관점에서 바라본 제품개발 과정의 혁신이며, 급진적 혁신은 생산자의 관점에서 바라본 혁신이라 할 수 있다.

둘째, 프로세스 혁신Process Innovation은 프로세스 효율성을 극대화하여 프로세스 상에 있는 이해관계자 모두를 만족시키는 활동을 의미한다. 프로세스는 하나 이상의 입력을 받아들여 고객에게 가치 있는 결과를 산출하는 행동들의 집합을 말하는데, 프로세스 혁신을 위해서는 먼저 기업이 무엇을, 어떻게 해야 할지에 대한 기본적인 것들을 결정해야 한다. 여기서는 어떤 것도 당연한 것으로 여기지 않고, 기존의 모든 구조와 절차를 버리고 반드시 있어야 하는 것에 집중하여, 완전히 새로운 업무처리 방법을 만들어내는 것을 의미한다. 즉, 프로세스를 개선, 향상, 변경하는 것이 아니라 새롭게 만들어내는 것을 의미한다. 점진적인 개선은 미세 조정을 필요로 하지만, 극적인 향상은 낡은 것을 버리고 새로운 어떤 것으로 대체해야만 이룰 수 있다.

셋째, 서비스 혁신Service Innovation은 기업이 서비스 생산과 제공 과정, 고객과의 상호작용, 품질평가 등과 같은 다양한 프로세스 요인들을 체계화하여 고객이 처한 문제를 해결할 수 있는 솔루션을 제공할 때 이루어진다. 서비스 혁신은 시스템적 관점에서 바라보아야 보다 쉽게 접근할 수 있다. 서비스 시스템Service System은 복잡한 가치사슬과 네트워크 안에서 서비스 제공자와 사용자가 함께 가치를 생성하도록 하는 다양한 구성요소들의 체계적인 집합을 말한다. 서비스 시스템은 상황에 따라서 가치를 창출할 수 있도록 서비스 제공자와 서비스 고객이 함께 참여할 수 있는 네트워크 기반의 시스템으로 구성된다. 소비자들은 서비스 시스템이 제공하는 자원들을 기반으로 서비스를 받게 되며, 이 과정에서 서비스를 결정한다. 소비자가 인지하는 서비스의 경험은 시간, 공간, 상황에 따라 다르게 지각되기 때문에 가치를 창출하는 데 중요한 역할을 하게 된다. 그리고 소비자의 서비스 경험을 통해서 창출되는 가치는 기업의 성과에 중요한 영향을 미치게 된다. 서비스 혁신은 제품이나 기술뿐만 아니라 생산된 제품이나 서비스가 고객에게 전달되고 사용되는 일련의 과정에서 나타나는 가치들에 더 중점을 두고 있다. 결국 서비스 혁신은 고객과의 상호작용을 통해 새로운 니즈를 찾아내고 이를 만족시키기 위해 새로운 서비스 네트워크와의 결합을 통해 새로운 가치를 고객에게 제공하는 것이다.

고객의 니즈는 매우 다양하고, 고객의 유형도 여러 가지로 나뉘기 때문에 기업에서는 지속적인 혁신을 통해서 소비자의 욕구를 맞추어 나갈 필요성이 있다. 우리가 흔히 생각하는 기술력 제고 방식의 점진적 혁신은 제품의 기능이나 성능을 향상시키면서 제품을 더욱 고차원적으로 만드는 것을 의미한다. 이 혁신은 제품수명주기론에 입각하여 정립된 개념으로 제품 수명이 성숙기에서 쇠퇴기로 전환되기 전에 제품의 성능을 향상시킴으로써 쇠퇴를 막고 새로운 수명곡선을 제시하여 그 수명을 연장시키는 데 의의가 있다. 점진적 혁신의 대표적인 사례로는 롯데칠성의 칠성사이다1950년, 동아제약의 박카스1961년, 그리고 대웅제약의 우루사1961년가 있다. 이들 제품은 점진적인 혁신을 통해 60년이 넘는 시간 동안 업계 선두를 달리고 있다.

기술수용이론에서는 제품이 생명주기가 쇠퇴기에 이르기 전에 새로운 신제품이나 성능개선전략으로 시장에서 해당 제품이 외면당하는 경우를 방지하자는 제안을 내놓고 있는데, 이를 제품의 S-Curve라고 한다.

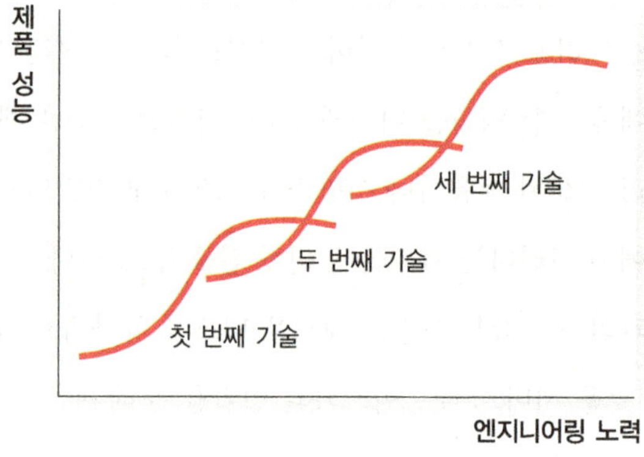

그림 3-6 S-Curve 전략 관점

점진적 혁신과는 달리 제품 성능의 일부분을 제거하거나 기능을 경량화하는 것도 하나의 혁신 방법이 될 수 있는 것이다. 앞에서 보았듯이, 고객의 종류에 따라 항상 고성능의 제품만을 선호하는 고객이 아닌 적정한 정도의 기능을 기대하는 고객들이 상당수 존재하기 때문에 이들의 욕구에 맞춘 혁신 또한 필요하다. 이를 파괴적 혁신이라고 부르는데, 파괴적 혁신은 저가형 파괴적 혁신과 신시장 창출형 파괴적 혁신으로 구분된다. 전자는 제품의 기능을 단순화하고 가격이 저렴한 보급형 제품 라인을 구축하여 과충족 고객들의 요구를 만족시키는 전략이고, 후자는 제품을 이용하지 않았던 사람들에게 구매장벽을 낮추어 새로운 상품시장에 진입할 수 있도록 새 시장을 만드는 혁신이라고 할 수 있다.

나. 혁신전략 이론

혁신에 관한 다양한 전략적 접근들을 분류하면 다음과 같은 3가지 관점으로 정리할 수 있다.

첫 번째로는 자원, 프로세스, 가치 이론The resource, process, and values theory이다. 이 이론은 궁극적으로 기업이 가진 자원, 프로세스, 가치가 특정 기업에 어떤 혁신을 가져올 수 있는지, 시장에 새로운 혁신이 등장했을 때 어떻게 대응할지를 결정한다고 주장한다. 자원의 요소에는 인적자본, 기술, 생산품, 장비, 정보, 현금, 브랜드, 분배 경로 등이 있으며, 이러한 자원들은 기업의 현재 사업 혹은 핵심 사업을 영위하기 위해 특화되어 있다. 프로세스에는 고용과 훈련, 제품개발, 제조, 계획과 예산, 시장조사, 지원분배 등이 해당된다. 프로세스는 기업의 자원을 실제 제품을 만들고 서비스를 제공하기 위해 사용하는 절차를 의미한다. 마지막으로 가치에는 비용구조, 수익구조, 소비자 수요, 기회의 크기, 윤리의식 등이 포함되는데, 가치는 기업이 새로운 사업기회를 포착할 때 어떤 의사결정을 내릴 것인지를, 사업기회에 대한 투자에 있어 우선순위를 어떻게 정할 것인지를 알 수 있게 한다. 자원, 프로세스, 가치 이론은 한때 혁신적이었던 우량기업들이 시장에 새로운 혁신이 등장하였을 때 왜 대응하지 못하고 경쟁력을 잃고 사라졌는지에 대하여 쉽게 설명해 준다. 예를 들면, 노키아와 코닥의 경우 그들은 스마트폰과 디지털 카메라를 가장 먼저 만들었던 혁신적인 회사였지만, 기존 사업에 특화된 자원, 기술, 프로세스, 그리고 그들이 국한한 시장 기회는 새로운 시장에 진입하는 장벽이 되었고, 이에 따라 경쟁력을 잃고 사라져간 것이다.

두 번째 혁신에 대한 전략적 접근은 가치사슬 진화 이론value chain evolution theory으로, 이를 통해 기업의 가치사슬 중에서 어떠한 부분이 통합되거나 분리되어야 경쟁에서 우위를 차지할 수 있는지를 알 수 있다. 기업의 가치사슬은 본원적 활동과 지원활동으로 나뉜다. 본원적 가치 활동은 기업의 부가가치 창출에 직접적인 영향을 미치는 활동으로 구매물류, 생산, 출하물류, 마케팅 및 영업, 서비스 등이 있다. 반면에 부가적 가치 활동은 간접적인 영향을 미치는 지원활동으로 경영일반, 기획, 재무, 회계, 법무 등 기업의 인프라 구조, 인사관리, 연구개발, 구매 등이 해당된다. 기업의 가치사슬 이론은 이와 같은 기업의 세부 활동들이 어떻게 작용하여 가치를 만들어내는지를 설명한다. 혁신의 관점에서 가치사슬은 보다 넓은 의미의 가치 네트워크로 이해가 되며, 새로운 혁신이 발생했을 때 누구와 어떻게 협력을 하고 어떻게 가치를 분배해야 효과적

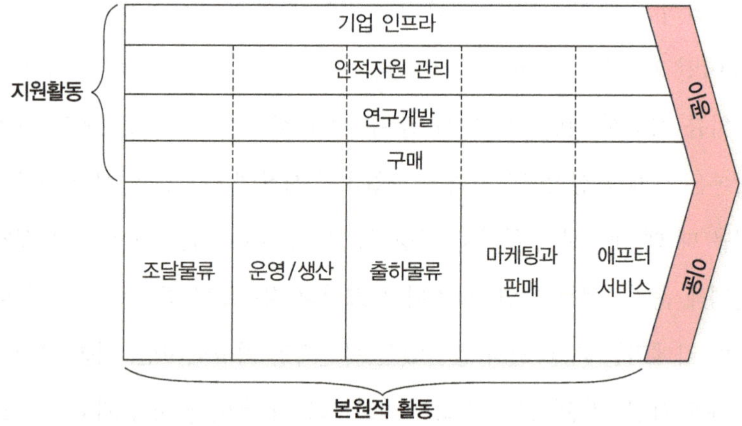

그림 3-7 가치사슬(Value Chain)

으로 시장에 진입할 수 있는가를 설명한다. 새로운 제품이나 서비스의 특성을 가장 잘 반영할 수 있는 네트워크가 만들어져야만 혁신이 시장에 성공적으로 진입할 수 있다는 관점에서 본다면 매우 중요한 고려사항이다. 예를 들어 타이맥스가 패션용 시계를 들고 시장에 나왔을 때 기존 시계 시장처럼 백화점이나 부티크를 주요 네트워크로 활용했다면 결코 성공할 수 없었을 것이라는 것을 이 이론으로 설명할 수 있다.

마지막 이론으로는 본 장에서 설명하는 파괴적 혁신 이론disruptive innovation theory이 있다. 즉, 기존에 시장에서 받아들여지는 경쟁의 규칙을 파괴Rule-Breaking하는 혁신을 말한다. 파괴적 혁신에는 제품을 단순하고 저렴하게 만들어 과충족 고객의 문제를 해결하는 저가 혁신과 기존의 시장과는 완전히 다른 새로운 시장을 창출해내는 신시장 혁신이 있다. 이 이론이 언급하는 혁신은 일반적인 혁신과는 다르게 불연속적이라는 특성을 갖고 있다. 처음에는 점진적 혁신 제품보다 성능과 서비스 면에서는 열등하지만 저가Low-end를 희망하는 고객에게 새로운 가치를 제공하면서 시장에 진입하고, 이러한 파괴적 혁신이 성공할 경우 파괴적 기술의 성능이 점차 개선되어서 결국에는 고성능High-end 고객의 시장까지 장악할 수 있다.

■ 파괴적 혁신 이론disruptive innovation theory

기업은 미래에 대한 불확실성을 극복하기 위하여 끊임 없는 혁신 전쟁을 치르고 있다. 혁신은 기존 고객들을 위해 제품의 성능과 내용을 점차적으로 개선하는 점진적 혁신Sustainable Innovation과 신규 고객이나 덜 까다로운 고객들에게 간단하고 편리한 제품을 제공하려는 파괴적 혁신

Disruptive Innovation으로 분류된다. 파괴적 혁신은 기존 고객들에게 불필요한 성능을 편리하고 저렴하게 제공하는 저가형 파괴적 혁신Low-end Disruptive Innovation과 새로운 고객을 확보하는 신시장 창출형 파괴적 혁신New-Market Disruptive Innovation으로 나누어진다.

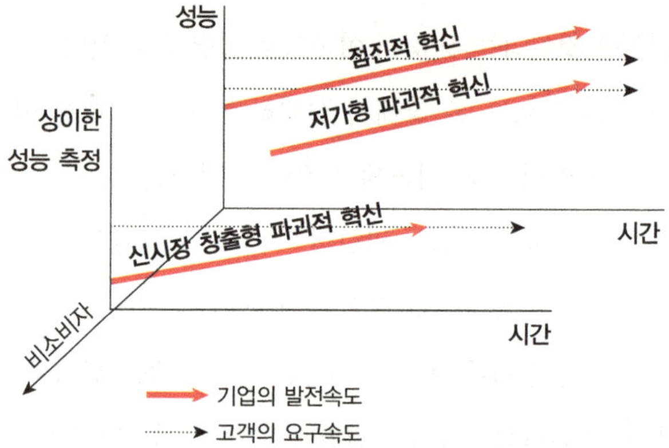

그림 3-8 혁신의 유형

1) 점진적 혁신

점진적 혁신Sustainable Innovation은 매력적인 신상품 개발을 항상 중요하게 여기는 혁신으로서 가장 까다로운 고객들에게 제공되는 제품의 성능과 서비스를 점진적으로 개선하는 혁신 방법이다. 표적 고객은 점진적 혁신을 통해서 제공된 제품에 대하여 기꺼이 비용을 지불할 의사가 있으며, 이를 위해서 기존 프로세스와 비용 구조를 활용하고, 현재의 경쟁력을 잘 이용함으로써 이윤을 향상시키거나 유지하게 된다.

점진적인 혁신을 하는 대표 기업으로는 IBM이 있다. IBM은 메인프레임 컴퓨터 시장에서 제품의 성능을 기존 고객에게 지속적으로 업그레이드하여 제공하였는데, 결과적으로 RCA, GM, AT&T 등 많은 경쟁사들의 추격에도 불구하고 최고의 자리를 유지하였다.

다른 사례로는 시계를 만드는 기업들을 들 수 있다. 시계의 성능 평가 척도는 방수 가능한 깊이가 깊을수록 기술력이 우수하다는 데 있는데, 이에 따라 기업들 간의 기술력 전쟁이 일어난다. 최근에는 300M까지 방수가 가능한 시계를 개발하는 데 성공하였다. 하지만 고객의 입장에서 이러한 기능이 어느 정도 의미를 갖는지는 고려해 보아야 할 부분이다.

LG전자나 모토로라의 경우 당시의 압도적인 시장지배력을 이용하여 점진적 혁신에 집중하였다. 그들이 제조한 피처폰의 성능은 타 제조사가 따라올 수 없을 만큼 압도적이었다. 그러나 점진적 혁신에만 안주한 나머지 신제품을 개발하거나 새로운 소비트렌드의 변화를 인지하지 못하고 계속해서 피처폰 사업에만 주력한 결과, 스마트폰의 등장에 제대로 대비하지 못하였고 결국 휴대전화 사업에서 도태되고 말았다. 이러한 사례에서 알 수 있는 것은, 점진적 혁신은 반드시 필요한 부분이지만, 시장지배자의 위치에 안주하여서 제품수명의 주기만을 늘리는 식의 혁신은 결국 새로운 제품 개발이나 파괴적 혁신에 의해 장악당할 수 있다는 사실이다.

점진적 혁신으로 신상품 개발에 주력하는 기업들은 제품 성능 개선의 상한선을 인지하지 못하는 어려움을 겪게 된다. 앞에서 보았던 시계를 만드는 기업들의 경우, 300M 방수기능이 고객에게 의미 없는 기능이 되었음을 감지 못할 때 혁신의 딜레마에 빠지게 되는 것이다. IBM에게 가장 커다란 충격을 준 기업도 메인프레임 컴퓨터 기업이 아니라 개인용 컴퓨터 제조업체들이었다는 것을 기억해 두자.

2) 저가형 파괴적 혁신 Low-end Disruptive Innovation

저가형을 선호하는 고객들은 기존 기업들이 제공하는 제품의 수준이나 서비스가 과하게 높다고 여기며, 적정의 상품이나 자신이 요구하는 최소의 요건을 갖춘 제품을 원한다. 이러한 과충족 고객은 최신 기술이나 첨단 방식보다는 어느 정도 일반화되고 기초적인 기능을 갖춘 저렴한 제품을 선호하므로 브랜드에 대한 충성도가 낮고 가격에 민감하여 이러한 요구가 충족되면 회사를 바로 바꿀 수 있는 유동적인 계층이다. 이러한 점에 착안하여 기존의 주류 시장에서 제공되는 제품이나 서비스를 저가에 제공할 수 있도록 혁신하는 것이 저가형 파괴적 혁신이다. 이는 기존 고객들 중 과잉 서비스를 받고 있는 고객들을 대상으로 새로운 공정이나 저렴한 가격을 가지고 접근하는 것이다. 즉, 낮은 총 마진과 높은 자산 활용이라는 두 개 수단의 결합을 통해서 과감한 가격할인으로 만족스러운 수익을 창출한다. 이는 소매업체에서 종종 발생하는데, 기존 기업에서 가장 충성도가 낮은 고객층에 대한 어필을 통해 성장하는 단순 저가격 사업모델을 기반으로 한다.

예를 들어, 백화점들이 저가형 마트를 운영하여 백화점의 고가 서비스와 성능을 저렴하고 다양한 형태의 제품으로 만들어서 보다 간편한 서비스를 제공하는 경우가 대표적이다. 뉴욕의 메이시스와 같은 백화점들은 연간 세 차례 재고를 회전시킴으로써 40%의 총 마진을 올릴 수 있었다. 하지만 소규모 소매상인들의 상권을 빼앗는 결과를 가져오기도 하였다.

또 다른 사례로는 혼다를 들 수 있다. 혼다의 슈퍼커브는 할리데이비슨, 트라이엄프, BMW와 같은 대형 모터사이클 제조업체들을 쓰러뜨리는 결과를 가져왔다. 슈퍼커브는 처음에 오프로드용 레크레이션 오토바이로 저가형 파괴적 혁신 제품을 만들었으나 이후에 점차 성능을 향상시켜 기존의 대형 경쟁자들과의 싸움에서 승리했다.

마지막으로 대표적인 저가형 파괴적 혁신의 사례로 콘크리트 철근 시장을 공략하여 종합제철소와 경쟁한 미니밀이 있다. 종합제철소의 경우 콘크리트 철근 생산을 통한 이익률은 7%에 불과하였으며, 총생산 범주에서 차지하는 비율은 4% 정도였다. 이에 미니밀은 20%의 비용을 절감하여 종합제철소를 따라잡았고, 1979년에는 콘크리트 철근 시장에서 모든 종합제철소를 몰아냈다.

파괴적 혁신이 새로운 시장이나 저가형 시장에서 자리를 잡으면 발전 사이클이 가동되기 시작한다. 기술 발전 속도가 그 기술을 이용하는 고객의 능력을 앞서 가기 때문에 과거의 불충분한 기술은 좀더 까다로운 고객층의 요구를 충족시킬 정도로 발전한다. 이런 상황이 벌어지면 파괴적 혁신 기업들은 궁극적으로 기존 기업들을 몰락시키는 위치로 올라서게 된다. 이런 현상에 대한 이해는 새로운 성장사업 개발을 모색하는 혁신 기업들에게 중요하다. 현재의 선도기업들이 점진적 기술혁신이라는 부분적 전투에서 거의 승리를 거두어 왔지만 성공적인 파괴의 시발점은 대부분 신생 기업들의 주도 하에 발생해 왔다.

기존 기업들은 저가격대의 파괴적 혁신 기업들을 회피하는 경향이 강하다. 이는 기존 고객에 더 가치를 두고 상대적으로 작은 사업영역에는 관심을 두지 않기 때문이다. 또한 작은 사업에서는 저가형 파괴적 혁신을 이루기 쉽지만 사업의 크기가 큰 경우에는 저가형 파괴적 혁신이 어렵기 때문이기도 하다. 그로 인해 기존 기업들이 지속적인 성능개선을 이룩한 저가형 파괴적 혁신 제품들에 의해 기존 시장을 잠식당하는 사례가 많이 발생한다.

파괴적 혁신은 업계 선도기업들에게 마비효과를 가져오기도 한다. 그들의 자원 할당 과정은 점진적 혁신을 뒷받침하도록 구조화되어 있어서 파괴적 혁신에 유연하게 대응하기가 불가능하다. 선도기업들은 언제나 고가형 시장을 지향하고 새로운 시장이나 저가형 시장에 관심을 보이지 않는다. 하지만 파괴적 혁신 기업들은 그런 시장에 관심을 보이는데, 우리는 이런 현상을 비대칭적 동기라 부른다. 이러한 비대칭적 동기가 바로 혁신 기업이 당면하는 딜레마의 핵심이자 해법의 출발점이다.

3) 신시장 창출형 파괴적 혁신

신시장 창출형 파괴적 혁신New-Market Disruptive Innovation을 통해서 제공되는 제품은 이용하기에 부담이 적고 간편하여 신규 고객층이 더욱 편리한 환경에서 그 제품을 소유하고 사용할 수 있다. 전통적인 관점에서 보면 낮은 성능이지만 새로운 관점에서는 향상된 성능을 제공하는 파괴적 혁신 기법이다. 이것은 제품 구입비용이나 지식이 부족했던 고객들을 대상으로 낮은 판매단가와 소량 생산으로 수익을 올리는 사업모델이다.

예를 들면, 개인용 컴퓨터나 건전지로 작동되는 최초의 소니 포켓용 트랜지스터 라디오는 신시장 파괴적 혁신 제품이었는데, 이 제품들은 지나간 세대의 제품과 서비스를 소유하지도 이용하지도 않았던 새로운 고객들에 의해 구매되었다. 캐논의 데스크탑 사진복사기도 신시장 파괴적 혁신 제품에 해당된다. 기존의 사진이 필름을 인화하는 기술자에 의존해야 했던 반면, 이 제품은 개인이 편리하게 인화할 수 있도록 만들어졌다.

소니의 게임시장 진출도 신시장 창출형 파괴적 혁신의 한 사례로 볼 수 있다. 소니는 2030세대를 겨냥하여 자극적이고 폭력적인 부분을 더 강화한 게임이나 여성 또는 노인을 겨냥하여 단순하고 재미있는 게임을 개발하였는데, 이는 카메라를 장착한 아이토이 출시로 이어졌고 250만 장이라는 판매량을 기록하며 대성공을 거두었다.

사우스웨스트 항공사의 경우 1979년에 대형 항공사를 주로 이용하는 도시 거주자들을 제외한 고객들을 유치하기 위해 도시 간 직항 노선을 개발하고 일반 육로 교통수단과 경쟁하는 전략을 펼친다. 승객이 직접 짐을 싣거나 발권하게 해 비용을 절감함으로써 일반 육로 교통수단에 대해 경쟁력을 갖추는 저가형 파괴적 혁신에 성공했다.

새로운 고객들은 지나간 세대의 제품과 서비스를 이용하지 않았던 사람들로 혁신 제품이나 서비스의 성능 향상에 따라서 새로운 제품이나 서비스로 점차 옮겨간다. 또한 혁신 제품이나 서비스가 비소비와 경쟁하기 때문에 기존의 선도기업들은 신시장 창출형 파괴적 혁신 제품 기술이 최종 단계에 이를 때까지의 고통과 위협을 느끼지 않는다. 왜냐하면 혁신 제품이나 서비스가 기존의 서비스를 사용하지 않거나 포기한 저가형 고객을 끌어내서 선도기업들이 하지 못하는 영역을 보완해 주기 때문이다.

파괴적 기술은 초기에는 주류시장을 침범하지 않는다. 그 대신 주류 시장에서 새로운 시장으로 고객들을 유도하고, 고객들은 신제품 사용이 더 편리하다는 사실을 깨닫게 된다. 파괴적 기술이 초기에 저가형 고객을 끌어내면 선도기업들은 그들이 자신하는 고가형 시장으로 전환하기가 용이해지기 때문에 이를 선호한다. 그들은 파괴적 혁신 기업들이 빼앗아 간 저가품 시장을 버리고 점진적 기술혁신을 통해 고가품 시장으로 진입하는 것이 적절한 전략이라고 생각한다.

기존 기업들은 일반적으로 점진적인 혁신에 몰두하면서 상대적으로 작은 변화 및 신시장을 미처 발견하지 못하고 고객 니즈를 넘어서는 수준의 성능과 서비스 개선에 많은 노력을 기울인다. 이러한 경향으로 인해 기존 기업들은 '혁신자의 딜레마'에 빠지게 된다. 파괴적 혁신이 시장을 잠식하는 것을 보면서도 자신이 가진 자원과 지식체계, 경험에 기반해서 어느 쪽 혁신도 과감하게 수행하지 못하는 상태에 빠지게 되는 것이다. 이러한 문제를 해결하기 위해서 기업들은 비소비 고객에 대하여 관심을 가지면서 끊임없이 고객이 공통적으로 원하는 문제를 해결해야 한다.

3. 고객의 유형과 혁신의 관계

시장에서 성공하는 기업들은 끊임없는 변화를 시도한다. 다른 기업들이 경쟁사의 기준에 맞추어 변화를 시도하거나 모방을 하려고 할 때 시장을 주도하는 기업은 스스로 남보다 앞서 변화하고, 경쟁사를 모방하는 대신 창의적인 변화를 추구한다. 고객을 위한 가치 창출의 새로운 방법을 찾아내려고 끊임없이 노력하는 과정 속에서 기업의 지속적인 성공이 보장되는 것을 이해하고 있기 때문이다. 이처럼 기업이 고객과 함께 가치 창출을 위해 한 발 앞서 나아가는 것이 혁신이다. 진정한 혁신은 경쟁사가 아닌 고객에게 초점을 맞춤으로써 가능하다. 고객은 기업이 제공하는 제품이나 서비스를 단순히 소유하거나 이용하는 것으로 만족을 느끼지 않으며, 다양한 경험을 통해 추구하는 가치의 수준이 계속해서 달라지고 있다. 기업이 처한 어려움을 해결하는 실마리는 고객 경험을 이해하는 데 있다. 고객은 더 이상 소비자가 아니라 함께 가치를 창출하는 가치의 공동 창출자이기에 고객의 경험이 이루어지는 상황을 이해하고 그 환경 속에서 고객과 기업이 어떤 방식으로 함께 가치를 창출해나갈 것인지를 고민하는 것이 혁신의 시작이다. 또한 고객의 경험을 실현하는 과정에서 기업이 제공하는 제품과 서비스에 대한 지속적인 센싱Sensing이 중요하다.

신한은행은 국내에서 가장 많은 고객을 확보한 은행으로 부상하고 있는데, 이는 자사의 서비스를 이용하는 고객과 그렇지 않는 소비자들에 대한 지속적인 관심과 관찰이 이루어낸 결과라고 볼 수 있다. 스마트폰이 대중화되면서 스마트뱅킹을 가장 먼저 도입한 은행이 신한은행이다. 다른 은행에 비해서 고객이 사용하기 편리한 프로세스를 제공함으로써 인터넷뱅킹을 PC로 사용하던 고객들이 자연스럽게 스마트뱅킹을 사용할 수 있도록 서비스 개선을 이루었다. 즉, 스마트뱅킹을 요구하는 미충족 고객을 충족시키기 위하여 서비스를 신설하고, 거기에 스마트펀딩까지 활용할 수 있도록 전문화한 것이다. 반면에 인터넷이나 스마트뱅킹보다는 지점 방문이나 폰뱅킹을 선호하는 과충족 고객을 위해 창구서비스를 개인화하여 시섬에서 서비스를 이용하는 고객의 대기시간 문제도 해결하였다. 또한 비사용자를 공략하는 출장서비스를 만들어서 은행의 신규 소비자를 확보하기도 하였다. 그 결과 신한은행은 국내에서 대표적인 은행으로 영역을 넓혀가고 있으며, 스마트뱅킹 서비스에서는 선두를 차지하고 있다.

혁신적 과정에 있어서 가장 중요한 것은 가장 먼저 변화 신호를 감지하는 것이다. 시장트렌드의 변화를 인지하고 파괴적 혁신 이론을 적용한다. 물론 각 소비자마다 다른 전략을 적용해야 하고, 고객의 문제를 해결해야 고객이 새로운 가치를 창출할 수 있다. 이 장에서는 고객의 행동과 이에 따라서 제공되어야 하는 혁신의 유형을 다음과 같이 정의한다.

표 3-2 고객의 유형에 따른 혁신의 형태

고객의 유형	혁신의 형태	비고
미충족 고객 (Undershot Customer)	점진적 혁신 (Sustainable Innovation)	Market Innovation
과충족 고객 (Overshot Customer)	저가형 파괴적 혁신 (Low-End Disruptive Innovation)	Displacing, Downward migration
비사용자 (Non user)	신시장 창출형 파괴적 혁신 (New-Market Disruptive Innovation)	

기존의 제품이나 서비스를 통하여 고객의 니즈가 채워지지 않는 미충족 고객에 대해서 그들이 실제로 부족하게 느끼는 것이 무엇인지를 자사 입장에서 찾아내는 것이 핵심이다. 충족되지 않는 고객의 요구사항을 파악하고 나면 기업은 더 나은 제품의 성능과 서비스를 도입하여 고객의 문제를 해결해야 한다. 하지만 기존 고객의 요구에만 귀를 기울이는 것은 혁신의 방향성이나 최근의 트렌드를 놓칠 위험을 안고 있다.

과충족 고객은 제공되는 제품의 기능을 충분히 활용하지 않거나 필요가 없다고 느끼는 고객으로, 제품에서 제공되는 성능과 서비스에 과잉을 느끼고 있다. 여기에는 할인정책이나 다른 형태의 배열로 고객의 편리함과 단순함을 강조하는 저가형 파괴적 혁신을 활용해야 한다. 이를 통해서 특별한 서비스를 제공하거나 성능의 단순화와 표준화를 이루어낼 수 있다. 이들은 개선된 성능이나 서비스보다는 가격할인이나 제휴 제품을 더 중요하게 여기므로, 고객의 니즈를 이해하는 것이 가장 중요하다. 새 요구조건을 들어서 수정하고 제품에 적용시켜 파괴적 혁신을 이루어야 한다.

비사용자는 제품을 사용하지 않고 있으며 기존 시장에 진입하지 않은 고객으로, 이들에게는 새로운 장점을 제공함으로써 소비를 유도하는 신시장 창출형 파괴적 혁신 전략을 활용해야 한다. 여기서는 제공되는 제품과 서비스가 고객의 일을 더 편리하게 수행하도록 도움을 줄 수 있어야 하며, 이를 위해 제조사는 이들이 제품에 접근할 수 있도록 유도해야 한다. 또한 과충족 고객을 대할 때와 같이 핵심적인 주요 기능만 탑재를 하여 최대한 간편하고 저렴한 가격으로 고객을 설득시켜야 한다. 이 그룹에 대해서는 비즈니스 모델을 바꾸어 새로운 사업기회를 확보하는 것이 중요하며, 경쟁력의 확보를 위해서는 비사용자를 정확히 이해하는 것이 핵심이다.

이 외에도 비시장 요인Nonmarket Contexts을 이해하는 것이 중요하다. 비시장 요인들은 혁신에 대한 장벽을 높이거나 낮추는 방향으로 움직일 수 있다. 정부나 입법기관 혹은 비정부기구들의 정책이나 움직임들은 시장에 많은 변화를 초래할 수 있으므로, 이들의 변화에 민감하게 반응하는 것은 매우 중요하다.

혁신을 위해서는 경쟁상대를 파악하는 것 또한 중요하다. 먼저 상대 기업의 스토리Tale of Tape를 파악하는 것이 중요하다. 그 기업의 역사를 살펴 어떤 강점과 약점이 있는지를 찾아내고, 자원Resources 상황, 프로세스Processes, 가치Values 등을 파악하여 상대 기업의 정보를 알아내는 것이 중요하다. 특히, 가치는 우선순위를 결정하는 중요한 요소이다. 수입을 창출하는 방법, 비용구조, 수익구조, 규모와 성장 예측 등을 생각하고 비즈니스 모델을 구상하는 것이 이에 포함된다. 이들을 잘 고려하여 경쟁사의 강점과 약점을 파악하고, 자사의 움직임에 대해 상대가 어떤 반응을 보일지를 이해하는 것은 새로운 혁신을 도입하는 것보다 어렵지만 경쟁우위를 차지하기 위해서는 필수적이다.

다음으로는 타 기업들이 하지 못하거나 하지 못할 혁신을 자사가 해낼 수 있는지 여부를 정확히 파악하여야 한다. 타사가 하지 못한 혁신을 해내는 것이 최선이겠지만 자사 역시 그 혁신을 이루어낼 수 없는 경우가 분명히 생기기 때문에 과연 파괴적 혁신을 자사가 가진 능력, 자원, 프로세스 하에서 유지하고 진행해 나갈 수 있는지를 확인해야 한다. 이 단계에서는 비대칭적 동기Asymmetric motivation와 비대칭적 스킬Asymmetric Skill이 포함된다. 전자의 경우 타 기업이 할 수 있는 것과 없는 것을 파악하여 할 수 있는 것은 자사도 따라서 하고, 타사가 할 수 없는 것을 자사가 해내면서 기술을 지키고 상대 기업의 약점을 공략하는 방식을 말한다. 후자에는 경쟁사가 할 수 있는 것 외에 자사가 어떠한 추가적인 생산이나 전략을 행할 수 있는지가 포함된다. 경쟁사가 할 수 없는 것을 보완하여 자사에서 해결함으로써 전략적 우위에 선다.

최종 단계로 회사는 전략적인 선택을 해야 한다. 우선 자사에서 필요 없거나 수정해야 할 부분을 찾아 과감하게 퇴출시킬 수 있어야 한다.

즉, 파괴적 혁신 엔진을 구상하여 파괴할 부분을 찾아내고 절개하는 과정을 거치는 것이다. 다음으로는 새로운 시장에 진입할 설비를 갖추고 초기 작업을 다져나가야 한다. 제조 기반을 다지고 비즈니스 모델을 구상하는 단계이다. 마지막으로 시장 진입자가 가치를 창출하기 위한 기반 네트워크를 구축하는 가치 네트워크 단계이다. 주변 회사들과 제휴를 하여 전략적인 생산관계를 만들고 상품을 더 유연하게 만들 수 있는 환경을 조성하는 것이 포함된다.

결론적으로 기업은 시장에서 자신들의 제품이 선택되고 시장 점유를 확대하기 위하여 제품의 생산단계에서부터 소비자에 이르는 전 과정에 고객 참여를 유도하여 고객의 경험을 극대화하려고 노력해야 한다. 다양한 고객의 문제를 고객 참여를 통하여 분석하고, 고객에 따라 어떠한 혁신을 이루어야 하는지를 찾으려는 기업의 끊임없는 노력을 통하여 서비스 제공자와 최종 소비자 사이의 가치 창출 활동이 일어나게 된다.

본 장에서 살펴본 것과 같이 고객이 갖고 있는 문제의 유형에 따라 적절한 혁신을 시도할 때 기업은 차별화된 무형의 가치를 가질 수 있으며, 후발주자의 추격을 오랫동안 피할 수 있는 지속 가능한 기업으로 진화할 수 있다.

고객 문제의 이해와 솔루션 찾기

SERVICOVATION
ch. four

4

하버드 경영대학원의 크리스텐슨Clayton M. Christensen 교수는 변화의 신호Signals of Change를 감지하기 위하여 3가지 고객 유형비고객, 미충족 고객, 과충족 고객을 분석하고 비시장환경non market context의 변화를 면밀하게 평가해야 한다고 주장하고 있다. 크리스텐슨 교수의 주장처럼 고객을 3가지로 구분하는 것은 서비스 혁신을 위한 첫 번째 단계이다. 두 번째 단계는 각 고객 그룹이 갖고 있는 문제의 근원을 밝혀내는 것이다. 본 장에서는 신세계 센텀시티점의 사례를 통해 고객 그룹과 그들의 문제를 고객의 역할별로 구분해서 이해하는 방법을 살펴보고, 이에 대한 해결책을 찾아내는 방법에 대해 논의해 보고자 한다.

부산의 백화점 시장을 크리스텐슨 교수가 지적한 세 가지 고객 그룹으로 분류하여 살펴본 결과 미충족 고객Undershot customer이 적지 않게 존재하였다. 부산을 중심으로 한 동남권은 서울 중심의 수도권에 이어 두 번째로 경제규모가 큰 광역경제권으로 인근에는 소득수준이 높은 울산, 창원, 거제 등의 도시가 인접해 있다. 하지만 신세계가 부산 상권에 진입할 당시 국내 대형 백화점 간의 경쟁은 치열하지 않았고, 매출 비중도 서울보다 크게 낮은 편이었다. 안용준 신세계 센텀시티점 팀장은 "부산 지역의 소득수준은 서울의 약 87% 정도지만 백화점은 당시 4곳밖에 없었다"며 "백화점 점유율도 서울 등 대도시는 45~53%에 이르지만 부산은 38% 정도였다"고 설명했다. VIP 구매자 관점에서 보면, 동남권의 고소득 계층은 럭셔리 브랜드 등의 쇼핑이나 회원제 스포츠클럽 등의 고급 서비스를 탐색, 평가, 선택하기 어렵다는 문제를 안고 있었다. 이용자 관점에서 보면 이런 다양한 유형의 서비스에 쉽게 접근하기 어렵다는 문제가 있었다. 마지막으로 고급 서비스를 소비하기 위한 VIP

회원제 서비스 등이 많지 않았다. 이들 기존 백화점 고객을 대상으로 더 높은 욕구를 충족시켜주는 서비스를 제공함으로써 기존 시장 내에서 점진적이거나 급진적인 혁신을 추진해 지속 가능한 경쟁우위를 확보할 수 있는 기회가 존재했다.

또한 기존 백화점 서비스에서 군더더기를 뺀 기업형 유통망을 필요로 하는 과충족 고객Overshot customer도 있었다. 이는 가격을 낮춘 대형마트나 특정 상품군에 특화된 카테고리 킬러형 전문점의 등장을 요구하는 수요가 있었다는 의미이다. 부산지역에도 대형마트가 속속 들어서고 있었고, 신세계 센텀시티점 인근에도 할인점인 홈플러스가 문을 열었다. 하지만 부산의 백화점 시장이 서울보다 성숙되지 않았기 때문에 과충족 고객 그룹의 문제 해결을 통한 성장 기회는 비고객 그룹의 문제 해결을 통한 성장 기회보다 그다지 크지 않았다고 해석할 수 있다.

잠재적 고객 그룹에 더 가까이 다가갈 수 있는 기회를 제공하는 비시장적 환경Nonmarket context도 형성됐다. 첫째, 부산시가 도심재개발에 적극 나서면서 도심에 대형 복합쇼핑몰이 들어설 수 있는 부지가 제공됐다. 부산시는 수영공항 부지를 대규모 도심위락단지로 개발하기로 결정하였고, 인근 해운대구 우동 등에는 고층 주상복합 건물이 들어서기 시작했다.

둘째, 정부의 광역경제권 육성정책이 가시화되면서 광역교통망 인프라에 대한 투자가 구체화됐다. KTX 2차 개통, 부산-울산 고속도로 개통, 거가대교 개통 등 부산을 중심으로 한 동남권 교통망이 확충되고, 상권 광역화가 급속도로 진행됐다. 부산-울산 간 고속도로 개통으로 부산의 3배에 가까운 소득수준을 가진 울산이 40분 거리로 단축됐고,

2010년 거가대교 개통으로 거제시의 잠재적 소비수요도 부산으로 흘러들어 올 수 있는 상황이었다. 대형 크루즈선의 부산 기항 등으로 해외관광객 유치가 활기를 띨 것으로 전망됐다. 일각에서는 이 같은 광역교통망의 발달이 지역 소비수요가 수도권 등으로 유출되는 '빨대효과'를 일으킬 수 있다고 우려했다. 하지만 다른 지역과 비교해 차별화된 경쟁우위를 확보할 수 있다면 수도권, 해외 관광객을 끌어들일 수 있는 절호의 기회가 될 수도 있었다.

신세계 관계자들은 고객의 역할Customer Roles을 사용자User, 구매자Buyer, 지불자Payer의 세 가지 유형으로 세분화하여 각 역할에 있어서 고객이 갖고 있는 문제를 이해하고 이에 대한 솔루션을 찾아내고자 하였다.

사용자User 관점에서 보면 고급 쇼핑, 레저, 문화, 엔터테인먼트 서비스를 향유할 만한 곳이 많지 않았다. 특히 동남권에서는 10, 20대의 젊은층 고객들의 엔터테인먼트 서비스에 대한 수요와 중장년층 고객들의 고급문화에 대한 욕구가 급격하게 증가했지만 이를 해소할 수 있는 장소가 없었다. 이 때문에 동남권 소비자들은 쇼핑, 레저, 문화 엔터테인먼트 서비스를 즐기기 위해 서울을 비롯한 수도권이나 해외로 나가야 하는 불편함을 감수해야 했다. 구매자Buyer의 관점에서도 불편함이 존재하였는데, 주로 수도권이나 해외에서 부산으로 여행을 오는 고객들의 경우, 부산 도심에서 쇼핑이 결합된 복합 문화 엔터테인먼트 서비스를 구매하는 것이 쉽지 않았다. 이 점은 부산을 여행의 최종 목적지로 선택하는 데 걸림돌이 됐다. 지불자Payer의 관점에서는 쇼핑과 영화, 문화 엔터테인먼트에 대하여 다양한 할인 혜택을 받을 수 있는 회원제 서비스 등 지불수단의 편의성을 높여주는 서비스가 부족했다. 이 같은 비고객의 수요는 새로운 시장을 창출하는 파괴적 혁신Disruptive Innovation이 일어날 수 있는 여건이 된다.

미국 노스웨스턴대 켈로그 경영대학원의 모한비르 소흐니Mohanbir Sawhney 교수가 주장한 서비스를 통한 새로운 성장기회의 창출이라는 측면에서 신세계 센텀시티점의 전략을 분석해 보면, 신세계 센텀시티점의 경우 백화점의 고객가치사슬을 스파, 극장, 서점, 아이스링크 등 인접한 다른 고객가치사슬과 통합해 이들 활동 구조와 통제에 변화를 줬다는 점에서 '공간적 재조정' 모델에 해당한다고 볼 수 있다.

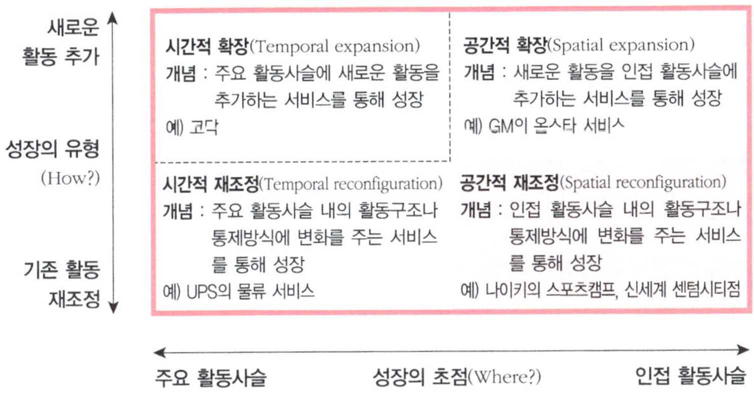

그림 4-1 **서비스 기회 매트릭스 : 신세계 센텀시티점의 사례**

신세계 센텀시티점은 쇼핑, 레저, 문화, 엔터테인먼트를 한 곳에서 제공하는 '체류형 복합쇼핑몰' 개념으로 비고객의 문제를 해결했다. 구매자 관점에서는 모바일, 인터넷을 통한 탐색 및 결제 서비스를 제공해 사전단계의 이용 패턴을 바꿨으며, 인터넷 사이트, IPTV, 모바일 웹, 모바일 애플리케이션, 트위터 등을 이용해 고객들의 쇼핑 경험을 강화하고 고객 편의를 도모하고 있다. 고객들이 대형 복합쇼핑몰 서비스를 보다 더 쉽게 탐색하고 접근할 수 있도록 '센텀시티 101가지 즐기기' 등의 안내 책자를 배포하고 블로그를 운영하고 있는데, 고객들은 이를 통해 사전단계에서 다양한 쇼핑 정보를 얻을 수 있다. 또한 센텀시티 내의 스파랜드와 조선호텔을 한꺼번에 이용할 수 있는 패키지 상품의 기획으로 두 서비스를 동시에 구매할 수 있도록 하였다. 과거에는 부산지역을 방문한 관광객이 호텔과 레저 시설을 각각 예약했지만, 이 상품으로 인해 두 서비스를 동시에 구매할 수 있게 되었다.

이용자 관점에서는 고객들이 백화점 내 쇼핑 공간과 문화 공간문화 홀 등 외에 스파랜드, 서점, 영화관, 아이스링크 등의 부대시설에 머물며 오랜 시간 체류하는 '몰링malling'을 경험할 수 있게 했다. 쇼핑 중심의 백화점 고객 가치 행위 네트워크는 고객이 물건을 골라 지불하고 백화점을 떠나는 식의 단방향적 행위 외에 푸드코트, 카페 등의 제한적인 서비스로 구성되었지만 '몰링'을 중시하는 체류형 복합쇼핑몰에서는 고객이 이용할 수 있는 다양한 대안을 제시하고, 고객이 이를 선택하고 다시 대안을 탐색하는 고객 가치 행위가 반복적으로 일어나게 된다. 이는 고객의 체류시간을 길어지게 만든다. 매장 공간 구성도 이 같은 고객의 '몰링' 활동을 염두에 두고 디자인했는데, 서비스 대안 평가와 선택 과정에서 짬짬이 쉴 수 있는 휴게공간을 층마다 마련한 것을 예로 들 수 있다. 센텀시티점에는 스타벅스 매장만 3곳 등 모두 20여 개 브랜드의 카페와 디저트 숍이 층마다 들어서 있다. 백화점은 오후 8시경이면 문을 닫지만 1층과 2층 스파랜드는 12시까지 영업을 하고, 영화관은 새벽 2시에 문을 닫는다. 고객의 대안 선택폭이 크기 때문에 이용자들의 구성도 기존 백화점과 다르다. 신세계 수도권 점포에서 29세 이하 젊은층 고객의 비중은 평균 7.2%다. 신세계 센텀시티점은 9.3%로 상대적으로 고객층이 젊은 편이다. 이창승 신세계 센텀시티점 마케팅팀장은 "기존 백화점은 주말 매출이 오후 1시경부터 오르기 시작하지만 센텀시티의 경우 오후 4시부터 상승하는 게 특징"이라며, "고객들이 다른 시설을 이용한 뒤 오후 늦게 쇼핑을 하고 귀가하는 패턴을 보인다"고 말했다. 신세계 센텀시티점은 동남권 고소득층과 국내외 관광객의 고급 쇼핑 수요를 충족시키기 위해 럭셔리 브랜드 유치에도 공을 들였다. 신세계 센텀시티점은 개점과 함께 전략적으로 루이뷔통, 샤넬, 에르메스 등 이른바 '빅3 명품 브랜드'를 동시에 입점시켰다. 3개 명품 브랜드가 동시에 입점한 것은 국내 백화점 중에서는 처음이었다. 이곳에 입점한 브랜드는 모두 700여 개로 구찌, 프라다, 까르티에, 티파니 등 60개 명품 브랜드도 이곳에 입점했다. 안용준 팀장은 "레저 문화 엔터테인먼트 시설은 고객 유인 효과가 크지만 수익성 측면에서는 명품 브랜드의 기여도가 크다"며, "VIP 고객이 지난해 1,400명에서 최근에는 두 배 가까운 2,600명으로 늘었다"고 말했다.

지불자 관점에서는 백화점 카드회원의 경우 센텀시티점 내의 스파랜드 등의 시설을 이용할 때 실적에 따라 요금 할인 등의 혜택을 받고 있다. 공동 프로모션을 통해 할인 혜택도 받을 수 있는데, 예를 들면 센텀시티점 내의 스파랜드 이용 티켓을 가져오면 CGV 영화 관람료를 20% 할인해 주거나 CGV영화 티켓을 가져오면 스파랜드 이용권을 20% 깎아주는 식이다. 모바일 웹을 통하여 이동 중이나 쇼핑 중에 백화점 웹사이트 검색이 가능해졌고, 애플리케이션을 통하여 모바일 쿠폰 등을 다운받아 사용할 수 있게 만들었다. 또한 쇼핑객끼리 대화도 가능하며, 모바일 상품권 등의 새로운 지불수단도 도입했다.

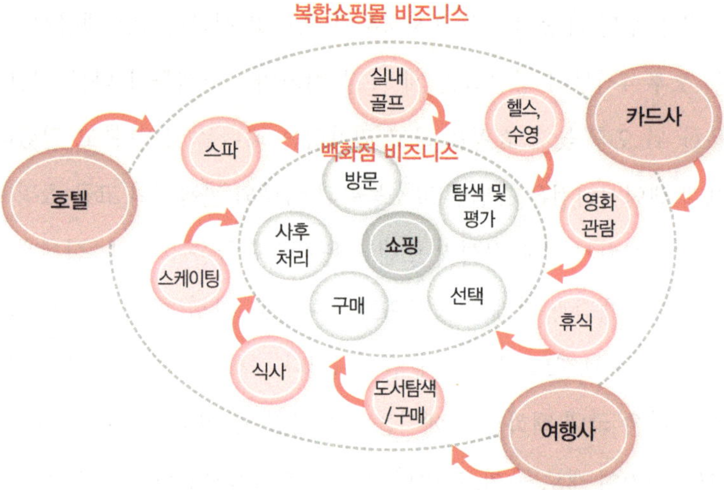

그림 4-2 고객 가치 행위 네트워크 : 신세계 센텀시티점의 사례

신세계 센텀시티점은 서비스 모델에서 가장 중요한 협력 네트워크자원 통합자 네트워크의 구축에도 성공적이었다. 신세계 센텀시티점은 백화점을 중심으로 문화, 엔터테인먼트, 레저 등 서비스를 제공하는 다양한 이해관계자의 서비스 네트워크Service network를 구축했다. 영화관, 스파, 서점 등을 유치하고 호텔, 여행사 등 외부의 파트너를 끌어들여 고객들에게 통합된 서비스 인터페이스를 제공했다. 예를 들어 센텀시티점 내에 CGV와 교보문고를 각각 유치했다. 또 스파랜드, 골프레인지, 멤버십 스포츠클럽 등은 신세계 계열사인 조선호텔이 운영을 맡고 있다. 푸드코트에는 다양한 음식점들이 입점해 있으며, 쇼핑공간도 예외가 아니다. 나이키, 애플 등 글로벌 브랜드들이 직접 운영하는 메가숍이 입점해 있다. 문화센터 옆에는 어린이영어 유치원을 운영하는 사설학원까지 입점해 있다. 신세계는 이런 통합서비스를 제공하기 위해 각 서비스 제공 주체와 고객을 이어주는 중심기업Nodal company 역할을 수행한다.

이 같은 협력 네트워크는 센텀시티 밖의 파트너와도 연계된다. 여행사, 조선호텔과 연계한 여행 패키지 상품을 기획하여 내놓고 있다. 일본 JCB 카드 및 중국 카드와의 제휴를 통해 일정 금액 이상 구매하면 사은품을 주는 공동 마케팅도 펼치고 있다. 이를 통해 목표 상권을 부산을 중심으로 한 동남권 고객부터 수도권과 해외 고객으로 넓히며 전국구 상권으로 확장하고, 잠재적 고객 그룹의 니즈를 충족시키는 솔루션을 제공했다고 볼 수 있다. 부산의 백화점 매출은 센텀시티가 문을 열기 전인 2008년 1조 4,000억 원에서 2009년 1조 8,000억 원으로 30% 가까이 증가했다. 2010년에는 2조 6,000억 원으로 성장했다. 신세계에 이어 롯데가 경쟁적으로 백화점 사업에 투자하면서 2년 만에 백화점 매출 규모가 2배 가까이로 성장한 것이다.

부산 지하철 센텀시티역 유동인구도 신세계 센텀시티점이 문을 열기 전인 2009년 1월에는 일평균 1만 4,100명이었으나 2011년 1월 현재 122% 상승한 3만 1,328명으로 증가했다. 다른 지역의 비고객을 끌어들이는 '역빨대효과'도 나타나기 시작했다. 신세계 센텀시티점의 경우 2010년 대구 경북, 울산, 거제, 김해, 양산 지역의 고객 매출이 2009년보다 평균 60% 이상 증가했다. 주말의 경우 부산 이외의 서울 등 전국에서 몰려든 쇼핑객과 관광객 등 다른 지역 고객의 비중이 50%에 이른다. 게다가 부산의 해양 관광 인프라를 고려하면 중국, 일본, 러시아 관광객까지 늘어날 것으로 전망된다. 2010년 부산의 해외관광객 수는 222만 명으로 2009년의 202만 명보다 10% 정도 늘었다. 신세계는 2010년 부산을 방문한 외국인 관광객의 약 30%65만 명가 센텀시티점을 방문한 것으로 추산하고 있다.

1. 고객의 역할을 중심으로 한 문제의 이해

서비스 혁신에서 가장 중요한 것은 고객을 이해하는 것이라고 했는데, 이를 달리 표현하면 고객이 왜 특정 기업과 가치를 공동으로 창출하는 프로세스에 참여하지 않는지를 이해하는 것이다. 즉, 고객이 특정한 제품이나 서비스를 왜 사용하지 않는지를 아는 일이다. 제품 기반 경제에서는 기업이 모든 가치를 창출한다고 믿었지만, 서비스 기반 경제에서는 기업은 가치를 제공할 뿐이다. 실제 가치의 창출은 고객과 기업이 공동으로 수행하는 것으로 이해된다. 이런 관점에서 고객은 제품이나 서비스를 사는 단일한 개체가 아니라, 가치 창출 프로세스상에서 다양한 역할을 수행하는 여러 개체의 집합일 수도 있다고 인식된다. 즉, 하나의 제품이나 서비스를 통해 가치를 창출하는 과정에서 고객은 실제로 그러한 서비스나 제품을 이용해 가치를 창출하는 활동에 참여하기도 한다. 또 제품이나 서비스를 구매하는 과정에 참여하거나 제품이나 서비스에 대한 가격을 지불하기도 하는데, 이러한 역할은 한 사람이 수행하기도 하고 여러 사람들이 각각 수행하기도 한다. 예를 들어 유모차를 생각해 보자. 유모차를 구매하기 위해 시장조사를 하고, 성능을 분석하고, 사용 위험을 판단하는 일은 주로 엄마의 몫이며, 구매자의 역할이다. 그런데 시장에서 팔리는 유모차의 가격이 생각보다 비싸다면 아기의 할머니나 외할머니가 이 유모차 가격을 대신 지불하기도 한다. 지불자는 구매자와 달리 할머니나 외할머니가 된다. 하지만 이 유모차를 실제로 이용하는 사용자는 아기와 엄마가 된다. 물론 아기의 엄마가 돈을 지불했다면 엄마가 구매자이자 지불자인 동시에 사용자가 된다. 따라서 단순히 돈을 지불하는 사람만을 고객으로 인식한다면, 실제 가치 창출 과정에 참여하는 많은 고객을 무시하게 되는 결과를 낳을 수 있다.

역할을 중심으로 분류한 고객구매자, 사용자, 지불자은 시비스 혁신에 있어서 중요한 의미를 갖는다. 고객이 수행하는 역할에 따라 고객들이 겪는 문제나 해결책이 다르기 때문이다. 즉, 유모차를 구매할 때 가격, 성능, 위험에 대한 분석을 쉽게 만들어 의사결정을 도와주는 것은 구매자의 역할과 관련된 이슈다. 가격을 일시불로 할 것인지, 할부로 할 것인지는 지불자의 역할에 관한 것이다. 실제로 사용하면서 느끼는 불편이나 문제를 해결하는 것은 사용자에 관한 사항이다. 아래 그림은 각 고객의 역할에 포커스를 맞추어 혁신을 이룬 사례들을 분류한 것이다.

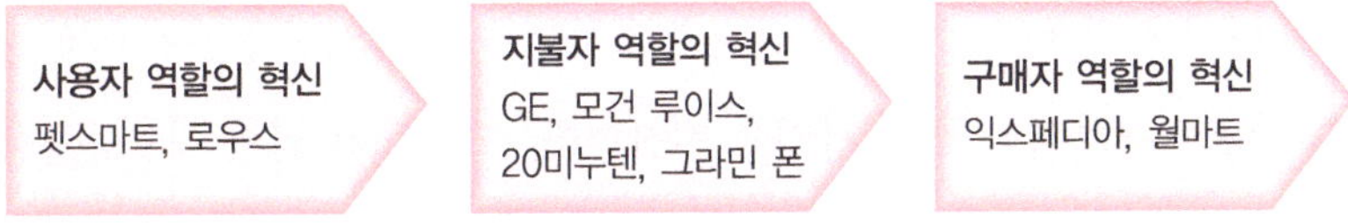

그림 4-3 고객의 역할에 따른 혁신의 예

가. 사용자 역할에서의 문제 이해

사용자는 실제로 특정 서비스나 제품을 사용해 가치를 창출하는 고객을 뜻한다. 사용자들은 서비스나 제품을 사용하는 과정에서 가치를 창출하게 되는데, 서비스나 제품에 대한 지식의 부족, 사용하는 스킬의 부족, 시간의 부족 등 제약으로 인해 제품이나 서비스를 통해 얻을 수 있는 가치를 충분히 실현할 수 없다.

이러한 문제를 잘 해결하고 새로운 서비스 시장을 창출한 예로는 펫스마트, 로우스 등을 들 수 있다. 펫스마트는 미국과 캐나다에서 애완동물을 위한 물품 판매와 훈련, 교배 등의 서비스를 제공하는 소매 체인점이다. 이 회사는 고객들이 애완동물을 한 번 길러본 후 다시 기르려고 하지 않거나 심지어 버리기까지 하는 행동이 궁극적으로 사업에 영향을 준다는 점을 깨달았다. 이에 펫스마트는 고객들이 애완동물 사육을 포기하거나 버리는 이유를 조사했다. 그 결과 고객들은 여행을 가거나 회사에 출근할 때 애완동물을 돌보지 못한다는 이유로 애완동물을 기르는 것을 기피하는 것으로 파악됐다.

이러한 문제를 해결하기 위해 펫스마트는 최신 시설을 갖춘 애완동물 전용 '펫호텔Pet Hotel' 사업을 시작했다. 고객들이 실제 애완동물을 기를 때의 행동을 관찰하고 고객의 문제를 해결했을 뿐만 아니라, 기존 사업의 성장 기반을 다지고 새로운 시장을 확보하는 일석삼조의 효과를 거둔 것이다.

또 다른 예로는 로우스가 있다. 로우스는 1946년 미국 노스캐롤라이나에 설립된 주택 재료 및 가정용품 판매 체인점이다. 현재는 미국 50

개 주에 1,600여 개의 체인점을 운영하고 있으며, 일주일에 약 1,400만 명의 고객이 방문하는 미국 2위의 주택 재료 및 가정용품 판매 회사로 성장했다. 로우스의 점포에서는 주택을 짓고 관리하는 데 필요한 목재부터 꽃씨까지 거의 모든 제품을 구매할 수 있다. 한국과 달리 미국이나 캐나다에서는 대부분의 주택들이 아파트가 아닌 단독주택인데다 인건비도 워낙 비싸, 사람들은 직접 필요한 재료를 사서 주택을 관리하는 일에 익숙해져 있다.

하지만 실제로 모든 사람들이 지붕을 교체하고, 부엌을 개조하거나, 카펫을 바꾸고, 무선 인터넷을 설치하는 일에 익숙한 건 아니다. 그렇기 때문에 누군가에게 물어보고 도움을 받아야 하는데, 이런 도움을 받기는 쉽지 않았으며 결국 작업을 미루거나 아예 포기하는 경우가 발생했다. 로우스는 이 문제를 해결하기 위해 각종 질문에 답해 줄 수 있는 전문가를 배치하고, 고객들을 대상으로 무료 학습 프로그램을 운영하고 있다. 고객이 원하면 실제 설치작업까지 도와주는 서비스도 도입했다. 이 서비스는 고객의 지식과 기술을 보완해 고객들이 일을 효율적으로 처리하도록 도왔으며, 로우스의 성장에도 기여했다.

일반 고객 차원에서만이 아니라 기업 고객 차원에서도 사용자 측면의 문제를 해결하는 것은 아주 중요하다. 공급선 변경에 따른 공포를 최소화하고 문제를 해결한 사례로는 버크만 연구소의 사례가 있다. 1998년에 버크만 연구소는 다른 회사에서 버크만으로 공급선을 바꾼 고객들을 돕기 위해 '전환 워크숍'을 개최했다. 앞서 언급한 대로 거래처 전환은 예상치 못한 비용을 유발하고 혼란을 가중시키기도 한다. 따라서 버크만 연구소는 공급선 전환에 따른 혼란을 최소화하고 변화에 따른 두

려움을 관리하기 위해 전환 프로세스를 설계했다. 이 프로세스는 변화를 파괴적 프로세스로부터 건설적인 프로세스로 전환되도록 지원했다. 버크만 연구소는 변화의 잠재적 힘을 활용해서 새로운 아이디어를 시도해 보고, 새로운 목표를 세우며, 새로운 접근방법들을 개발해냈다. 이에 따라 고객들은 아주 명쾌하게 정의된 전환 프로세스에 참여해 스스로 변화를 통제한다는 느낌과 안전하게 새로운 것들을 시도해 볼 수 있다는 느낌을 갖게 되었다. 버크만 연구소는 이러한 고객 친화적인 접근방식을 통해 새로운 사업으로부터 더 신속하게 이익을 실현해 낼 수 있었으며, 고객들 또한 큰 혜택을 누릴 수 있었다.

나. 지불자 역할에서의 문제 이해

전통적인 제품 기반 경제에서 지불자가 주요 고객으로서 많은 관심을 받아왔고, 실제 많은 서비스들이 지불자를 중심으로 제공되어 왔다. 기존 경제체제에서 지불자 역할에 대한 혁신은 무엇에 대해 지불하느냐보다는 어떻게 지불하느냐에 초점이 맞춰져 왔다. 다시 말해 일시불이나 할부처럼 가격을 지불하는 방식, 또는 개별 제품이나 서비스에 대해 돈을 지불하는지 아니면 패키지에 대해 지불하는지, 혹은 고정가격으로 지불하는지 변동가격으로 지불하는지를 중심으로 혁신이 이루어져 왔다.

하지만 서비스 기반 경제에서는 제품의 서비스화servicization라는 말에서 알 수 있듯이 제품에 대한 지불이 서비스에 대해 지불하는 형식으로 전환된다. 이러한 변화는 고객이 느끼는 가치와 지불해야 하는 가격이 큰 차이가 없도록 가격을 조정하는 방식으로, 가치에 중점을 두고 지불자의 역할을 혁신해야 한다는 것을 뜻한다. 이 영역에서 가장 많이 언급되는 넷플릭스의 DVD 대여 사례를 살펴보자. 넷플릭스는 고객들이 블록버스터 등 오프라인 매장에서 DVD를 빌릴 때 편당 지불하던 방식을 월별 회비로 대체하고 무제한으로 빌려볼 수 있도록 했다. 이 지불방식의 혁신은 넷플릭스가 오프라인 매장들을 크게 압도하고 표준을 만들어 갈 수 있는 기반을 제공했다.

GE는 자사의 GE90 비행기 엔진이 기존의 엔진인 CF6이나 CFM56보다 훨씬 더 효율적이고 강력한 엔진으로 보잉777기가 보다 빠르고 멀리 비행할 수 있을 것이라고 주장하였다. 하지만 불확실한 엔진의 유지비용으로 인하여 항공사들이 도입을 꺼려하고 이에 따라 고정가격을 청구하기가 어렵다는 한계점을 인지하여 비즈니스 모델을 바꾸었다. 즉, 과거 고정가격에 엔진을 팔았던 것과 달리 엔진 사용시간에 따라 서비스 비용을 받는Power by the hour 형태로 비즈니스 모델을 바꾸고, 고객에게 유지·보수 비용을 포함해 비행시간에 따른 비용을 청구하기로 한 것이다. 이 모델은 GE가 GE90 엔진을 성공적으로 시장에 내놓는 것에 디딤돌이 되었다. GE는 기존 지불방식을 혁신하는 대신, 무엇에 대해 지불할 것인지를 보다 진지하게 고민함으로써 고객이 추구하는 가치를 제공하기에 적합한 비즈니스 모델을 개발하고, 새로운 제품으로 순조롭게 시장에 진입했다.

모건 루이스와 버틀러 루빈이라는 법률자문회사의 경우, 새로운 고객을 유치하기 위해 기존 법률자문회사가 사용하던 시간당 서비스 비용이라는 가격 산정 방식을 과감히 버리고, 고정 금액 방식의 계약을 제안했다. 이 방식은 대부분의 법률자문회사들이 고객 기업과의 거래에서 사용하던 전통적 방식과는 아주 다른 형태인데, 고객이 인식하는 가치를 중심으로 가격을 산정하는 방식이다. 시간당 비용을 청구하는 체제에서 변호사들이 비능률적으로 일하고, 비용을 엄밀하게 산정하기 어려운데도 상당한 수임료를 물고 있다는 고객들의 불평이 끊이지 않는 점에 착안해 고정 금액 계약 방식을 도입하였고, 이를 통해 새로운 고객을 유치할 수 있었다.

자사의 제품을 서비스로 바꾸거나 서비스에 대한 가격 정책을 바꿔 성공적으로 사업을 운영한 GE나 모건 루이스의 사례와 달리, 돈의 흐름을 바꿔 성공한 20미누텐도 지불자 역할을 혁신한 또 다른 사례다. 20미누텐은 스위스의 150개 기차역에 배포되는 독일어 무료 신문이다. 이 신문은 1999년 '20 Minuten Schweiz AG' 라는 이름으로 발간되기 시작하여, 현재는 78만 명 정도의 독자를 확보하고 있다. 대부분의 무가지처럼 20미누텐도 신문 발간, 운영, 배포에 드는 비용을 광고로 충당하고 있다. 무료 신문의 특성에 따라 독자들을 대신한 광고주들이 신문의 지불자가 된다. 이러한 관점은 한 가지 측면을 간과하고 있다. 광고의 가치는 독자들이 신문을 열심히 구독해 주는 사용 행위에서 나오므로 독자들 또한 여전히 지불자의 한 부분으로 남아 있다는 점을 무시해서는 안 된다. 무료 제품이나 서비스를 활성화하기 위해서는 다양한 참여자 네트워크를 잘 구성해야 한다는 점 또한 무시되어서는 안 된다.

또 다른 예로는 그라민 폰이다. 그라민 폰은 방글라데시의 선도적인 전화 서비스 회사로서 2,000만 명 이상의 고객을 확보하고 있다. 그라민 폰은 방글라데시에 GSM[Global System for Mobile communications] 기술을 처음 도입한 회사로, 고객 지원을 위해 24시간 콜센터도 운영하고 있다. 이 회사의 슬로건은 '고객 곁에Stay Close'로, 모든 방글라데시 국민에게 필요한 전화 서비스를 제공한다는 목표를 담고 있다. 미국 매사추세츠공대MIT의 '개발과 사업가를 위한 레가텀 센터' 창립자이자 디렉터인 이크말 쿼디르는 방글라데시 서민들에게 소액 신용대출 서비스를 해주는 그라민뱅크에서 농촌지역에 광범위한 무선전화를 보급하는 사업을 착안했다. 그는 몇 년간의 노력 끝에 사업자금을 마련하고, 1996년 11월 방글라데시 정부로부터 무선전화 운영에 관한 사업권을 얻어 1997년부터 실질적인 서비스를 시작했다.

그라민 폰의 특징적인 사업은 '빌리지 폰village phone'이라고 불리는 시골지역의 전화 사업이다. 그라민 폰은 농촌지역의 대학교육을 받은 똑똑한 여성들이 전화 서비스를 운영할 수 있도록 그라민뱅크와 함께 자금을 지원하고, 그들 가입자들에게 전화 이용법과 서비스 비용 청구 방법을 알려줬다. 즉, 여러 가정이 하나의 전화를 함께 사용할 수 있는 비즈니스 모델을 개발하고, 전화기를 판매하는 수익이 아니라 전화를 사용할 수 있도록 지원하는 데 중점을 뒀다. 그라민 폰에 요금을 납부하는 고객은 가입자이지만, 이 가입자가 납부하는 요금은 가입자의 전화를 사용하는 시골 가정에서 나온다. 가입자는 이들로부터 사용료를 받아 자신의 요금을 충당하거나 이익을 얻는 비즈니스 모델이다. 요약하자면 그라민 폰은 서비스를 중심으로 지불자 역할을 혁신해 아주 가난한 농촌 가정까지 저렴한 가격에 서비스를 이용할 수 있도록 지원하고, 이를 통해 서로가 이익을 얻는 비즈니스 모델의 성공 사례라고 할 수 있다.

다. 구매자 역할에서의 문제 이해

기술의 발전, 특히 인터넷의 발전과 더불어 구매자의 역할도 많이 달라졌다. 구매 프로세스를 변화시키거나, 공급사슬에서 불필요한 부분을 없앰으로써 구매자의 역할을 혁신할 수 있다. 구매자의 역할은 일반적으로 구매 프로세스에서 무엇을 어떻게 살 것인가와 관련돼 있다. 여기에 해당되는 예는 아주 많은데, 이 글에서는 익스페디아와 월마트의 사례를 살펴보기로 한다.

익스페디아는 미국과 그 외 15개국에서 운영되는 인터넷을 기반으로 한 여행사다. 이 회사는 비행기표와 호텔 예약, 자동차 대여, 크루즈 상품, 여행 패키지 등을 판매하는 곳으로 마이크로소프트MS에 의해 시작되었다. 익스페디아는 고객들의 여행 관련 구매 행위를 지원함으로써 폭발적인 성장을 거듭해 왔다. 해외로 여행을 계획할 때에 여행자는 여행지를 결정하고 타고 갈 비행기 표를 예약해야 한다. 또한 여행지에서 타고 다닐 차도 빌려야 하고, 호텔도 예약해야 한다. 인터넷의 도움을 받지 않고 이 모든 절차를 각각의 회사를 통해 따로 처리해야 한다고 가정해 보자. 고객 스스로 처리해야 할 일이 얼마나 많겠는가? 지금은 인터넷으로 가볼 만한 여행지에 대한 정보도 얻고 비교할 수도 있다. 비행기 표, 호텔, 렌터카 예약도 간단히 끝낼 수 있다. 또 한꺼번에 여러 가지를 예약하면 할인도 받을 수 있다. 고객들은 여러 군데 여행사나 각각의 회사를 직접 방문하지 않고서도 집 안에 앉아서 익스페디아를 통해 모든 일을 처리할 수 있다.

또 다른 예로는 월마트와 P&G의 기업 간 거래에 대한 사례가 있다.

이들 회사는 공급사슬을 변화시킴으로써 구매자의 역할을 혁신했다. 이 예는 공급사슬에 관한 한 아주 고전적인 것인데, 고객의 역할 변화라는 측면에서 다시 살펴보기로 한다. 월마트는 EDI라는 시스템 도입 초기에 이를 자사의 체인점에 적용하고, 자사의 공급자들로 하여금 이 시스템을 사용하게 했다. 이 시스템은 공급사슬 관리의 효율성을 높이는 데 많은 공헌을 했다. 월마트의 각 점포에서 팔리는 P&G 제품에 대한 정보가 월마트의 물류센터로 전송되고, 이 정보가 다시 EDI를 통해 P&G로 전송된다. P&G는 자신의 책임 아래 언제, 얼마만큼의 재고를 어느 지점으로 배송해야 하는지를 실시간으로 알게 된다. 기존 시스템에서 P&G는 월마트가 주문한 수량을 납품 기일에 맞춰 배송하면 그만이었다. 이제는 월마트의 의사결정을 기다릴 필요 없이 P&G 스스로 결정하고 실행하는 시스템으로 바뀌었다. 이러한 체계는 구매의사 결정에서 구매자인 월마트의 역할을 최소화하고, 지불자의 역할만 수행하도록 했다.

지금까지 고객의 역할과 관련된 서비스 혁신 사례를 살펴봤다. 주의할 것은 앞서 언급한 3가지 유형에서의 혁신이 항상 따로 일어나는 건 아니라는 점이다. 3가지 중 2가지, 혹은 3가지 모두 혁신이 일어나기도 한다. 고객 역할의 혁신을 통해 서비스 혁신에 성공하려면 고객이 제품이나 서비스로 얻고자 하는 게 무엇이고, 실제로 어떤 문제들을 갖고 있으며, 그러한 문제를 해결하기 위한 대안은 무엇인지를 깊이 관찰하고 연구해야 한다.

2. 고객 문제에 대한 솔루션 찾기

고객 문제를 해결하기 위해서는 솔루션 중심 사고Solution centric mindset를 도입하는 것이 효과적이다. 소흐니 교수는 이와 같은 솔루션 중심 사고의 장점을 네 가지로 정리하였다. 첫째, 기존 고객의 문제를 해결하는 솔루션 중심의 서비스를 제공해 기존 시장을 확대할 수 있다. 둘째, 고객에게 더 밀착된 서비스를 제공해 고객충성도를 높이고 경쟁기업으로의 전환비용switching cost을 높여 고객을 고착lock-in시키는 효과가 있다. 셋째, 핵심 서비스나 상품의 범용화Commoditization를 극복할 수 있다. 넷째, 솔루션 집약적 서비스의 지식과 기술이 기업의 핵심 경쟁력이 될 수 있다.

고객이 가진 문제를 솔루션 중심으로 해결하기 위해서는 혁신 대상과 혁신 방법 두 가지를 모두 고려해야 한다. 혁신 방법은 특화된 지식이나 스킬을 제품에 내재화하기, 가치 창출 프로세스 재조합하기, 가치 네트워크 재조합하기 등 세 가지로 구분할 수 있다. 또 다른 축인 혁신 대상은 '누구'의 가치 창출 행위를 혁신할 것인가에 대한 것으로 고객의 가치 창출 프로세스Customer value creating processes, 제공자의 가치 창출 프로세스Supplier value creating processes, 조우 프로세스Encounter processes로 구성된다. 고객의 가치 창출 프로세스는 고객또는 고객 기업들이 서비스를 사용하기 위해 수행하는 활동을 말한다. 제공자의 가치 창출 프로세스는 서비스 제공자가 자신들의 비즈니스 또는 고객과의 관계를 관리하기 위해 사용하는 프로세스나 자원 등을 포괄한다. 마지막으로 조우 프로세스는 가치를 창출하기 위한 과정에서 고객과 제공자 간의 관계에서 일어나는 상호작용을 포함한다.

혁신 방법 \ 혁신 대상	고객의 가치 창출 프로세스	조우 프로세스	제공자 가치 창출 프로세스
특화된 지식이나 스킬을 제품에 내재화하기	글루코스, 데이터 마이닝	현금자동입출기	GE 에너지 터빈 모니터링 시스템
가치 창출 프로세스 재조합하기	이케아, 나인 인치 네일스	코닥 오포토와 키오스크 서비스	UPS 물류 서비스
가치 네트워크 재조합하기	구글, 에퀴팩스, 애플 아이튠즈	이베이, 프라이스닷컴, e마켓플레이스	GM 온스타 서비스

그림 4-4 서비스 혁신 카테고리

〈그림 4-4〉와 같이 서비스 혁신 카테고리를 각각 혁신 방법과 혁신 대상으로 나누면 총 9개의 혁신 모델을 볼 수 있다. 먼저 혁신 방법축의 '특화된 지식이나 스킬을 제품에 내재화하기'를 중심으로 보자.

가. 특화된 지식이나 스킬을 제품에 내재화하기

특화된 지식이나 스킬을 제품에 내재화하여 고객의 가치 창출 프로세스를 혁신한 사례는 글루코스의 혈당 자가진단 시스템과 데이터 마이닝Data Mining 의사결정 소프트웨어를 들 수 있다. 글루코스 모니터링 시스템은 과거에 의사의 업무로 여겨졌던 당뇨 환자 혈당을 점검하는 일을 환자가 할 일로 바꿔버렸다. 의사의 전문적인 스킬을 제품에 내재화한 글루코스 모니터링 시스템의 등장으로 환자가 직접 혈당을 측정할 수 있게 된 것이다. 조우 프로세스를 혁신한 사례로는 현금자동입출금기ATM를 도입해 고객이 은행원을 대면하지 않고 은행 업무를 쉽게 처리할 수 있도록 한 것을 들 수 있다. 제공자 가치 창출 프로세스를 혁신한 사례로는 GE에너지의 터빈 모니터링 시스템을 꼽을 수 있다. 과거 GE에너지는 발전용 터빈 제품을 판매하고 유지·보수하는 단순한 사업 모델을 추구하였으나, 터빈이 고장난 뒤에 대처하는 것보다 고장나기 전에 선제조치를 취하는 유지·보수 서비스가 고객에게 더 높은 가치를 준다는 사실을 파악하여 고장 전에 유지·보수를 제공할 방법을 모색하였다. 이에 따라 터빈의 상태를 원격으로 파악할 수 있는 장비를 터빈에 부착하였고, 결과적으로 제품의 결함을 사전에 수리할 수 있게 되었다. 이를 통해 GE는 고객 만족도를 높였으며, 과거에는 시간당 100달러 정도만 청구한 기술자 파견비용을 시간당 500~600달러까지 높일 수 있었다. 이런 혁신을 통해 GE는 매출과 이익의 50%를 서비스 부문에서 달성했다. GE는 여기에 머물지 않고 고객에게 유지·보수를 지속적으로 제공하는 대가로 고객으로부터 추가적인 수익을 얻었다. 이는 고객이 지속적인 유지·보수 서비스를 받음으로써 절감한 비용의 일부를 GE에 지불한 것으로 볼 수 있다.

나. 가치 창출 프로세스 재조합하기

가치 창출 프로세스를 재조합하는 것은 서비스를 제공하는 데 필요한 프로세스를 분할하거나 통합해 새로운 패턴의 가치 창출 프로세스를 만드는 것을 뜻한다. 그 예로는 3장에서 논의했던 미국의 록밴드 그룹 나인 인치 네일스와 CNET.com의 8020처럼 고객의 가치 창출 행위를 혁신해 새로운 성장 동력을 발굴한 사례를 들 수 있다.

조우 프로세스를 혁신한 사례를 살펴보자. 코닥은 필름 비즈니스가 심각한 위기에 처했을 때 디지털 카메라 사용자들의 니즈가 단순한 필름 인화가 아닌 '추억 관리'라는 것을 알게 됐다. 코닥은 이런 인식을 바탕으로 사진 편집, 이메일 보내기, 전자앨범 만들기, 친구들과 공유하기, 카드나 연하장 만들기 등 고객들의 다양한 활동을 지원하기 위해 오포토라는 회사를 인수했고, 고객들이 가정에서 직접 인화할 수 있도록 가정용 포토프린터와 전용용지를 제공했다. 또한 사진을 친구들과 쉽고 빠르게 공유할 수 있도록 온라인 앨범 서비스도 시작했으며, 사진으로 기념품을 만들 수 있는 서비스도 결합했다. 이로써 코닥은 카메라와 필름을 제조하는 기업에서 서비스를 제공하는 기업으로 변신했다.

제공자 가치 창출 프로세스를 혁신한 예로 UPS를 들 수 있다. UPS는 자사가 가진 물류시스템 설계 및 운용 능력을 활용해 포드, 내셔널 세미컨덕터 등 여러 회사의 물류체계를 재설계했다. UPS는 내셔널 세미컨덕터가 배송시간과 재고 관리비용의 15%를 절약할 수 있도록 지원했다. 또 포드의 물류체계도 재설계해 생산 공장에서 딜러까지 자동차를 운반하는 데 필요한 시간을 40% 단축했다. 뿐만 아니라 과거에 고객 또는 고객 기업들이 수행하던 조립 · 테스트 · 반품 관리 · 고객관계 관리 등의 비즈니스 프로세스를 영역 안으로 끌고 들어오는 등 비즈니스 영역을 확장했다. 즉, 처음에는 물건 배송만 했지만 나중에는 고객 기업들이 수행하던 고객 관리 · 반품 관리 · 창고 관리 등 다양한 행위를 자신의 프로세스 안에 포함시킴으로써 더욱 많은 가치를 창출한 것이다.

다. 가치 네트워크 재조합하기

가치 네트워크 재조합하기는 시장에서 경제활동을 하는 다양한 주체의 지식 · 스킬 등을 모두 한꺼번에 묶어내는 혁신 방법을 의미한다. 먼저 고객 가치 창출 프로세스 혁신 사례인 구글의 검색엔진은 광범위한 경제주체들의 검색스킬 · 전문성 · 정보 · 데이터를 연결한다. 사용자는 키워드를 입력하고 결과를 해석할 때 자신이 가진 지식과 역량을 사용하며, 구글은 이때 적절한 맥락의 광고를 배치함으로써 수익을 얻게 된다. 이 밖에도 수많은 다른 관련자가 구글의 서비스를 각자의 목적에 맞게 사용한다. 또 다른 예로 미국의 개인 신용평가 회사들예를 들어 Equifax, TransUnion, Experian을 들 수 있다. 이들은 실제 또는 잠재적 수요자들에 대한 정밀한 정보를 금융회사에 제공하고, 이들로부터 개인의 지불 이력에 대한 정보를 제공받으며, 개인 고객들에게 신용에 관한 요약 정보를 제공한다.

둘째로 조우 프로세스와 관련한 가치 네트워크를 재조합한 사례로는 이베이와 프라이스라인닷컴priceline.com을 꼽을 수 있다. 이들 기업은 수요자와 공급자를 한데 묶어 그들의 상호작용이 하나의 기반 위에서 이루어지도록 유도함으로써 새로운 비즈니스 영역을 개척했다. 특히 이베이는 기존의 오프라인 경매장에서만 가능했던 경매 거래를 온라인 장터로 끌어들임으로써 새로운 조우 프로세스를 만들어냈다.

마지막으로 제공자 가치 창출 프로세스의 혁신 사례로는 제너럴모터스GM의 온스타가 있다. GM은 자동차를 생산하던 기업이었지만 자동차 서비스에서 획득한 지식을 바탕으로 자동차 할부금융 사업으로 영역을 확장하였고, 급기야 주택 모기지론에까지 영역을 확대했다. 자동차 보험 사업을 통해 주택보험으로 다각화도 추진했다. 그리고 주택 관련 사업을 통합해 GMAC를 설립하고, 여기에 부동산 중개업과 부동산 임대업, 위성TV 판매업 등을 추가했다. 이런 방식으로 자동차 보험에서 차량 관리 서비스 분야로 사업영역을 확장하고 긴급출동 서비스를 응급 서비스로 넓혀나갔다. 여기에 GMAC의 위성TV 서비스를 통해 차량용 위성라디오 서비스, 이동전화 재판매 서비스로 영역을 확대했으며, 이를 통합하여 텔레메틱스 서비스 회사도 만들었다. 즉, 제공자 차원에서 다양한 네트워크를 구축하고 이를 기반으로 서비스를 제공하는 혁신을 도입했다.

3. 솔루션 개발과 관련한 리스크 최소화 방법

신세계가 부산 백화점 시장의 후발주자라는 약점을 딛고 성공적으로 시장에 진입할 수 있었던 원동력은 무엇이었을까? 또한 수많은 후발기업들이나 벤처기업들이 성공적으로 혁신에 성공하고 시장에서 강자가 될 수 있있던 이유는 무엇일까? 이들의 첫 번째 성공요인으로는 고객 분석과 비시장 요인에 대한 철저한 분석을 통해 변화의 신호를 감지하고, 이를 토대로 고객의 문제를 해결하는 솔루션을 전략적인 방법으로 제공했다는 점을 꼽을 수 있다. 또 다른 성공요인은 이들 기업들이 혁신의 도입에 필연적으로 수반되는 리스크를 최소화하기 위한 노력을 기울였다는 점이다. 혁신의 도입과 실행에는 크게 역량 리스크, 시장 리스크, 그리고 재무 리스크가 동반된다. 이러한 리스크를 잘 관리하는 것이 서비스 모델을 성공적으로 안착시키는 중요한 지렛대이다.

가. 역량 리스크Capability Risk 최소화

신세계 센텀시티점이 '체류형 복합쇼핑몰 서비스' 솔루션의 경쟁력을 강화하기 위해서는 이를 활용할 수 있는 마케팅 전략과 이를 실행할 수 있는 역량을 지속적으로 강화할 필요가 있다. 솔루션 집약적 서비스를 실행하기 위해서는 조직의 역량과 구조의 변화가 수반되기 때문이다. 문제는 이 과정에서 다양한 리스크가 발생한다는 점이다. 첫째, 조직이 이를 받아들이는 과정이 쉽지 않다. 둘째, 이 같은 솔루션 집약적 서비스를 디자인하고 판매하는 일이 까다롭다. 셋째, 가치 네트워크상의 여러 이해관계자와 협업을 해야 하기 때문에 시간과 비용이 증가할 수 있다. 따라서 역량 리스크를 최소화하기 위한 다양한 노력이 필요하다. 이와 같은 변화를 주도할 수 있는 별도의 조직을 두는 것도 방법이다. 신세계 센텀시티점은 고객 가치 네트워크를 구성하는 극장, 스파, 서점, 아이스링크 등의 파트너들과의 협업을 원활하게 하고 파트너들 간 역량의 격차를 줄이기 위해 개점 초기부터 파트너들과의 관계를 조율하는 내부 조직인 레저운영팀을 신설했다. 이 팀은 매일 오전 파트너들이 운영하는 시설을 방문하는 '회진 미팅'을 한다. 병원의 의사들이 매일 환자들을 돌아보는 '회진' 개념을 응용한 것이다. 또 매달 한 번씩

정기 회의를 열어 마케팅 전략을 공유하고 이를 통해 고객의 불평과 불만에도 공동으로 대응한다. 파트너들이 원할 경우 신세계 백화점의 서비스 교육도 제공한다. 김동호 신세계 레저운영팀 대리는 “각 임차인들을 관리하는 회사들끼리 서로의 전략을 공유하고 신뢰를 쌓는 커뮤니케이션이 중요하다”며, “전략과 사업 방향이 다른 파트너들 간의 의견 조율이 되지 않는다면 협업이 성공할 수 없다”고 말했다.

내부역량 리스크 최소화와 관련된 또 다른 중요한 이슈는 프로세스의 시각화이다. 고안된 새로운 프로세스를 시각화할 수 없다면, 종업원 및 판매원들은 이를 사용하는 데 어려움을 느낄 것이고 고객에게 설명하는 것 또한 어려워질 것이다. 결과적으로, 새로 도입되는 프로세스에 대한 수용률이 현저하게 떨어지게 된다. 버크만 연구소 프로젝트 중 시각화의 대표적인 예가 ‘BAAR Buckman After Action Review’다. 실행 후 검토 프로세스 AAR · After Action Review는 미국 군대에서 훈련효과를 극대화하기 위해 고안됐다. 버크만 연구소는 이 프로세스를 도입하기 위해 BP British Petroleum와 스프린트 Sprint 사의 프로세스를 벤치마킹했고, 다른 많은 사례들을 참조했다. AAR은 버크만 연구소의 비즈니스 프로세스 표준에 부합했을 뿐만 아니라 전략 수립을 위한 프로세스에도 적합했다. 하지만 AAR은 시각화하기 어렵다는 단점이 있었다. 이에 버크만 연구소는 실제 판매 현장에서도 사용될 수 있는 시각화된 프로세스인 BAAR를 고안해냈다. 이무리 좋은 프로세스를 만들어도 조직 내 사용자들이 이를 잘 활용하지 않으면 무용지물이다. 버크만 연구소는 새로 개발된 프로세스들을 하나의 제품으로 간주했고, 이 프로세스들이 조직 내에서 수용될 수 있도록 내부 마케팅에 상당한 공을 들였다. 이 프로세스의 이름을

BAAR라고 한 것은 '버크만화된 프로세스'라는 의미를 주어 구성원들이 친근하게 느끼도록 하기 위해서였다. 그들은 높은 성과를 내자는 취지로 장대높이뛰기 선수를 이 프로세스의 로고로 만들었고, 사용 설명서와 프레젠테이션 자료를 CD와 브로셔에 담아 종업들이 쉽게 볼 수 있도록 했다. 이들을 전자문서로도 만들었으며, 도식화된 BAAR과 사용 지침을 조그만 카드에 담고 이를 코팅해서 사람들이 쉽게 지니고 다닐 수 있게 디자인했다. 이 전체 패키지는 스페인어, 포르투갈어, 프랑스어로 번역됐다.

이 프로세스의 수용 및 전파에 결정적인 역할을 한 사람은 다름 아닌 CEO 스티브 버크만이었다. 그는 한 회의에 BAAR 카드를 들고 나타나 "이게 바로 우리가 원하는 종류의 프로세스에 대한 완벽한 예다"라고 말하며 프로세스의 수용 및 전파를 적극 장려했다. 이런 다양한 노력들이 결실을 맺어 이 프로세스는 버크만 연구소 내에서 가장 잘 활용되는 지식의 예가 되었다.

BAAR의 활용이 가져온 가장 놀라운 점은 BAAR라는 프로세스의 다기능성이다. 이 프로세스는 버크만 연구소 내에서 이주 다양한 용도로 사용되고 있다. 벤치마킹, 마케팅, 교육·훈련, 신입직원 오리엔테이션, 프로젝트 리뷰, 연말 결산, 보고서 작성 등 셀 수 없이 많은 작업 과정에서 이 프로세스가 쓰인다. 버크만 연구소의 사례가 잘 보여주듯 프로세스의 시각화는 조직 속에 체화된 지식을 현명하게 활용하여 고객 문제 해결에 중점을 둔 프로세스를 만들어내고 조직구성원들의 적극적 참여를 통해 체화되고 실행되어야 의미가 있다.

새로운 혁신의 도입과 실행에서 중요한 마지막 이슈는 고객의 문제를 이해하고 솔루션을 만드는 데 있어 필요한 직원들의 적극적인 참여를 장려하는 것이다. 다시 버크만 연구소의 사례로 돌아가 살펴보면, 버크만은 전 세계에 산재한 종업원들의 전문성과 지식을 활용하여 고객의 요구사항을 충족시키는 것이 지식경영의 궁극적 목표이며 회사 성장의 지름길이라고 생각했다. 하지만 판매와 마케팅 등 고객과 직접 접촉하는 소위 '프론트 라인' 부서가 갖고 있는 지식만으로는 고객의 요구사항을 모두 충족시킬 수 없었으며, 재무, 법무, 회계, R&D 등 백오피스에 있는 다양한 조직구성원들이 가진 지식도 활용해야 했다. 버크만 연구소는 케이네틱스를 활용한 지식경영을 통하여 1979년에 종업원들의 고객 문제 해결 관여도가 16%에 그치던 것을 1995년에는 약 50%까지 끌어 올렸으며, 이후에도 지속적인 증가를 이뤄냈다. 종업원의 고객 문제 해결 관여도가 저절로 높아지는 것은 아니다. 조직 내에서의 전통적인 지식과 권력의 흐름이 바뀌어야 하고 정보와 의사결정 권한이 개인에게 분산돼야 한다. 특히 고객과 가장 가까이 있는 수백 명의 판매 및 기술 서비스 전문가들이 충분한 정보와 의사결정권을 갖고 있어야 한다. 밥 버크만은 이를 '프론트 라인에서의 효과적인 종업원 고객 관여'라고 표현했다. 케이네틱스를 중심으로 한 버크만 연구소의 지식경영 활동이 이러한 고객 관여를 가능하게 하였으며, 이는 실제 고객과의 관계에도 긍정적인 영향을 미쳐 버크만 연구소의 수익과 이익을 향상시키고 있다. 따라서 구성원 전체가 고객들의 문제 해결에 나설 수 있는 체계를 만들고 적극적으로 활동할 수 있도록 지원하는 것은 조직의 성공에 결정적인 영향을 미친다는 것을 이해하고 조직에 맞는 시스템을 만들어내는 것이 무엇보다 중요하다.

나. 시장 리스크Market Risk에 대응

혁신적인 서비스를 제공하더라도 고객혹은 시장이 이를 받아들이지 않으면 실패할 수밖에 없다. 이를 위해서는 기존 판매조직이 새로운 서비스를 제공할 수 있는 역량을 갖춰야 한다. 신세계가 복합쇼핑몰 서비스 실험을 시도할 수 있었던 것도 서비스 기본기를 소홀히 하지 않았기 때문이다. 신세계 센텀시티점은 우수 인재 육성을 위해 자체 교육기관인 신세계 인사아카데미를 운영하고 있다. 월 평균 900여 명의 직원이 이곳을 거쳐 간다. 신입사원 외에도 3개월 이상 근무한 장기 사원에게 월 2회 최신 서비스 트렌드와 고객 유형별 맞춤 서비스 교육을 실시한다. 더불어 매주 수요일에는 서비스 역량이 부족한 것으로 평가된 직원들을 대상으로 서비스 클리닉 교육을 진행하고 있다.

대부분의 서비스는 고객과의 접점에서 직원들에 의해 전달된다. 이 때문에 직원들이 서비스를 어떻게 전달하느냐에 따라 고객의 경험과 만족도가 달라질 수 있다. 조직의 서비스 표준을 이해하면서 업무만족도가 높고 잘 훈련된 직원들이 서비스 기업의 핵심 경쟁력이라고 할 수 있다. 신세계도 최근 내부 고객인 직원들의 만족도를 높이기 위한 다양한 아이디어를 실행에 옮기고 있다. 신세계 센텀시티점은 여성 근무자를 위한 사내 보육시설 어린이집을 열었고, 고급 커피전문점인 '커피지인' 을 직원식당에 유치해 50% 이상 할인된 가격에 제공하고 있다. 또 조직문화 활성화를 위해 인기 직원을 뽑는 '슈퍼스타S' , 팀별 워크숍, 미니체육대회 등을 연다. 판매직 직원의 잦은 이직을 막기 위해 3개월 이상 근무한 직원은 장기 사원으로 대하며 명절 선물 등을 제공하기도 한다. 하지만 지방점포라는 약점을 딛고 잘 훈련된 인재를 확보하는 일은 지속적으로 추진해야 할 과제다. 더불어 가치 네트워크의 협력 파트너들이 보유한 브랜드와 명성을 활용해 복합쇼핑몰 내의 다양한 서비스를 알리는 노력도 필요하다. 이러한 노력의 일환으로 신세계 센텀시티점 외벽에 신세계 브랜드 외에도 CGV, 교보문고, 스파랜드 등 입점 회사들의 브랜드를 노출시키고 있다.

다. 지역 이해관계자 참여 유도

백화점, 할인점 등의 기업형 유통망이 지역 상권에 진출할 때 현지 상인들의 반발에 부닥치기 십상이다. 부산 백화점 시장에 처음 진출하는 신세계는 지역 이해관계자를 배려하고 지역과 기업의 이해를 일치시키는 가치 공유Shared value를 위해 고심했다. 첫째, 무엇보다 지역경제 활성화에 기여한다는 점을 알리기 위해 노력했다. 광역화된 전국 상권 개념을 도입해 서울과 동남권 주변도시, 관광객의 수요를 끌어와 지역경제를 활성화시킬 수 있다는 점을 강조했다. 또 지역에서 대대적인 채용설명회를 열고 지역 인재를 채용했다. 현재 신세계 센텀시티점에는 5,000명의 직원이 일하고 있으며, 연간 급여로 130억 원을 지출하고 있다. 또한 센텀시티가 낸 지방세만도 30억 원에 이른다. 둘째, 지역 주민이 즐길 수 있는 수준 높은 문화서비스를 제공하기 위해 노력했다. 부산지역에 부족한 문화서비스를 백화점이 제공해 지역사회에 기여한다는 점을 강조했다. 신세계 센텀시티점 9층 문화홀에는 다양한 공연이 수시로 펼쳐진다. 이 곳에서 조영남, 이은미, 박정현, 전영록, 김정민, 알렉스, 정훈희 등 유명 가수들의 공연이 열렸다. 이 밖에 '보리스 베레조프스키 피아노 리사이틀' 등의 클래식 연주와 어린이들과 함께 즐길 수 있는 가족뮤지컬 '신데렐라와 유리구두', '피노키오', '어린이 캣츠' 등과 같은 공연도 열렸다. 신세계 갤러리에서는 벨기에의 세계적인 미술작가 피에르 알레친스키의 판화전도 열렸다. 셋째, 지역 정서를 활용했다. 신세계는 삼성 신세계카드를 앞세워 부산지역 마케팅을 펼쳤다. 삼성자동차 공장이 있는 부산에서 삼성 이미지가 긍정적이라는 점에 착안한 마케팅이다.

라. 재무적 리스크Financial Risk 대비

신세계는 센텀시티점 개발에 6,000억 원을 투자했다. 이 때문에 경기가 위축된 상황에서 무리한 투자를 하는 게 아니냐는 비판도 나왔다. 실제로 복합쇼핑몰에 대한 투자가치를 제대로 판단하지 않았다면 투자비를 회수하기 어려울 수 있었다. 신세계는 단독 입찰을 통해 부지를 저렴하게 매입해 재무적 관점의 투자 리스크를 최소화할 수 있었으나 복합쇼핑몰을 통한 새로운 수익모델 창출은 지속적으로 개선해야 할 과제다. 현재 신세계는 센텀시티점을 구성하고 있는 가치 네트워크의 일부 협력업체들의 임대료를 매출에 비례해서 받는 기본적인 '수익 공유Gain Sharing' 시스템을 활용하고 있다. 이와 같은 방식은 협력업체들이 공동마케팅을 통해 수익이 증가하면 이를 공유할 수 있기 때문에 공동의 목표를 추구할 수 있다는 장점이 있다. 여기에 가치 네트워크를 활용해 백화점과 입점회사들이 수익을 극대화하는 방안을 지속적으로 개발할 필요가 있다.

솔루션 찾기 방법론 및 사례

5

SERVICOVATION
ch. five

솔루션 찾기 방법론의 프로세스는 고객에게 솔루션을 어떻게 제공할지에 대한 디자인에서 시작하여, 어떠한 특징으로 제공해야 할지에 대하여 결정하고, 서비스 제공 시 고객 문제가 발생되는 시점을 파악 및 보완하여 서비스가 전체적으로 완성될 수 있도록 서비스 환경을 조성하는 순서로 진행된다.

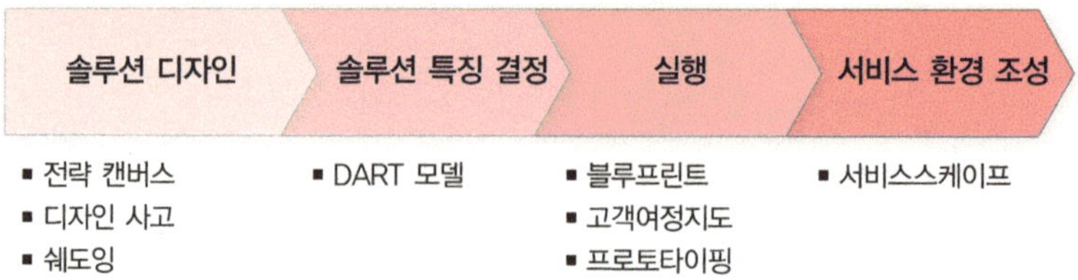

그림 5-1 고객 문제 해결을 위한 솔루션 찾기 방법론 프로세스

1. 전략 캔버스

가. 전략 캔버스 배경 및 필요성

기업은 보다 많은 수익을 창출하고 성장하기 위해 경쟁기업에 비해 차별화되고 우수한 제품 및 서비스를 제공하려 노력한다. 하지만 경쟁이 치열해지면서 제품과 서비스는 흔한 범용품이 되고, 경쟁은 가격을 중심으로 일어나며, 결과적으로 시장은 침체기로 빠져들게 된다. 이를 레드오션이라고 말한다. 이에 반해 블루오션은 현재 존재하지 않는 새로운 시장공간을 나타내는 것으로, 기존의 기업들이 제공하지 않았던 제품과 서비스를 통해 수요를 창출하고 고수익을 이룰 수 있는 시장이라고 정의할 수 있다.

블루오션 전략의 핵심은 가치 혁신으로, 이를 통하여 경쟁이 없는 새로운 시장을 개척하는 것을 말한다. 일반적으로 경쟁전략에서는 많은 비용으로 보다 나은 가치를 창출하는 차별화 전략이나 적은 비용으로 적당한 가치를 고객에게 제공하는 비용우위 전략 중에 하나를 선택한다. 그러나 블루오션 전략에서는 기업의 차별화 전략과 비용우위 전략을 동시에 모색한다는 특징을 갖고 있다.

나. 전략 캔버스 개념 및 특징

전략 캔버스Strategy Canvas는 블루오션 전략을 구축하기 위한 상태분석의 도구이자 실행 프레임워크이다. 전략 캔버스를 활용하는 이유는 일반적으로 전략기획 과정에서 나타나는 전략분석의 복잡성, 전략기획자의 경험 및 시야의 편협성, 분석 자료의 부정확성, 분석결과의 난해성 등의 문제점으로 인해 기업 전략이 고객의 시각으로부터 이탈되는 경향을 극복하기 위해서다. 전략 캔버스는 현재 상품이나 서비스가 제공하지 못하는 가치를 찾아내는 도구로, 경쟁요소의 상대적 수준을 나타내는 가치곡선Value Curve을 통해 나아가야 할 새로운 전략 방향을 제시해 준다.

기업이 좋은 전략을 세우기 위해서는 기업의 자원과 역량을 핵심 경쟁요소에 집중시켜야 하고 경쟁자와 차별화해야 한다. 또한 커뮤니케이션을 통해 기업의 전략적 포지셔닝Strategic positioning과 브랜딩Branding 효과를 극대화시켜야 한다. 전략 캔버스는 이러한 전략을 세우기 위한 요건들을 모두 갖추고 있다. 전략 캔버스는 핵심 경쟁요소로 구성된 전략 프로파일에 경쟁자들과 해당 기업의 제품 혹은 서비스 특성을 가치곡선으로 그려내어 현재 상태를 나타내고, 기업이 핵심 경쟁요소에서의 선택과 집중을 통해 경쟁자와의 차별화 전략을 기획할 수 있게 도와준다. 동시에 기업 전략의 내용을 내 · 외부에 집약적이고 함축적으로 전달함으로써 기업의 전략적 포지셔닝과 브랜딩 효과를 극대화시킬 수 있다. 특히 가치곡선은 기업 경영의 미래 영향요소뿐만 아니라 산업경쟁의 영향요소들을 묘사함으로써 산업의 전략 프로파일 구성요소를 잘 보여준다.

전략 캔버스의 구성요소로 수평축은 시장에서 경쟁하는 기업들 간의 경쟁요소 또는 비경쟁요소를 표시하여 해당 산업의 성격과 새로운 시장 창출에 필요한 요소를 보여준다. 수직축은 기업들이 가진 경쟁요소들에 대해 소비자들이 느끼는 상대적인 만족 수준을 나타낸다.

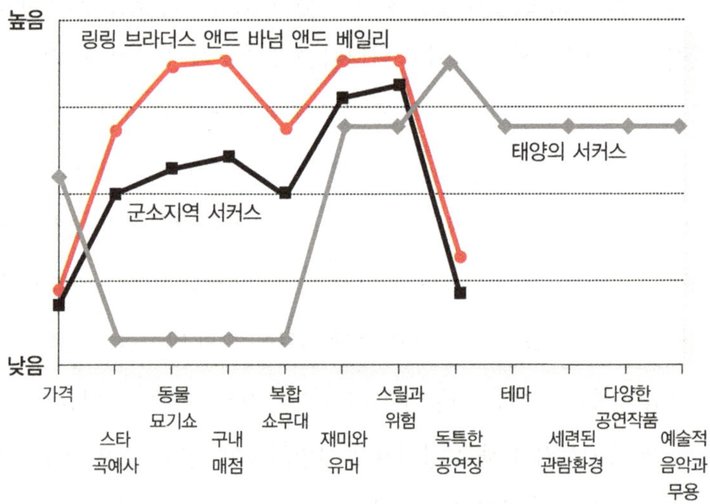

그림 5-2 태양의 서커스의 전략 캔버스(예시)

전략 캔버스의 역할은 세 가지로 나누어 말할 수 있다. 첫째, 제품과 서비스 유통에서 경쟁하는 요소와 그럴 가능성이 있는 요소를 매우 선명하게 묘사함으로써 산업의 전략적 프로파일을 보여준다. 둘째, 현재의 경쟁자와 잠재적 경쟁자가 전략적으로 투자하는 기업의 전략적 프로파일을 보여준다. 셋째, 기업이 투자할 현재와 미래의 전략적 프로파일을 보여준다.

다. 전략 캔버스의 작성 및 사용 방법

전략 캔버스는 산업경쟁의 프로파일 구성요소, 가치곡선, 전략 슬로건Tag line으로 구성되며, 이들 요소의 분석을 통해 기업의 현재 전략적 위치를 식별하고 전략을 기획한다. 전략 캔버스 작성방법은 시각적 각성, 시각적 탐색, 시각적 전략 품평회, 시각적 커뮤니케이션의 4단계로 구성된다.

Step 1. 시각적 각성Visual Awakening

기업이 현재 내부에서 인식하고 있는 산업의 경쟁요소 프로파일을 작성하고 경쟁사와 자사의 전략을 가치곡선을 통해 분석하고 경쟁사와 자사 전략의 차이를 확인하는 과정이다.

Step 2. 시각적 탐색Visual Exploration

1차로 작성된 전략 캔버스를 바탕으로 전략분석팀별 현장조사를 실시한다. 신규 고객, 경쟁사의 고객, 기존 고객 등을 모두 포함한 고객과 직접 접촉해 인터뷰를 하거나 관찰을 하여 핵심 경쟁요소를 확인한다. 이러한 과정을 통해 1차 전략 캔버스를 수정하여 2차 버전을 작성한다.

Step 3. 시각적 전략품평회 Visual Strategy Fair

팀별로 작성된 전략 캔버스를 모아 경영진, 고객, 전문가 등을 대상으로 품평회를 갖고, 그 과정에서 모아진 평가 및 견해를 바탕으로 다음의 4가지에 대한 질문을 통해 최종적으로 전략 캔버스를 작성한다.

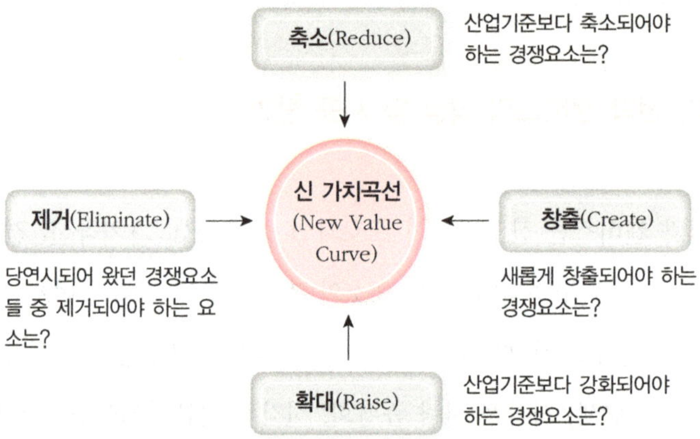

그림 5-3 최종 전략 캔버스 작성을 위한 4가지 액션 프레임워크

- **제거** Eliminate : 지금까지 산업 내에서 당연시되어 왔던 핵심 경쟁요소들 중 제거되어야 하는 요소는 무엇인가?
- **축소** Reduce : 상호 경쟁과정에서 과도하게 설계된 제품과 서비스의 요소는 없는가?
- **확대** Raise : 효과적인 고객 가치 창출과 전달을 위해 산업 기준보다 강화되어야 할 경쟁요소는 무엇인가?
- **창출** Create : 산업에서 지금까지 고객에게 제공해 주지 않고 있었던 가치의 요소들 중에서 새롭게 제공되어야 할 요소는 무엇인가?

Step 4. 시각적 커뮤니케이션Visual Communication

전략 캔버스의 마지막 단계는 최종 확정된 전략 캔버스를 구성원들끼리 공유하고, 기획된 가치곡선의 실천을 위해서 어떻게 해야 할 것인가에 대한 변화 프로그램을 실시하는 것이다.

라. 전략 캔버스를 통한 디자인 예시

■ 옐로 테일의 미국 와인 산업 진입을 위한 전략 캔버스

1990년대 말 미국의 와인 시장은 정체상태였고 경쟁은 치열했다. 상위 8개 업체가 미국 내 전체 와인의 75%를 차지하고, 다른 1,600여 개 기업이 나머지 25%를 차지하였다. 와인 산업에 종사하는 기업의 수는 상당히 많았지만 이들의 가치곡선은 매우 유사하여 〈그림 5-4〉와 같이 프리미엄 와인 또는 저가 와인 두 가지 부류로 구분할 수 있었다.

그러나 오스트레일리아의 와인 업체인 카셀라 와인즈는 맥주, 칵테

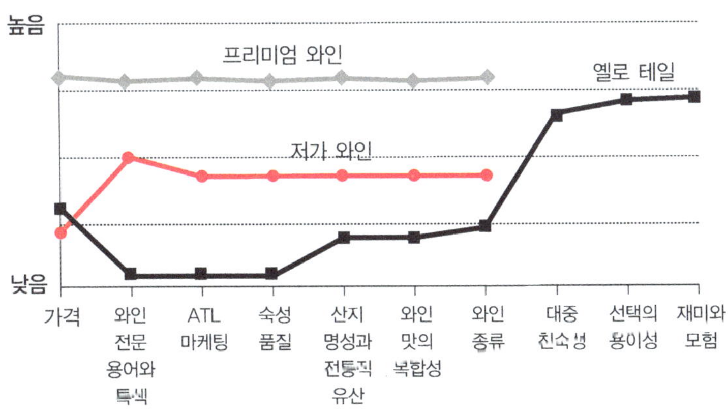

그림 5-4 와인 산업의 전략 캔버스

일 등 대체품을 관찰하여 비와인 주류 애호가들이 누구나 쉽게 와인을 마실 수 있는 대중적 와인인 '옐로 테일'을 만들었다. 옐로 테일은 미국 와인 업계에서 가장 빠른 성장을 보이며 2년 만에 미국 와인 주류 시장에 위협적인 존재가 되었다. 옐로 테일이 제공하는 가치는 〈그림 5-4〉를 통해 알 수 있듯이 경쟁기업들과는 확연히 다른 특징을 보인다. 미국 와인 산업에 새로운 3가지 요소대중의 친숙성, 선택의 용이성, 재미와 모험를 창출하였으며, 오랫동안 경쟁을 벌였던 다른 부분들숙성 품질, 와인 맛의 복합성, 산지 명성 등은 모두 없애거나 줄였다. 이러한 카셀라 와인즈의 시도는 한정된 와인 시장에서 경쟁기업들로부터 고객을 빼앗기 위한 것이 아니라 비와인 고객들을 와인 시장으로 끌고 들어와 시장 자체를 키우는 데 일조했다.

그러나 〈그림 5-4〉는 새롭게 창출된 3가지 요소가 현 산업에 어떤 영향을 미칠 것인지 또는 와인 산업이 앞으로 어떤 방향으로 전개될지를 직관적으로 설명하기 어렵다. 이를 개선하기 위해 와인 산업의 전략

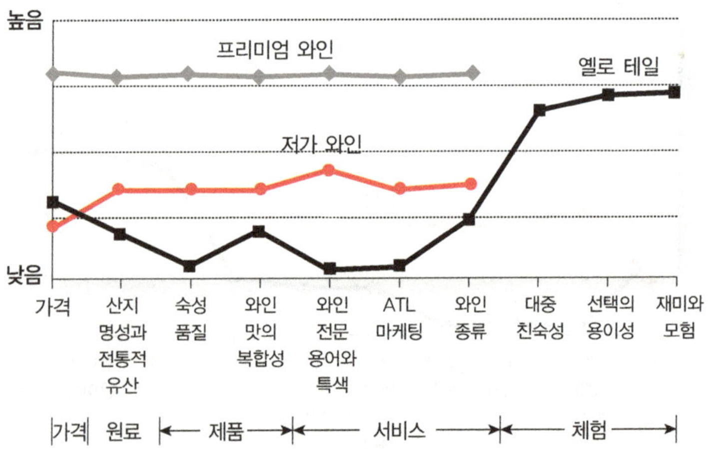

그림 5-5 와인 산업의 전략 캔버스

캔버스를 〈그림 5-5〉와 같이 재구성할 수 있다. 이 전략 캔버스는 개별 가치요인들을 가격, 원료, 제품, 서비스, 체험 등으로 분류하여 보다 직관적인 이해가 가능하도록 한다.

이 관점에서 카셀라 와인즈가 미국 와인 시장에 진입하기 위해 사용했던 옐로 테일의 전략 캔버스를 분석해 보면, 원료나 제품 단계에 해당하는 가치 요소들은 없애거나 줄이고, 서비스나 체험 단계에 해당하는 가치 요소들은 증가하거나 새롭게 창출하였다. 이는 경쟁기업이 서비스 단계에 머물던 것과 달리 옐로 테일이 체험 단계로 전략적 이동을 하였음을 알 수 있다. 이처럼 산업이나 기업의 가치곡선을 전략 캔버스를 통해 분석하고 새롭게 구성한다면 현 산업이나 기업의 미래의 발전 단계까지 짐작해 볼 수 있다.

2. 디자인 사고

가. 디자인 사고의 배경 및 필요성

기술이나 품질의 우위를 통한 경쟁보다는 디자인과 브랜드가 가장 큰 차별화 요소가 되는 시대가 되고 있다. 그렇다 보니 많은 기업들이 디자인이나 창의적 사고에 대해 관심을 보이고 있으며, 생존을 위한 전략으로까지 여겨지고 있다. 창의적인 혁신을 추구하는 디자인 사고 Design Thinking는 창조경제시대의 사고방식과도 긴밀한 연관성을 갖고 있어, 꼭 경영분야가 아니더라도 일상적인 문제를 새롭게 바라보고 창조적으로 솔루션을 찾는 데 큰 도움이 될 것이다.

나. 디자인 사고의 개념 및 특징

세계적인 디자인 컨설팅회사 IDEO의 CEO인 팀 브라운은 하버드 비즈니스리뷰HBR를 통해 디자인 사고Design Thinking를 소개하였다. 디자인 사고라는 용어가 사용된 이유는 이것이 바로 디자이너들의 접근법이기 때문이다. 팀 브라운은 디자인 사고를 사람들의 행동에 대한 직접적 관찰을 통해 고객 니즈와 선호도를 파악하고 이를 바탕으로 혁신을 추구하는 것이라고 정의하였다. 기존의 전략이나 기획이 충실한 데이터와 구체적인 문서에 의존했다면, 디자인 사고는 실제 사례, 경험을 중요시 여기며 프로토타입을 만들어 테스트하는 것을 중요시한다.

디자인 사고는 제품 개선에 국한된 것이 아니라, 새로운 형태의 프로세스, 서비스, IT 기반 상호작용, 엔터테인먼트, 의사소통 및 협업 등 제품 또는 서비스와 관련된 모든 것들을 대상으로 한다. 팀 브라운에 따르면, 디자인 사고를 하는 사람들은 다음과 같은 5가지 특성이 있다.

- **공감**empathy : 다양한 관점으로 세상을 바라보고 사람 중심으로 사고하며, 겉으로 드러난 욕구와 숨은 욕구를 모두 충족시킬 수 있는 해결방안을 추구한다.
- **통합적 사고**integrative thinking : 일반적인 측면뿐만 아니라 서로 상충하는 측면까지 모두 고려하여 기존 대안보다 뛰어난 새로운 해결책을 제시한다.
- **낙천주의**optimism : 어떠한 문제와 제약사항에서도 나은 해결책이 최소한 하나 이상은 될 것이라고 생각한다.

- **실험주의**experimentalism : 창의적인 방식으로 질문을 던지고 문제점이 무엇인지 살피는 실험방식을 선택한다.
- **협업**collaboration : 여러 분야에 걸쳐 두루 지식을 갖추고 다른 분야 전문가와도 열정적으로 협업을 한다.

다. 디자인 사고의 작성 및 사용 방법

문제 해결을 위한 훌륭한 아이디어는 한순간에 반짝이는 생각으로

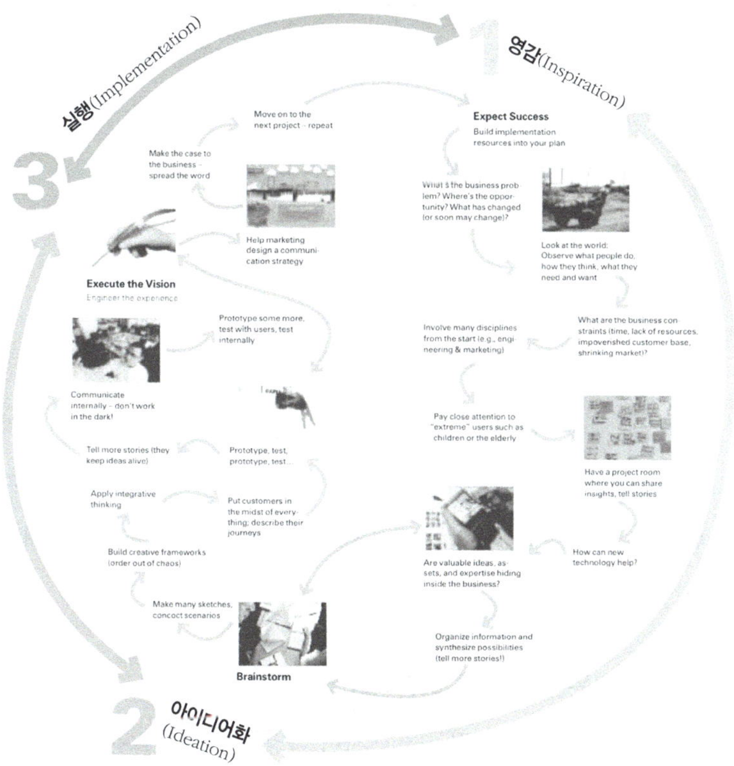

그림 5-6 3단계 디자인 사고 예시

형성되는 것이 아니다. 아이디어는 문제가 생겼을 때 인간을 중심에 두고 다양한 방법으로 접근, 테스트, 보완 등을 반복적으로 수행하여 얻어지는 것이다.

디자인 사고에서의 디자인 프로세스는 기존의 '사전에 정의된 절차군predefined series of orderly steps'을 따르는 방식이 아닌 '공간적 시스템a system of spaces' 방식이다. 따라서 서비스 영역 내에서 각 활동들의 순서 자체는 중요치 않다. 서비스 활동들은 그 특징에 따라 영감inspiration, 아이디어화ideation, 실행implementation으로 구분된다.

〈그림 5-6〉과 같이 영감, 아이디어화, 실행의 각 활동은 기존의 프로세스 개념처럼 단계별로 완전히 구분되는 것이 아니라 경계선상에서 활동하거나, 활동들 간에 순환 반복하거나, 다른 영역으로 이동했다가 복귀하는 등 매우 동적으로 진행된다.

디자인 사고를 실행하는 6개 과정은 다음과 같다.

Step 1. 문제의 진수를 판별하라.

주어진 문제를 탐색하고 가장 중요하고 본질적인 부분을 파악하여 반드시 해결해야 하는지를 판별한다. 문제의 해결에서 이 부분이 차지하는 비중은 매우 크다. 문제가 정확히 분석되고 판별되어야 해결책이 나올 수 있다.

Step 2. 가능한 한 많은 해결책을 생각해 내라.

지속적으로 "왜?"라는 질문을 던지며 다양한 관점으로 문제에 접근하고 브레인스토밍을 통해 추구하는 가치를 실현할 수 있는 해결책을 도출한다. 회의를 할 경우 반드시 시간제한을 두고 진행해야 하는데, 이는 짧은 시간 내에 유용한 아이디어를 많이 도출하기 위함이다.

Step 3. 창의적인 아이디어를 선정하고 혼합하라.

다양한 관점에서 나온 아이디어들 중에 몇 가지 창의적인 아이디어를 선정하고 이들을 혼합하여 기존 개념이 아닌 새로운 개념의 아이디어로 만든다.

Step 4. 최종 아이디어를 수정하라.

개념화된 아이디어를 가지고 이전 과정을 반복적으로 수행하여 새로운 기회를 주는 혁신적인 아이디어로 변환한다.

Step 5. 비주얼로 디자인하라.

최종적으로 아이디어가 정해지면, 시각 디자인과 프로토타이핑을 시작한다. 이 단계는 사람들이 글로 정리된 생각보다는 그림이나 실물로 만들어져 있는 생각을 훨씬 더 쉽게 이해하고 공감한다는 점을 고려하면 상당히 중요한 의미를 갖는다.

Step 6. 실행하라.

지금까지의 과정에서 결정된 사항들을 바탕으로 실행한다. 아이디어를 실행하는 과정에서는 다양한 문제들과 방해요인에 직면할 수 있다. 이러한 문제를 얼마나 효율적이고 빠른 시간 안에 해결하느냐가 프로젝트 성공에 결정적인 영향을 미친다.

디자인 사고는 6가지 과정을 통해 "왜?" 라는 관점으로 문제점을 전체적으로 바라보고 아이디어를 도출하여 실제 실행으로 옮기는 혁신적인 방법론이다. 디자인 사고에서는 '어떻게' 라는 질문보다는 '왜' 라는 질문을 중요시 여기는데, 이는 문제의 본질을 이해하고 나서야 그 문제를 해결할 수 있는 방법론이 의미가 있기 때문이다.

라. 디자인 사고를 통한 문제 해결 예시

■ IDEO의 창조적 아이디어 발상을 통한 쇼핑카트 개발 사례

디자인 사고를 가장 잘 활용하는 것으로 꼽히는 기업은 IDEO이다. IDEO는 이미 국내에도 많이 알려져 있는 유명 업체로 컴퓨터 마우스, PDA 등의 매우 다양한 혁신적인 제품을 오랜 세월 동안 끊임없이 개발해 오고 있는 회사이다.

본 사례는 IDEO의 "Deep Dive" 라는 브레인스토밍 방식을 써서 홀푸드Whole Food, 미국의 유명 유기농 슈퍼마켓 체인점에 새로운 쇼핑카트를 제안한 사례를 단계별로 보여주고 있다.

Step 1. 관찰Observing

프로젝트 팀원들이 문제 파악을 위해 홀푸드 마켓으로 가서 다양한 관찰 활동을 시작하였다. 카트를 끌고 다니는 고객과 카트를 관리하는 직원, 매장에서 일하는 직원들을 관찰하고 인터뷰를 실시하였다. 이후 사무실로 돌아와 팀별로 관찰한 내용, 인터뷰한 내용을 공유하고, 사진, 인터뷰 내용을 팀별로 벽에 정리하여 다른 팀과 공유하였다.

"안전문제 때문에 아이들을 데리고 매장에 나오기 무섭다", "물건을 사기 위해 카트를 여기저기 끌고 다니기 번거롭다"는 의견이 많이 나왔다.

Step 2. 합성 및 시각화Synthesizing & Visualizing

"Deep Dive" 원칙으로 브레인스토밍을 통한 아이디어 회의를 진행하였다.

- One Conversation at a Time : 한 번에 한 명만 발언하기
- Stay Focused on Topic : 주제와 관련된 이야기만 하기
- Encourage Wild Ideas : 급진적인 아이디어 개진을 장려하기
- Defer Judgement : 아이디어에 대하여 판단하지 않기
- Build on the Ideas of Others : 다른 사람의 아이디어를 활용해 아이디어 내기
- Visualize it : 시각화하기
- Go for Quantity Not Quality : 질보다 양을 추구하기

브레인스토밍에서 나온 아이디어들을 포스트잇에 적어 벽에 붙이고 전체가 참여하는 투표를 거쳐 유용한 아이디어를 걸러냈다.

투표에서 선택된 아이디어들을 효율적 쇼핑Shopping, 안전성Safety, 쉬운 계산Check-out, 원하는 물건 찾기Finding what you are looking for 네 가지 주제 영역으로 나누었다.

Step 3. 프로토타이핑Prototyping

팀원들은 4개의 팀으로 나누어 각자 해당하는 주제영역에 특화된 프로토타이핑에 몰입했다. 팀원들은 다음과 같이 각 프로토타입에 집중하여 아이디어를 도출했다.

- 첫 번째 영역의 프로토타입은 카트를 다시 디자인하는 것이었다. 손에 들고 다니는 바구니를 탈부착할 수 있는 형태로 카트를 만들어 여기저기 끌고 다니는 수고를 줄여준다.
- 두 번째 영역의 프로토타입은 계산대 앞에 줄을 서서 오래 기다리는 문제를 보완하기 위해 손잡이에 바코드 스캐너를 달아 놓는다.
- 세 번째 프로토타입은 아이들의 안전을 고려한다.
- 네 번째 프로토타입은 카트에 무전기를 달아 종업원과 통화를 통해 원하는 물건을 쉽게 찾을 수 있게 한다.

Step 4. 최종 제품화 Manufacturing a Product

프로토타입의 아이디어를 모두 합쳐서 아래와 같은 특징을 가진 최종 제품을 만들었다.

- 손으로 빼서 들고 다닐 수 있는 장바구니 장착
- 올렸다가 내렸다가 할 수 있는 안전손잡이 추가
- 카트는 한적한 곳에 세워놓고 필요한 물건만 장바구니에 담아 올 수 있도록 장바구니를 탈부착할 수 있게 제품화
- 바코드 스캐너 장착
- 플라스틱 장바구니는 계산이 끝나면 계산대에 반납하고, 카트 안쪽 고리에 비닐봉지를 매달도록 하여 도난 방지
- 앞뒤로 가는 것뿐만 아니라 옆으로도 밀어서 움직일 수 있게 제품화

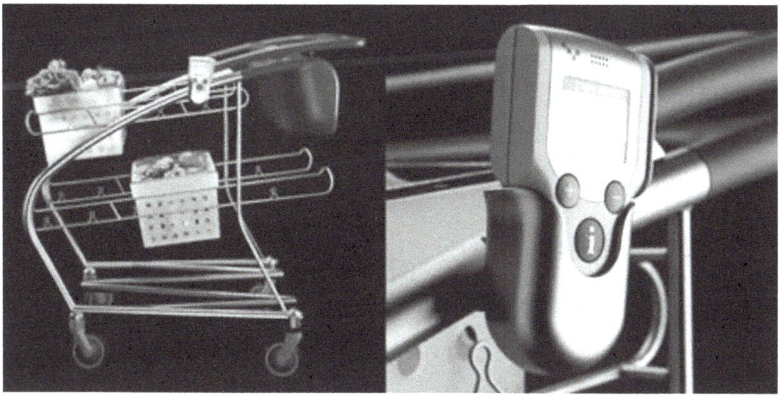

그림 5-7 프로토타입을 바탕으로 한 최종 제품

3. 쉐도잉

가. 쉐도잉의 개념 및 특징

쉐도잉Shadowing은 1950년대 경영 연구에서 처음 언급되었고, 1970년대 헨리 민츠버그Henry Minzgerg에 의해 구체적 개념으로 발전되었다. 쉐도잉이란 서비스를 이용하는 과정에서 사용상의 불편함, 니즈, 아이디어 등을 얻기 위한 자연관찰조사법으로 사용자의 일상에 그림자처럼 밀착하여 일정 기간 동안 사용자의 행동을 관찰하거나 녹화하는 것을 말한다.

대상자의 일상적인 생활을 가능한 눈에 띄지 않게 관찰하고 기록하는 방법으로 조사자는 서비스를 이용하는 고객들을 그림자처럼 따라다니며 그들의 행동과 경험을 관찰해야 한다.

쉐도잉을 통해 조사자는 고객의 문제가 발생하는 순간을 직접 관찰하고 기록하여 일반적으로 인지하지 못할 문제점을 발견할 수 있다. 쉐도잉에는 쉐도우 트래킹과 피어 쉐도잉 두 가지 종류가 있다.

■ **쉐도우 트래킹**Shadow Tracking

소비자의 일상생활 속에서의 제품 사용 패턴, 행동 특성 등을 파악하기 위해서 일상생활을 동영상 촬영과 같은 방식으로 관찰하는 것이다. 새로운 제품이나 서비스 기회를 파악하거나 실제 사용자의 요구를 깊이 있게 파악하고자 할 때 사용된다. '그림자처럼 따라 다닌다' 라고 해서 'Shadow Tracking' 이라고 명칭이 붙었고, 관찰자가 사용자Target의 일상을 쫓아다니면서 이용 형태를 기록하는 방식이다. 일반 사용자들보다는 영업사원이나 택배원, 버스운전기사처럼 주로 이동하면서 근무하는 사용자의 형태를 분석할 때 유용하게 쓰인다.

■ **피어 쉐도잉**Peer Shadowing

조사자가 기록하는 일반 쉐도우 트래킹 기법을 보완하는 방법이다. 이는 조사자가 따라다닐 수 없는 부분까지 촬영하거나 기록할 수 있고, 사용자가 심리적으로 편안함을 느끼기 때문에 신뢰성이 높은 자료를 수집할 수 있는 장점이 있다. 단, 조사 주체가 비전문가여서 체계적으로 훈련시키는 일이 무엇보다도 중요하다. 사후 인터뷰나 FGIFocus Group Interview를 병행하면 행동에 대한 이유와 동기를 파악하는 데 도움이 된다.

나. 쉐도잉의 작성 및 사용 방법

쉐도잉은 관찰자가 관찰 대상자를 따라다니면서 서비스의 문제점을 관찰하고 파악하는 자연관찰조사법으로 다음과 같이 5가지 과정으로 수행한다.

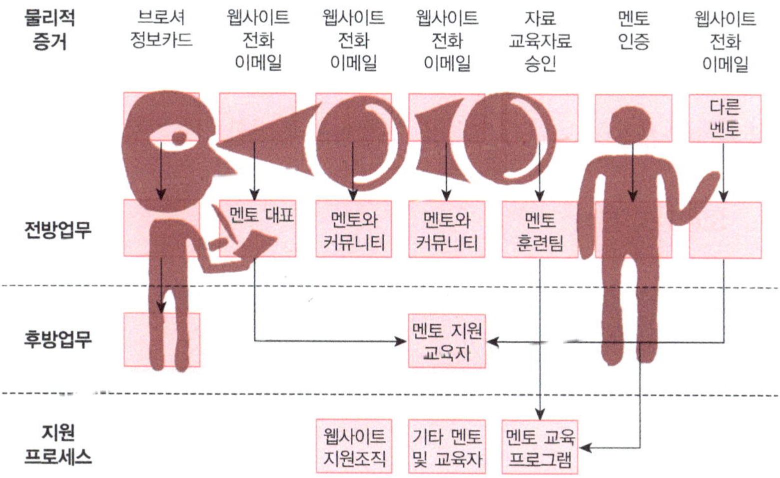

그림 5-8 쉐도잉 5단계 진행과정

Step 1. 관찰할 영역과 대상 선정 Domain and Demographics

관찰자는 관찰에 적합한 사람과 장소를 선정한다. 거리상 가까운 대상을 예비연구로 관찰해도 된다.

Step 2. 접근 확보 Secure Access

관찰자는 사전에 관찰 대상자에게 승인을 받아 관찰 시작부터 끝날 때까지 전체를 관찰할 수 있도록 준비한다.

Step 3. 신뢰 구축 Develop Trust

관찰 대상자가 불편함을 느끼거나 관찰자와 관계가 나빠질 경우 중요한 정보를 놓칠 수 있으므로 관찰자는 관찰 대상자와 좋은 관계를 유지한다.

Step 4. 쉐도잉 Shadowing

관찰자는 관찰 대상자를 세밀하게 관찰하기 위해 가까이 밀착하여 따라다니며 눈에 보이는 관찰 대상자의 행동을 빠짐 없이 노트에 기록하고 특정 행동을 보일 시 질문을 통해 이유를 명확하게 기록한다.

Step 5. 분석 Analysis

관찰자는 쉐도잉 기간 동안 축척된 정보를 토대로 분석한다.

4. DART 모델

가. DART 모델의 배경 및 필요성

비즈니스 세계에서는 규제완화, 신흥시장, 새로운 형태의 규제, 기술과 산업의 컨버젼스, 유비쿼터스 등과 같이 여러 측면에서 변화가 일어나고 있다. 이와 동시에 소비영역 또한 첨단기술을 바탕으로 발달되고 있어 다양한 매체를 통해 상품 정보를 실시간으로 알 수 있고, 전 세계 이용자들과 커뮤니티를 구성하여 정보교류를 할 수 있게 되었다.

시장의 중심은 기업에서 소비자로 이동하고 있고, 기업 고유의 역할이었던 가치 창출 기능은 소비자 커뮤니티와의 공동 작업 영역으로 변화하고 있다. 이러한 추세는 새로운 형태의 가치창조를 가능하게 해주고 있다. 즉, 기업이 가치를 창출하고 고객에게 제공하는 한 방향이 아니라 고객과 함께 가치를 창출하는 양방향으로 움직이고 있는 것이다. 이에 기업이 시장을 감지하고 분석하는 전통적인 방식이 아닌 소비자와 함께 가치를 창출하는 접근방식이 관심을 받고 있다.

나. DART 모델의 개념 및 특징

고객과 함께하는 공동 가치 창출[Co-Creation Value]은 고객의 목소리를 듣고 마케팅에 활용하는 것에서 더 나아가, 고객과 더불어 경험 가치를 창조해 나가는 것이다. 고객과 기업이 상호 정보 교류를 통해 의미 있는 경험을 만드는 것을 뜻하는 공동 경험 창출[ECC ; Experience Co-Creation]은 공동 가치 창출의 핵심이면서 향후 기업의 상품, 서비스 차별화를 위한 중요한 열쇠가 될 것이다. DART 모델 공동 경험 창출을 디자인하기 위한 기반으로 고객과의 대화[Dialogue], 대화를 위한 접근 수단[Access], 발생 가능한 위험 및 보상[Risk-Return], 그리고 정보 공유[Transparency]라는 개념으로 구성된다. 이러한 공동 가치 창출의 기본 원칙들[DART]은 고객과 기업 간의 협력 관계를 더욱 강화시키는 중요한 축이 되고 있다.

다. DART 모델의 구성요소

4가지 DART 모델 구성요소 중 대화[Dialog]는 공동 가치 창출 관점에서 중요한 요소이다. 단순히 고객의 의견에 귀 기울이는 것이 아니라 고객과 기업 간의 상호작용을 말한다. 접근수단Access은 굳이 소유를 하지 않고도 충분한 체험이 가능한 접근수단을 말한다. 위험 및 보상Risk-return은 기업과 고객이 가질 수 있는 위험을 제거하거나 회피하는 데 서로가 도움을 주어 관계를 강화시키는 것을 말한다. 정보 공유Transparency는 고객과 기업이 필요로 하는 정보를 적극적인 상호작용을 통해 공유하는 것을 말한다.

라. DART 모델의 작성 및 사용 방법

나이키Nike 사례를 통하여 DART 모델을 기반으로 하는 공동 가치 창출 프로세스를 자세히 살펴보자.

나이키는 2006년 5월 애플Apple과 합작으로 나이키플러스Nike+ 플랫폼을 시작하였다. 나이키플러스 플랫폼은 조깅 장비와 음악, 온라인 커뮤니티를 연결한 새로운 비즈니스 모델로, 고객과 함께 가치를 창출하는 새로운 영역이다. 나이키플러스는 공동 가치 창출을 위해 DART 모델Dialogue, Access, Risk-Return, Transparency에 기반을 두고 다음과 같이 디자인되었다.

다양한 대화 조성 Dialogue : 나이키는 이해관계자들이 서로 다양한 대화를 할 수 있도록 플랫폼을 기능화하였다.

- 러너the runner와 나이키 간의 대화
- 러너the runner 또는 청취자the listener와 애플 간의 대화
- 러너들runners 간의 대화

- 러너the runner와 조깅 전문가runner experts 간의 대화

접근수단 제공 Access : 고객 간에 대화를 할 수 있게 아이팟나노iPod Nano/스포츠키트디바이스Sport Kit device, 나이키플러스Nike+ 웹사이트와 같은 접근수단을 제공하였다.

위험 및 보상 Risk-return : 나이키는 고객이 부상으로 인해 발생할 수 있는 경제적인 손실을 줄이기 위해 부상 예방 정보를 나이키플러스 플랫폼을 통해 제공하였다.

- 고객은 제공받은 정보를 통해 경제적 손실을 줄임
- 기업은 고객에게 유용한 정보를 제공함으로써 고객 이탈의 위험을 줄임

정보 공유 Transparency : 나이키는 고객에게 런닝 훈련법과 런닝 코스, 런닝화 등에 대한 정보를 플랫폼을 통해 제공하였다.

- 고객은 유용한 정보를 통해 올바른 운동을 할 수 있음
- 기업은 고객들로부터 고객 특성별 사용자 정보를 축적할 수 있음

결과적으로 고객은 나이키플러스 플랫폼을 통해 음악과 런닝 두 가지를 동시에 즐길 수 있는 새로운 경험을 할 수 있고, 소셜 네트워크에 참여할 수 있으며, 런닝 트레이닝 방법, 코스, 부상 예방 등 정보를 받을 수 있다. 또한 기업은 고객들로부터 고객 유형별 다양한 사용 정보를 축척할 수 있어 향후 새로운 고객 중심 비즈니스 전략을 수립할 수 있다.

이렇게 DART 모델을 통해 Nike는 고객 이탈에 대한 위험 요소 및 마케팅 비용을 줄일 수 있고긍정적 구전효과, 고객은 각종 정보를 통해 경제

적 비용을 줄일 수 있어 고객과 기업 간 상호 공동으로 경제적 가치를 창출할 수 있다.

5. 서비스 블루프린트

가. 서비스 블루프린트의 배경 및 필요성

최근 연구에 따르면 서비스 부문 기업 중 약 20%만이 서비스 개발 프로세스를 갖고 있는 것으로 나타났다. 이는 약 80%에 해당하는 서비스 기업이 효과적인 서비스 개발 및 관리 절차가 없는 상태임을 나타낸다. 게다가 서비스 기업 중 48%는 서비스 개발 이전 단계의 조사 과정이 없다는 큰 문제점을 갖고 있다.

서비스 디자이너들은 고객의 편의와 만족을 전체 디자인의 최우선 과제로 삼고 이를 실현하기 위해 고객의 경험을 중심으로 서비스를 디자인해야 한다. 이 과정은 대체로 고객 경험을 위한 이상적 모형을 만드는 과정으로, 시작한 후 효율성과 만족을 저해하는 장애물을 제거하는 개선과정을 거친다. 따라서 이 프로세스는 서비스에 대한 자세한 설명과 다양한 서비스 제공 단계를 포함한다. 이를 효과적으로 표현할 수 있는 수단이 바로 서비스 블루프린트Service Blueprint이다.

실제로 고객의 활동과 이에 대응하는 활동을 상세하게 설명할 수 있는 서비스 블루프린트를 이용하지 않고서는 효과적인 서비스를 디자인하기가 매우 어렵다. 블루프린트는 고객과의 모든 접점에서의 상호작용 형태와 내용을 누구나 알기 쉽게 제시할 수 있어 서비스가 무엇인지를 알기 쉽게 정의하는 데 사용된다. 다시 말해, 서비스 블루프린트는 종업원, 고객, 기업 측이 서비스 전달 과정에서 해야 하는 각자의 역할과 서비스 프로세스와 관련된 단계와 흐름 등 서비스 전반을 이해하도록 묘사한다.

따라서 서비스 블루프린트는 서비스 전달의 프로세스와 고객과 종업원의 역할, 가시적인 서비스 구성요소 등을 동시에 보여줌으로써 서비스를 시각적으로 재구성하여 서비스 설계와 재설계 단계에서 특히 유용하게 사용된다.

블루프린트는 잠재적인 문제와 이익을 파악하기 위해 디자인 과정의 어느 단계에서나 편집될 수 있다. 블루프린트는 항상 시간을 기준으로 제시되어야 하며, 이는 각 대응 단계, 협력, 시간, 비용 등을 결정하기 위해 반드시 필요하다.

나. 서비스 블루프린트의 개념 및 특징

서비스 블루프린트란 1984년에 쇼스택G. L. Shostack이 하버드 비즈니스 리뷰에서 처음 제안한 개념으로 서비스 이용과정에서의 고객 경험을 여러 서비스 제공자가 제공한 개별적 서비스들을 전체적으로 연계시켜 작성한 흐름도이다. 이러한 흐름도는 서비스를 이용하는 고객과 관련된 부서들이 제공하는 여러 가지 서비스 활동들을 시간의 흐름에 따라 보여주며, 그들 사이의 상호작용을 나타낸다. 따라서 서비스 블루프린트는 조직 내외의 서비스 이해관계자가 서비스의 모든 것에 대해 효과적으로 커뮤니케이션할 수 있도록 객관적이고 시각적인 언어로 작성된 서비스마스터플랜이라고 할 수 있으며, 서비스 경험을 중심으로 작성된다.

서비스 블루프린트에 대한 다양한 정의 및 효과를 정리하면 [표 5-1]과 같다.

표 5-1 서비스 블루프린트에 대한 다양한 정의 및 효과

연구자	정의 및 효과
Olorunniwo et al.(2006)	서비스 접점에 대한 근본적인 분석을 위해서는 고객 동선에 따른 분석 방법이 이해하기 쉽고 효과적이다. 이러한 장점을 지닌 것이 블루프린트이다.
김연성(2003a)	역할이나 관점이 다른 조직 내 종업원들이 서비스를 이해하고 객관적으로 파악할 수 있도록 서비스 전달 시스템을 명확하게 나타낸 그림 또는 지도이다.
Zeithaml, and Bitner(2000)	서비스 시스템을 정확히 묘사한 그림 또는 지도로서 다른 역할을 수행하는 종업원의 업무 내용이나 개인적 관점에 대해 객관적인 자료를 제공해 주는 방법론이다.
Tseng et al.(1999)	서비스 전달에 대한 잠재적 실패가능성의 파악과 고객들이 지각하는 서비스의 핵심 요소에 대해 파악함으로써 서비스 전반에 걸친 여러 문제점에 대해 손쉽게 파악하고 해결할 수 있도록 도와주는 기법이다.
Botschen et al.(1996)	서비스 프로세스를 구축하기 위한 단순한 툴이 아니라 일종의 전문가 시스템이다.
Berkley(1996)	서비스 단계를 논리적이고 쉽게 확인할 수 있도록 해주며 시스템상의 잠재적 실수 가능점에 대한 파악을 통해 서비스 전달 시스템 설계를 도와준다.
Laws(1996)	고객의 서비스 경험에 대한 과정과 사건을 묘사하여 기록한 그림이다.
Bechet, and Walker(1993)	서비스 전달 시스템의 관리와 평가할당 등 경영활동을 위한 지원도구이다.
Baum(1990)	고객의 서비스 만족 유무를 이해하려는 기법이다.
Kingman-Brundage(1989a)	서비스 프로세스에 대한 해부이다.
Lockyer, and Oakland(1981)	서비스 품질을 향상시키고 서비스 실패에 따른 비용을 감소시킬 수 있다.

서비스 블루프린트의 특징은 흐름도에 포함된 일련의 서비스 활동들을 눈에 보이는 전방업무와 보이지 않는 후방업무로 나누는 것이다. 서비스가 무형의 활동으로 구성되어 있고 고객의 만족도 또한 상대적으로 평가되기 때문에 새로운 서비스를 개발하는 데 있어 서비스 제공 프로세스의 가시화는 매우 중요하다. 프로세스의 가시화는 기존 서비스 프로세스가 갖고 있는 문제점을 도출하고 새로운 서비스를 설계하는 데 도움을 준다. 가시선 위의 활동들은 고객이 눈으로 볼 수 있는 부분이고 전방업무, 가시선 아래의 활동들은 서비스 임무의 달성을 위해 꼭 필요하지만 고객의 눈에는 보이지 않는 부분이다후방업무. 일반적으로 가시선은 전방업무와 후방업무를 물리적으로 구분하는 시설물이나 경계선이 되는 경우가 많다.

서비스 블루프린트를 건축에 비유하면 건축물의 구조와 규격 등을 한눈에 파악하기 용이하도록 되어 있는 설계도면의 역할을 한다고 볼 수 있다. 쇼스택Shostack은, 서비스 프로세스가 시각적 도표인 서비스 블루프린트로 표현될 수 있으며, 서비스 디자인에 대해서도 유사한 방법을 사용할 수 있다고 하였다. 서비스를 수행함에 있어서 서비스 블루프린트가 갖는 의미는, 서비스 관리자가 서비스 사용자를 대상으로 서비스를 최종적으로 실행하기 이전에 서비스에 대한 확인이 용이하도록 지면 위에 도표를 작성함으로써 서비스 개념을 검증하도록 하여 서비스를 시스템적 측면에서 정확하게 정의내릴 수 있도록 하는 것이다. 따라서 서비스 블루프린트를 이용하여 프로세스를 설계하면 다음과 같은 이점이 있다.

- 종업원들이 자신이 하는 일과 전체 서비스와의 관계를 파악할 수

있어 자기의 직무에 대한 이해는 물론 고객 지향적인 사고를 강화할 수 있다.

- 서비스 활동의 흐름에서 취약한 고객접점 서비스 및 병목현상을 파악하여 품질개선을 위한 자료로 활용할 수 있다.
- 외부 고객과 종업원 사이의 상호작용을 통해 고객이 경험하는 서비스 품질을 이해하여 서비스 설계에 공헌할 수 있다.
- 가시선은 고객이 볼 수 있는 영역과 종업원과 고객의 상호작용 형태 및 내용을 알려주어 합리적인 서비스 설계를 하도록 도와준다.
- 내부 작용선은 부서 고유의 상호의존성 및 부서 간 경계 영역을 명확히 해주어 점진적인 품질개선 작업을 지원할 수 있다.
- 서비스를 구성하는 요소와 연결고리를 알려줌으로써 해당 부서의 관점 이외에도 전체 서비스를 통합한 전략적 접근이 가능하다.
- 서비스의 각 요소에 투자된 원가, 이익, 자본 등을 확인하고 평가하기 위한 기반을 제공한다.
- 내 · 외부 마케팅을 위한 합리적인 기반을 제공한다.
- 상향식 · 하향식 접근 모두를 용이하게 한다. 즉, 매니저들은 일선 종업원의 품질개선 노력을 확인해 지원이 필요하다면 지원을 받을 수 있도록 도와주고, 종업원들은 블루프린트의 작성에 참가하여 서로의 경험을 공유하며 개선을 위한 제안을 할 수 있다.

다. 서비스 블루프린트의 구성요소

서비스 블루프린트의 구성요소는 일반적으로 고객 행위, 일선 종업원의 행동, 후방 종업원의 행동, 지원 프로세스의 4가지로 이루어진다.

첫 번째 고객 행위는 서비스 선택, 예약 전화 하기 등 서비스 구매, 소비, 평가 단계에서 고객이 직접 수행하는 활동을 말한다. 두 번째 일선 종업원의 행동은 주차관리인의 주차 안내, 안내원의 상담 등 고객의 눈에 가시적으로 보이는 종업원의 활동을 말한다. 세 번째 후방 종업원의 행동은 상품 배송, 주문 등 고객에게 직접 보이지는 않는 행동을 말한다. 마지막 네 번째인 지원 프로세스는 서비스 직원의 교육과 같이 서비스를 전달하는 종업원을 지원하기 위한 내부적 서비스를 말한다.

위에 설명된 서비스 블루프린트의 네 가지의 구성요소가 유기적인 관련성을 맺을 때 비로소 고객이 만족할 수 있는 서비스가 제공될 수 있다. 뿐만 아니라 서비스 블루프린트를 통해 현재 서비스 제공 프로세스 중 어느 부분에서 병목현상이 발생하는지를 분석함으로써 서비스 개선 및 혁신을 위한 기회를 포착할 수 있다.

서비스 블루프린트를 구성하는 4가지 요소들이 어떠한 형식으로 반영되는지 아래의 예시를 통해 확인할 수 있다.

라. 서비스 블루프린트의 작성 및 사용 방법

서비스 블루프린트의 작성 단계는 크게 고객의 행동과 일선 접점 직원들의 행동을 "상호작용선"으로 구분하고 일선 접점 직원과 후방 접점 직원과의 행동을 "가시선"으로 구분하여 서비스를 구성하고 있는 과정을 그림으로 나타내는 단계와 특정 지점에서 일어나는 실패의 이유를 분석함으로써 서비스 혁신의 방향을 설정하고 서비스 실패가 자주 일어나

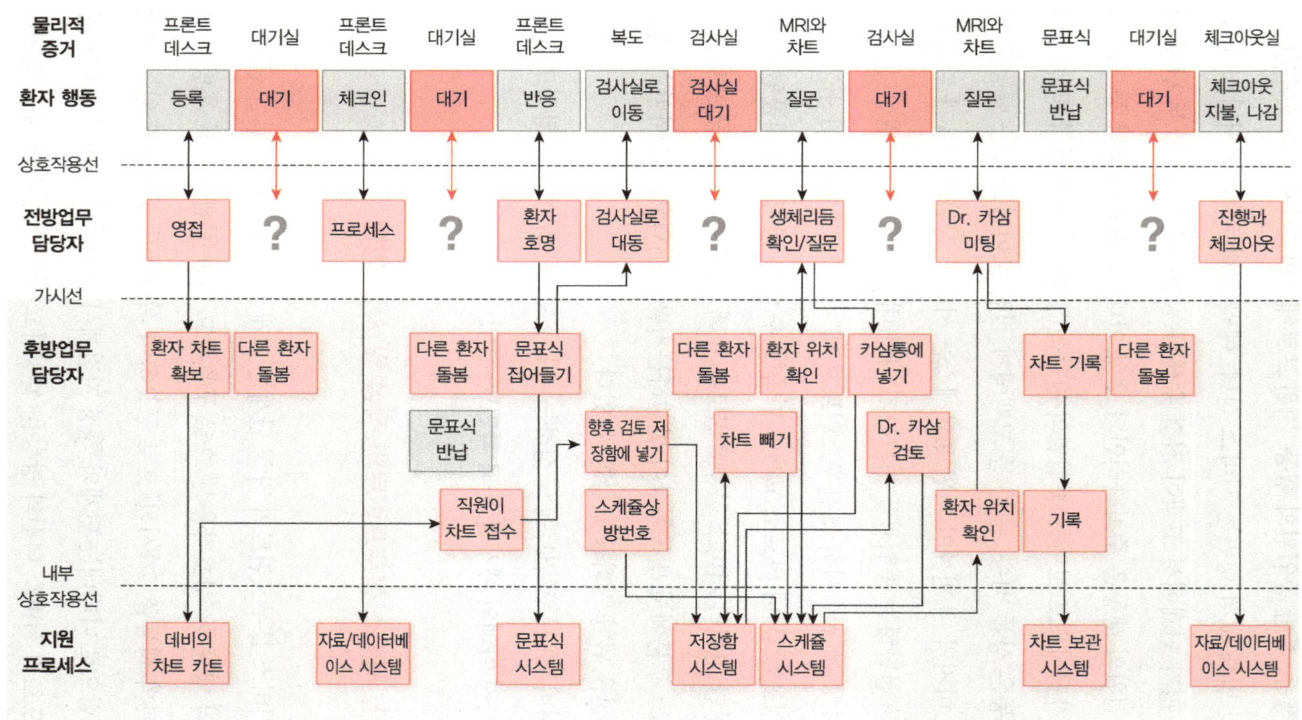

그림 5-9 서비스 블루프린트 구성요소

는 지점을 확인하는 단계로 나눌 수 있다. 이를 조금 더 세분화하여 서비스 블루프린트를 작성하는 과정을 다섯 단계로 나누면 다음과 같다.

Step 1. 서비스 도식화

서비스가 고객에게 전달되는 과정을 염두에 두고 이를 도식화하여 그림 형태로 나타낸다.

Step 2. 서비스 실패 우려지점 표기

전체 단계 중에서 서비스 실패가 일어날 확률이 큰 지점을 짚어내어 표시해 둔다.

Step 3. 작업시간 기재

각 단계별 표준 작업시간과 허용 작업시간을 명확히 적어 넣는다.

Step 4. 시뮬레이션

실수가 발생하거나 작업이 지연될 경우를 가정한 시뮬레이션을 통해 수익성을 분석하고, 그 결과를 토대로 표준 서비스 블루프린트를 확정한다.

Step 5. 해석 및 대안 도출

사용 목적별로 서비스 블루프린트를 해석하여 대안을 도출한다.

서비스 블루프린트 작성 시 주 초점은 주로 고객이 서비스 공급자와 만나는 접점에 둔다. 입체적이고 복합적인 서비스에서 고객의 만족에 영향을 미치는 병행적으로 존재하는 다른 블루프린트가 있을 경우 상당히 복잡한 작업이 될 수도 있다.

블루프린트를 발전시키기 위해서는 특히 고객 경험의 감각적인 부분을 면밀히 살펴보아야 한다. 서비스 경험의 각 단계에서 서비스 사용자는 어떻게 오감五感을 사용하게 되는가를 파악하여 이러한 요소를 서비스 블루프린트에 지속적으로 반영하여 개선함으로써 고객의 경험 가치를 극대화시킬 수 있다.

마. 서비스 블루프린트를 통한 디자인 예시

▪ 의료기관의 서비스 블루프린트

의료기관의 서비스 블루프린트의 경우 고객이 병원에 대해 알기 시작하는 단계에서부터 진료 이후 주위에 소개하는 활동까지 고객을 중심으로 이루어질 수 있는 모든 활동에 대해 프로세스 단계를 이미지로 구체화할 수 있다. 이때 각 단계별로 고객의 니즈를 조사하여 시작 단계에서부터 고객이 어떤 부분을 원하고 있는지, 이를 구현하기 위해 어떤 프로세스가 도입되어야 하는지를 결정하여야 한다. 의료기관의 규모와 진료과목에 따라 서비스 블루프린트가 상당히 복잡해질 수도 있다. 하지만 전체 프로세스를 포함한 서비스 블루프린트가 나오면 정확한 분석을 할 수 있다.

다음은 개선 전과 개선 후로 나눈 의료기관의 서비스 블루프린트 예시이다. 본 사례의 경우 서비스 블루프린트의 개선을 통해 고객 동선 및 서비스 프로세스 등을 보다 효율적으로 향상시킬 수 있었다.

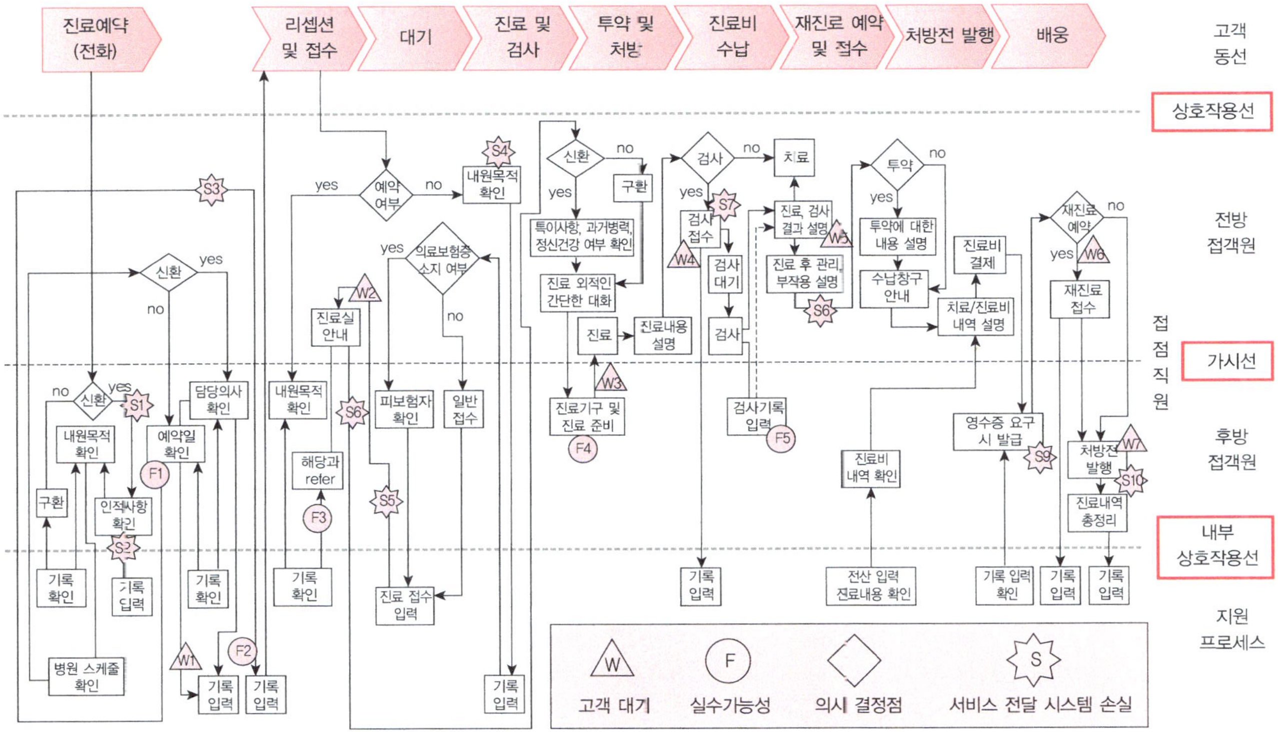

그림 5-10 의료기관의 서비스 블루프린트(Service Blueprint) **예시**(개선 전)

자료 : 박근완 · 박광태(2008), 블루프린트를 이용한 병원서비스 개선방안에 관한 연구.

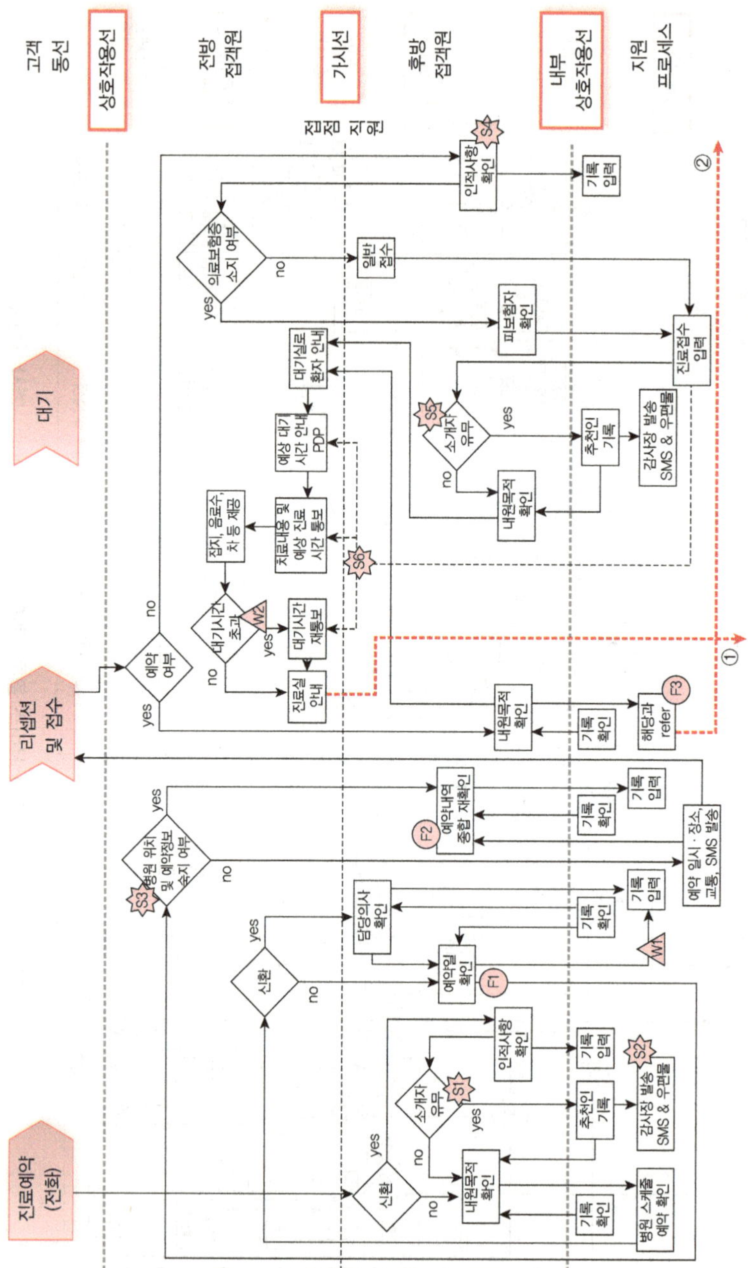

그림 5-11 의료기관의 서비스 블루프린트(Service Blueprint) 예시(개선 후)

자료 : 박근완 · 박광태(2008), 블루프린트를 이용한 병원서비스 개선방안에 관한 연구.

6. 고객여정지도

가. 고객여정지도의 개념 및 특징

고객여정지도Customer Journey Map는 고객이 서비스를 경험하게 되는 과정을 정의하고, 그 과정에서 생기는 고객 체험을 시각화하기 위하여 사용되는 방법이다. 즉, 고객이 서비스와 처음 만나는 초기 접점에서부터 서비스가 끝나는 순간까지의 전 과정을 그림이나 사진, 도표 등 시각적으로 나타내고, 터치포인트고객과 제공자 간의 접점와 터치포인트가 없는 서비스 과정에서 고객의 경험을 모두 순차적으로 배열한 것을 말한다.

고객여정지도는 고객이 서비스를 어떻게 받아들이고 사용하는지를 사용자 관점에서 파악하는 데 목적을 두며, 프로젝트에 따라 그 세부 구성은 달라질 수 있다. 고객여정지도를 통해 여러 기회나 문제점들을 미리 발견할 수 있다는 것이 가장 큰 장점이다.

나. 고객여정지도 작성 및 사용 방법

고객여정지도는 고객과의 상호작용을 개선하기 위한 뼈대로서, 서비스를 이용하는 고객의 경험을 시간의 흐름에 따라 아래와 같이 6가지 과정을 통해 기술한다.

Step 1. 고객 유형 이해

데스크 리서치를 통해 고객에 대한 인사이트를 도출하고, 터치포인트를 작성한다.

Step 2. 초기 가설 만들기

고객여정, 고객 요구사항, 고객 인식, 데스크 리서치 결과 비교 및 장 · 단점 분석 등을 기반으로 고객경험지도에 관한 가설을 세운다.

Step 3. 고객여정, 요구사항 및 인식 조사

실제 서비스 환경에서 고객 경험을 관찰하여 앞 단계에서 정리된 고객여정에 관한 분석자료를 보완 및 수정을 한다.

Step 4. 고객 조사 데이터 분석

다양한 고객 데이터에 대한 종합적 분석과 수렴 과정을 통해 다양한 터치포인트를 파악하고 서비스 상호작용을 분석한다. 또한 초기 개발한 고객여정에 대한 가설을 증명하고, 고객 유형 분석을 통해 고객의 특성을 파악하여 퍼소나persona를 만든다.

Step 5. 고객여정지도 작성

서비스에 대한 고객 경험을 다양한 정보를 바탕으로 여정에 따라 기술한다. 최종 결과물에는 고객과 서비스 간의 상호작용이 고객의 여정, 요구사항 및 서비스에 대한 인식 등의 표현으로 기술되며, 각 터치포인트들은 현재 고객의 경험이 그들의 요구사항에 얼마나 적합한지 구체화하여 기술된다.

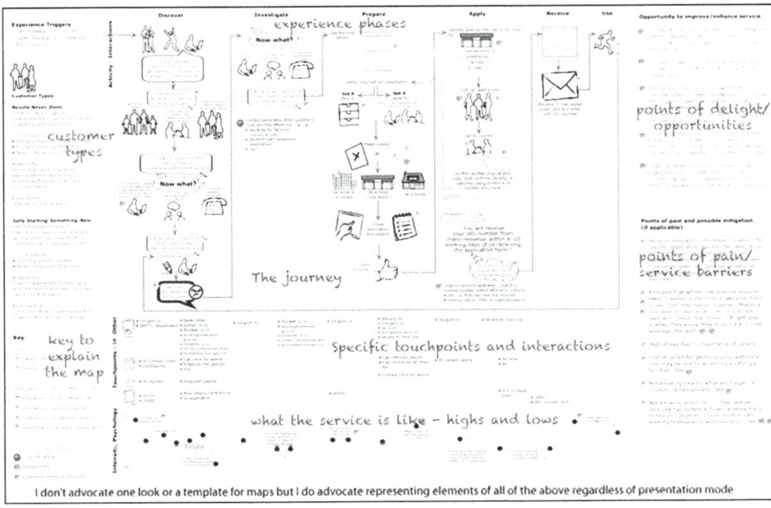

출처 : 멜 이드워즈 2010

(a) 서비스 운영

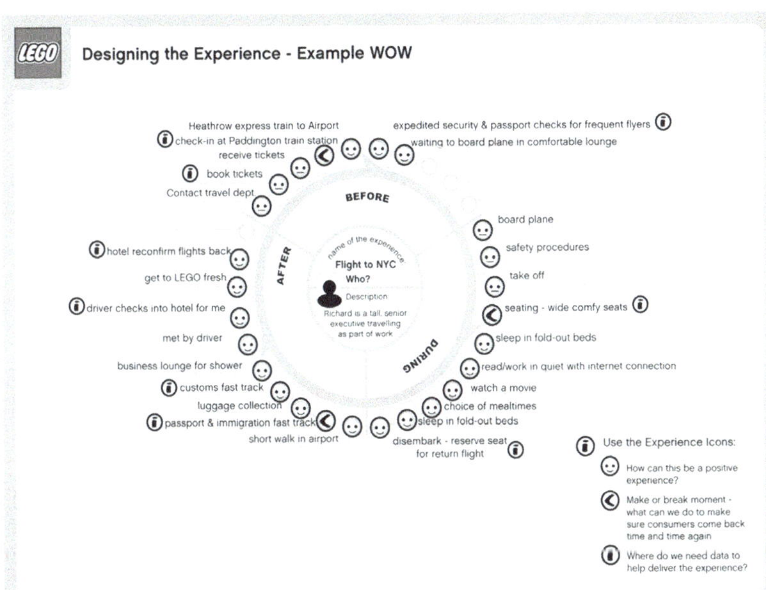

출처 : 레고 2009

(b) 레고 바퀴 경험지도(Legowheel Experience Map)

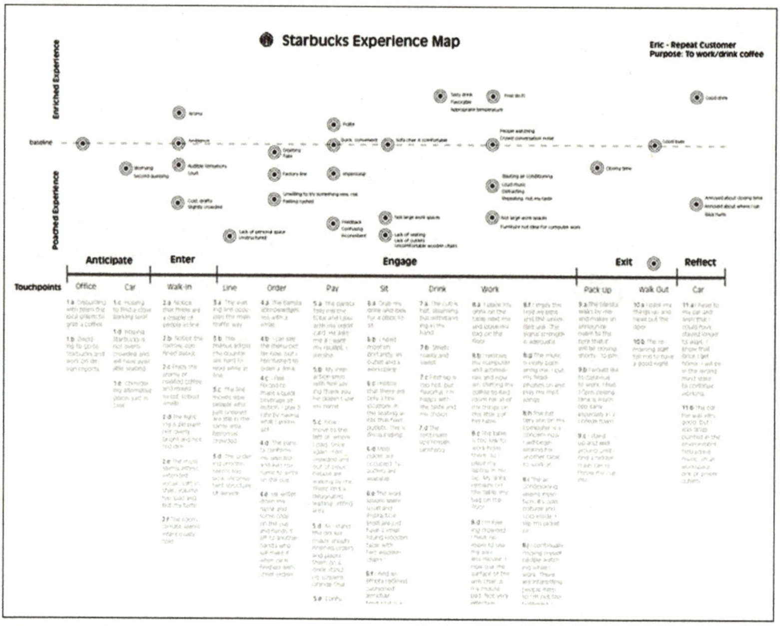

출처 : http://www.shmula.com

(c) 스타벅스 경험지도(Starbucks Experience Map)

그림 5-12 고객여정지도 예시

7. 프로토타이핑

가. 프로토타이핑의 배경 및 필요성

프로토타이핑[Service, Experience, Product]은 디자인한 서비스 컨셉을 테스트하고 검증하기 위한 것으로, 훌륭한 서비스를 디자인하기 위해서는 반드시 거쳐야 하는 과정이다. 마크 스틱도른[Marc Stickdorn et. al., 2010]은 "훌륭한 연기를 하기 위해 배우들이 수없이 리허설을 하는 것처럼 서비스도 다를 바 없다. 서비스를 프로토타이핑하여 고객에 미치는 영향을 되풀이하여 평가할 필요가 있다" 고 하였다.

나. 프로토타이핑의 개념 및 특징

서비스 프로토타이핑은 서비스 디자인 과정에서 제시된 서비스의 컨셉을 다양하게 구현하여 서비스의 실행가능성을 테스트하는 것을 말한다. 즉, 고객이 실제로 서비스를 경험해 보기 전에는 서비스를 평가할 수 없기 때문에, 프로토타입을 제작하여 개발된 서비스 컨셉 시나리오대로 고객과 서비스 제공자 등 이해관계자가 서비스 과정을 재현해 봄으로써 서비스의 컨셉을 확인 및 검증하는 것을 말한다. 이는 고객이 서비스를 경험하는 연속적인 시간을 테스트하는 것이고, 서비스 컨셉을 구현하는 데 사용된 터치포인트의 일부이며, 실제 테스트하는 것은 고객이 서비스를 사용하는 과정에서 얻게 되는 서비스 경험이다.

다. 프로토타이핑 작성 및 사용 방법

서비스 프로토타이핑은 다양한 도구들을 이용하여 서비스 모형인 프로토타입Prototype의 컨셉을 정하는 것으로 시작하여, 프로토타입 제작, 내적 타당도 검토, 테스트, 사용자 행동으로부터 학습, 반복학습을 통한 프로토타입 보완 순으로 진행된다. 서비스 프로토타이핑에서는 제품디자인과 달리 서비스 과정에서 접하게 되는 유형의 제품뿐만 아니라 고객이나 서비스 제공자와 같은 이해관계자의 행동과 같은 무형적인 것들도 그 대상으로 삼는다.

Step 1. 컨셉 도출 Concept

개발된 서비스를 실제로 적용하기 전에 시나리오대로 재현하기 위해 컨셉을 도출한다.

Step 2. 프로토타입 제작 Prototype

도출된 컨셉을 토대로 고객과 서비스 제공자 등 이해관계자가 서비스 과정을 재현할 수 있도록 개발된 서비스와 최대한 흡사하게 프로토타입을 제작한다.

Step 3. 내적 타당성 검사 Validate Internally

제작된 프로토타입이 최초 개발된 서비스와 컨셉적으로 흡사한지 내적 타당도를 검사한다.

Step 4. 외적 테스트 Test Externally

실제 고객에게 개발된 서비스를 제공하는 것처럼 프로토타입을 발생 가능한 시나리오를 토대로 재현한다.

Step 5. 사용자 행동으로부터 학습 Learn from user behavior

사용자가 프로토타입을 경험하면서 발생되는 컨셉의 문제를 파악하고 이를 보완한다.

Step 6. 반복 학습 Iterate

전 과정을 반복적으로 수행하면서 실제 고객에게 제공 시 사전에 계획한 컨셉을 완벽하게 제공할 수 있도록 프로토타입을 제작한다.

라. 프로토타이핑을 통한 디자인 예시

■ 영국 히드로 공항 프리미엄 고객을 위한 보안 서비스 가이드

그림 5-13 프로토타이핑을 통한 디자인 1

항공 여행이 보편화됨에 따라 서비스 제공자들은 다양화되고 있는 고객의 요구를 수용할 수 있는 맞춤 서비스를 고민하고 있다. 런던 히드로 공항은 보안검색 과정에서 고객들이 받는 스트레스를 줄이고, 비즈니스, 프리미엄 등급의 승객들에게 더 빠르고 효율적인 서비스를 제공하기 위해 프리미엄 여행객을 대상으로 하는 서비스를 보완하고자 하였다.

히드로 공항 측은 프리미엄 고객에게 제공할 새로운 보안 경험과 차별화된 서비스 브랜드를 제공하기 위해 엔진 서비스 디자인이라는 컨설팅 업체에게 완전한 서비스 리모델링을 요청했다.

엔신은 '프리미엄 서비스'의 본질을 이해하기 위해 타 분야에서 '프리미엄 서비스'라고 불리는 서비스 형태를 탐구하는 것부터 시작하였다. 이는 고객들이 프리미엄 서비스로부터 무엇을 원하는지를 정확

그림 5-14 프로토타이핑을 통한 디자인 2

히 파악하고, 서비스 디자인 작업에 영감과 가이드를 주고자 함이었다. 다음으로 엔진은 프리미엄 고객들이 갖고 있는 요구사항의 우선순위를 밝혀내기 위한 조사를 진행했다. 이는 고객에게 차별화된 경험을 통한 만족을 제공하고 새로운 사업으로 연결되는 여러 가지 아이디어를 만들어내는 계기가 되어 사용자와 공항 양쪽 모두에게 진정한 가치를 제공하는 결과를 가져왔다. 또한 새로운 프리미엄 서비스 경험은 프리미엄 고객뿐만 아니라 다른 일반 여행객들의 경로를 효율화할 수 있도록 지원함으로써 공항의 보안 서비스 운영에 대한 부담을 완화시켰다.

엔진은 이후 히드로 공항 팀과 함께, 제안되었던 여러 가지 서비스들을 하나의 프리미엄 경험 컨셉으로 압축해 다듬는 작업을 수행하였다. 그리고 여러 항공 관련 규정 및 법적 제한 내에서 컨셉이 인적자원과 환경, 전달 프로세스 전체에 걸쳐 어떻게 작동해야 할지 세부적으로 재정립하였다.

이 프리미엄 서비스 컨셉과 제안들은 공항을 사용하는 고객들과 히드로 공항의 의사결정권자 등 상위 이해관계자들이 함께 토론을 거쳐 검증하였다. 이 검증작업을 거친 후에는 실제 규모의 프로토타이핑을 통하여 아이디어를 테스트해 보고 개선하는 과정을 거쳐 공항에서 고객이 갖게 되는 일련의 경험과 환경들이 차별화되면서도 효율적으로 운영될 수 있도록 수정되었다.

엔진은 공항 내 임시건물에 프리미엄 보안검색용 시제품Mock up을 설치하고 전문 보안요원 및 연기자와 함께 각각 다른 시나리오에 따른 고객과의 상호작용 및 각 요소의 조합에 대하여 테스트를 진행했다.

테스트, 반복, 그리고 최고의 결과를 내기 위한 보완작업을 포함한 이 서비스 프로토타이핑 과정을 거치면서 실제 서비스의 경험을 이해할 수 있었다.

엔진은 최종 컨셉을 도출한 후 실제 구현 수준, 직원들의 새로운 역할, 새로운 의사소통방법, 제품 터치포인트와 경험 중 구체적으로 가치가 창출되는 부분의 윤곽을 그리는 서비스 세부 설명서를 만들었다. 특히 고객과 공항을 위해 프리미엄 여행객들이 얻게 될 서비스 경험의 품질과 이점에 집중한 새로운 서비스 제안과 브랜드 전략을 제공하였다.

■ LA PERLA

1999년 LA PERLA는 프렌차이즈 프로젝트에 착수하였고, 도무스 아카데미 연구소에 소매점 직원 교육 프로그램을 위한 멀티미디어 시스템 개발을 요청하였다. 이 프로젝트를 위해서 LA PERLA의 직원들은 판매자에 대한 올바른 판매 방법과 태도를 교육하는 비디오 제작에 참여하였다.

LA PERLA 매장 내에서 실제 경험을 시뮬레이션할 수 있는 이 영상은 서로 다른 상황에서 고객에게 어떻게 행동하여야 하는지에 대한 직원 교육용으로 사용되었다. 현실성 있는 서비스 프로토타입은 문서로 전달하기 어려운 정보를 시각화하고 그로부터 경험된 결과를 공유하는 데 효과적이었다.

출처 : "LA PERLA 직원 교육을 위한 상호작용 도구", Domus Academy Research Center.

그림 5-15 프로토타이핑을 통한 디자인 3

8. 서비스스케이프

가. 서비스스케이프의 배경 및 필요성

디자인의 개념이 확장되면서 제품 외형 위주의 고전적인 디자인 개념에서 벗어나 무형의 요소인 서비스까지 포함하는 형태로 디자인 개념이 확대 적용되기 시작했다. 현대 사회에서의 디자인은 눈으로 확인할 수 있는 제품, 장소 등에 국한되지 않고, 고객의 경험과 시스템, 프로세스에까지 폭넓게 적용되고 있다. 즉, 디자인이 전략, 철학, 정책, 이데올로기의 영역까지 개입하여 비즈니스를 이끌어 가는 중요한 역할을 하고 있는 것이다[Moritz, 2005]. 최근 국내에서도 서비스 디자인에 대한 논의가 활발해지면서, 기업들이 차별화된 서비스 환경을 제공하기 위한 움직임이 활발해지기 시작했다.

나. 서비스스케이프의 개념 및 특징

서비스스케이프[Servicescape]에 관한 연구는 알버트 메러비안과 제임스 러셀의 환경심리학적인 관점에서의 연구를 기점으로 1970년대부터 꾸준히 진행되어 왔다. 1992년 비트너가 소비자와 서비스 제공자 모두에게 영향력을 가지며 서비스가 이루어지는 인공적 · 물리적인 주변 환경을 서비스스케이프라는 단어로 명명하였고, 이후 서비스가 이루어지는 총체적인 환경을 서비스스케이프라고 부르기 시작했다.

서비스스케이프는 자연적 · 사회적 환경과는 별도로 서비스가 이루어지는 장소를 말하며, 인공적 · 물리적인 주변 환경을 의미한다[Bitner, 1992]. 이러한 환경적 요소는 소비자와 서비스 제공자 모두에게 영향을 미친다. 즉, 환경의 물리적 요소는 인간에게 내적 반응, 즉 인지적 · 감정적 · 심리적 반응을 일으켜 행동을 불러일으킨다는 것이다[Bitner, 1992]. 이는 인간 행동이 자신을 둘러싼 물리적 환경에 일정한 영향을 받는다는 환경심리학적인 관점을 전제로 하며, 서비스 환경과 그 안에 속하는 인간의 행동 간의 인과관계를 규명하고자 하는 것이다. 이러한 관점이 등장하기 전에는 인간이 어떤 상품에 대한 소비 여부를 결정하는 것은 기본적으로 상품의 질이나 가격에 달려 있다고 여겨 왔다.

코틀러[1973]는 상품을 사거나 파는 장소의 중요성을 강조하면서 만질 수 있는 상품은 서비스의 극히 일부분일 뿐이며, 어떤 경우에는 장소가 갖는 분위기가 상품 자체보다 구매 결정에 더 많은 영향을 미친다고 하였다. 심지어 이러한 분위기가 바로 일차적인 상품일 경우도 있음을 강조했다. 코틀러는 바로 소비자에게 어떠한 영향을 주기 위해 의도적으로 디자인된 공간을 분위기[atmospherics]로 정의했다. 구체적으로는 소비자의 특정한 감정에 영향을 주어 소비가능성을 촉진시키기 위해 구성된 소비환경을 의미한다[Kotler, 1973]. 코틀러에 의하면, 이와 같은 분위기는 시각, 청각, 후각, 촉각을 통해 느낄 수 있다.

서비스스케이프는 종종 서비스 상호작용이 행해지도록 설정된 공간 환경으로 인식되어 연극 무대에 비유되기도 한다. 연극에서 배우들이 행하는 연기는 연극적 테마를 전달하기 위한 무대 공간에 조명, 음향 및 다양한 무대 위의 기술적 요소들과 무대 감독 및 스탭들의 예측된 프로세스상의 지원을 포함하여 총체적 작품으로 완성된다. 서비스의 상호작용도 눈에 보이든 보이지 않든 일련의 계획된 프로세스에 의한 서비스스케이프의 통합적 서비스 지원을 통해 가능해진다. 더 나아가 수혜자에게 상호작용에 앞서 감동과 좋은 인상을 심어주는 서비스스케이프는 고객의 서비스 경험을 유도하고 완성하는 총체적 체험환경을 제공한다.

다. 서비스스케이프의 구성요소

서비스스케이프라는 용어를 제안한 비트너[1992]는 서비스스케이프 구성요소를 크게 주변 상태, 공간 및 기능, 사인과 상징, 인공물을 환경의 요소로 분류하고, 이와 같은 요소가 고객 및 서비스 제공자에게 미치는 영향관계에 대해 연구했다. 베이커[Baker, J., 1994]는 점포의 환경은 서비스와 상품의 질에 대한 추론을 이끌어내고 점포의 이미지를 결정짓는 역할을 한다고 주장했다. 베이커는 점포의 환경요인을 주변 요인, 디자인 요인, 사회적 요인으로 분류하고 매장 직원을 점포의 환경에 포함시켰다.

물리적 환경 : 서비스스케이프의 자극을 물리적 영역으로 볼 때, 물리적인 환경은 공간적 배치와 기능성, 미학적 매력과 관련된 요소들을 포함한다.

- 공간적 배치와 기능성은 의자, 복도, 통로, 보도, 음식 서비스라인, 휴게실, 출입구 등 여가 서비스 장소의 설계와 배치 방법을 말한다.

- 심미적 매력은 외부적 환경을 둘러싼 요소, 건축디자인, 시설 유지와 청결성, 사인신호 등, 그리고 서비스스케이프에서 고객이 평가할 수 있는심미적 질의 평가를 할 수 있는 다른 물리적 요소들을 말한다.

사회적인 환경 : 행동에 대한 물리적인 환경의 영향은 행동으로 이루어지는 환경setting의 사회적 측면과 밀접하게 결합되어 있다. 사회적인 환경은 소비가 이루어지는 환경에서 종업원의 고객에 대한 태도, 관계, 그리고 고객과의 관계 등 사회적인 환경의 요소들을 말한다.

여러 연구들을 고찰해 볼 때, 서비스스케이프는 분위기, 점포 환경, 스토어 분위기, 서비스 환경 등의 다양한 용어로 기술되어 왔으며, 이는 가시적 · 비가시적인 여러 복합적인 요소들로 구성되어 있다고 할 수 있다. 즉, 서비스스케이프는 서비스가 이루어지는 장소의 다양한 환경적 요소로 이해할 수 있겠다.

새로운 비즈니스 시스템 설계하기

SERVICOVATION
ch. six

6

서비스 모델이 만들어지면 이를 실현하기 위해 새로운 비즈니스 모델을 만들어야 한다. 서비스 모델 자체가 비즈니스 모델이 되는 건 아니기 때문이다. 물론 서비스 모델을 시스템화하면 서비스를 운영하는 데 필요한 자원과 프로세스가 정립된다. 하지만 서비스 시스템의 운영에 필요한 자원과 프로세스는 별도로 검토되어야 한다. 월마트, 애플, 저가 항공의 예에서 보듯이 새로운 혁신적인 비즈니스 모델이 잘 실행될 경우 기업의 성장을 견인할 뿐만 아니라 전체 산업을 바꾸거나 수조 원의 가치 창출을 이끌어낼 수 있는 가능성이 있기 때문에 비즈니스 모델의 설계는 매우 중요하다. 지난 25년간 등장한 27개 회사 중 11개 회사가 지난 10년 동안 포춘 500 리스트에 들어갔는데, 이 기업들이 바로 비즈니스 모델 혁신을 통해 이러한 성과를 달성했다Johnson, Christensen, and Kagermann, 2008. 애플의 경우는 아이튠즈를 기반으로 한 아이팟의 성공으로 MP3 시장의 70%, 앱스토어를 기반으로 한 아이폰의 성공으로 전 스마트폰 시장의 30%미국 내 시장 점유율은 50%를 차지하고 있고, 월마트와 타겟은 미국 소매 유통시장의 75%를 차지하고 있다. 또한 저가 항공의 경우 출발 당시에는 미미한 시장점유율을 기록했으나 현재는 전체 항공사의 시장가치 중 55%를 차지하고 있다.

이처럼 비즈니스 모델의 중요성이 커지고 있음에도 불구하고 대부분의 회사들이 비즈니스 모델에 대한 관심을 갖지 않고 있으며, 이에 대한 투자도 지극히 미약한 상태이다. 물론 많은 최고경영자들이 비즈니스 모델의 영향력과 파급력을 인지하고 있고 실제 자신들의 비즈니스 모델에 변화가 필요하다고 생각하고 있지만, 비즈니스 모델 혁신을 통해 새로운 성장동력을 얻는 데는 실패하고 있다. 존슨 외Johnson et al., 2008

는 그 이유를 두 가지로 요약하고 있다. 첫째는 비즈니스 모델 개발 프로세스나 역학관계에 대한 연구의 부족으로 비즈니스 모델 혁신이 무엇인지에 대한 제대로 된 정의가 없다는 것이고, 둘째는 대부분의 회사들이 자신들이 현재 갖고 있는 비즈니스 모델을 정확하게 인지하지 못하고 있어 새로운 비즈니스 모델의 전제조건, 상호 의존성, 강점과 약점에 대한 파악이 어렵다는 것이다. 그러다 보니 기존의 회사들에게는 새로운 비즈니스 모델이 의미도 없고 탐탁치도 않은 것으로 인식되어 자신의 핵심 사업을 언제, 어떻게 활용해서 새로운 비즈니스 모델을 만들고 시작해야 하는지 모르게 된다. 이러한 문제는 새로운 비즈니스 모델의 개발이 결코 쉽지도 간단하지도 않은 일이라는 것을 극명하게 보여준다. 또한 많은 성공한 기업들이 비즈니스 모델을 완전하게 바꾸지 않고도 새로운 제품이나 서비스를 도입한 경험이 있기 때문에 그 연장선상에서 이를 바라보고 있다는 것을 의미한다.

그렇다면 새로운 비즈니스 시스템은 언제 만들어야 하는가? 존슨 외Johnson et al., 2008는 자신들의 연구에 기초해서 새로운 시장에 진입하거나 새로운 비즈니스 모델이 필요한 경우를 다섯 가지의 전략적 상황으로 제안하고 있다. 첫째는 아주 많은 수의 고객들이 현재의 솔루션이 너무 비싸거나 복잡해서 서비스를 이용하지 않고 있고 이들의 욕구를 파괴적 혁신으로 해소할 수 있는 기회가 있을 경우이다. 방글라데시의 그라민 폰, 멕시코의 세멕스, 인도 타타 자동차의 나노와 같이 신흥 경제성장 국가에서 보다 많은 사람들에게 싼 가격으로 접근성을 높이면서 혜택을 줄 수 있는 비즈니스 모델의 도입 등이 그 예이다.

둘째는 MP3 플레이어나 스마트폰, 그리고 신기술을 활용해서 새로운 비즈니스를 만들 수 있는 기회가 있거나, 군사기술의 민간 적용처럼 기존의 기술이라고 하더라도 새로운 시장에 적용할 수 있는 기술을 활용할 수 있는 경우이다.

셋째는 아직 존재하지 않는 고객 문제 해결방법을 도입할 수 있는 경우이다. 대부분의 경우 기업들은 제품이나 기존 고객의 문제에 초점을 맞춰 사업을 영위하지만, 기존 제품을 조금씩 업그레이드하다 보면 일반상품화되는 함정에 빠져들게 된다. 따라서 고객의 해결되지 않는 문제에 초점을 맞춰 솔루션을 만들고 새로운 비즈니스 모델을 도입하면 새로운 시장을 만들어낼 수 있게 된다. 페덱스Fedex가 패키지 배송 비즈니스에 진입할 때 저가격이나 마케팅에 초점을 맞추지 않고 보다 빠른 서비스를 원하는 고객의 욕구를 충족시켜 단숨에 시장에서 선두가 된 것이나, 페덱스나 UPS가 경쟁이 치열해져 가는 패키지 배송 시장의 역량을 가지고 물류비즈니스로 새롭게 진입한 것이 그 예이다. 이러한 고객 문제 해결 중심 비즈니스 모델 운영으로 이러한 회사들은 핵심 프로세스를 효율적으로 통합하고 자원을 효과적으로 사용할 수 있게 되었다.

넷째는 저가격 혁신자들이 시장을 장악하는 것을 방어해야 할 경우이다. 월마트, 타타 자동차의 나노, 델 컴퓨터 등의 저가격 혁신자들이 경쟁력을 갖게 되면 쉽게 시장을 장악해 들어올 수 있고 이러한 침투는 기존의 기업들에게 상당한 위협이 된다. 이러한 경우 기업들은 새로운 비즈니스 모델을 심각하게 고민해야 한다.

마지막 다섯 번째는 경쟁의 기본 구도가 흔들릴 때이다. 새로운 기술적 혁신이나 저가격 경쟁자들의 침투, 혹은 새로운 서비스 모델의 출현으로 기존 경쟁의 규칙이 무너지고 새로운 경쟁규칙이 정해져야 하는 상황이 오면 기업들은 자신들의 비즈니스 모델을 변화시켜야 한다. 그렇지 않으면 시장에서 도태되기 때문이다.

결론적으로 말하면, 기업들이 비즈니스 모델을 바꾸어야 하는 시점은 그것이 새로운 기회를 포착하는 경우이든 아니면 새로운 도전자들의 공격을 방어해야 하는 경우이든 현재의 비즈니스 모델의 네 가지 핵심 요인, 즉 고객가치 제안, 이익구조, 프로세스, 그리고 자원에 있어 심각한 변화가 요구될 때라고 할 수 있다.

그렇다면 새로운 비즈니스 시스템은 어떻게 만들어야 하는가? 존슨 외Johnson et al., 2008는 새로운 비즈니스 시스템을 만드는 데 있어 3단계 접근법을 제안하고 있다. 첫 번째 단계는 새로운 비즈니스 모델의 성공은 비즈니스 모델을 고려하는 데서 오는 것이 아니라 뭔가 문제를 해결해야 하는 실제 고객을 만족시키는 데서 온다는 것이다. 따라서 고객이 누구이고 그들의 문제는 무엇인지를 고민하라는 것이다. 두 번째 단계는 이익을 남기면서 고객의 욕구를 충족시키는 방법에 대해 고민하라는 것이다. 이익을 남기는 방법은 프로세스를 효율화하고, 자원의 활용도를 극대화하며, 수익구조를 잘 만드는 것이다. 세 번째 단계는 새로운 기회를 포착하기 위해 얼마나 많은 부분들을 바꿔야 하는지 기존의 비즈니스 모델과 면밀한 비교를 하는 것이다. 이러한 비교를 통해서 기존의 역량과 자원을 얼마나 활용할 수 있는지 또는 새로운 비즈니스 모델을 실행하기 위해 새로운 사업단위를 완전히 기존 사업으로부터 분리해서 운영해야 하는 것인지 등에 대해 보다 상세한 지식을 얻게 된다.

1. 새로운 비즈니스 시스템 도입

가. 비즈니스 모델 재정의하기

비즈니스 모델의 재구성은 기업이 고객에게 제공하고자 하는 새로운 서비스에 대한 가치 제안Customer value proposition을 명확하게 정의하는 것에서부터 시작한다. 가치 제안은 기업이 고객에게 어떤 서비스를 통해서 고객이 갖고 있는 어떠한 문제를 어떻게 해결해 줄 것인가를 제안하는 것으로, 모든 비즈니스 모델에서 가장 중요한 시작점이다. 고객이 갖고 있는 문제의 모든 측면에 대한 검토, 그리고 그 문제를 풀기 위한 방법과 프로세스가 정의되면 고객들에게 제공할 수 있는 제품이나 서비스를 제안할 수 있다. 기업이 제공하는 문제에 대한 솔루션은 고객이 가진 문제가 크면 클수록, 해법이 존재하지 않으면 않을수록, 새로운 해법이 기존의 해법보다 좋으면 좋을수록, 그리고 기존의 해법보다 더 싸면 쌀수록 그 가치가 높아지게 된다. 하지만 새로운 해법이 아무리 새로운 기술을 사용하고 좋은 재료나 고급 원료를 사용했더라도 고객이 가진 실제적 문제 해결에 도움이 되지 않는다면 시장에서 받아들여질 가능성이 낮고 쉽게 시장에서 사라지게 된다. 따라서 고객가치 제안에서 가장 중요한 것은 고객이 가진 문제를 얼마나 이해하고 이에 대한 해답을 내놓느냐 하는 것이다.

표적 고객, 고객이 해결해야 하는 문제, 그리고 솔루션이 포함된 고객가치 제안이 완성되면 기업은 설계된 가치를 전달하기 위해 필요한 지원과 프로세스를 도출해야 한다. 예를 들어 경영컨설팅과 같은 지식

서비스 기업들에게 필요한 핵심 자원은 인적자원과 데이터베이스와 같은 지식자원이고 핵심 프로세스는 이러한 인적·지식자원들을 모집 혹은 획득하고 훈련시키고 활용하는 활동과 관련된 프로세스들이다. 첨단 기술을 보유하고 있는 회사는 특허나 지적 자산, 그리고 이를 만들어 낼 수 있는 연구자나 엔지니어가 핵심 자원이 될 것이고, 연구개발 프로세스나 사업화 프로세스가 핵심 프로세스가 될 것이다. 물론 자원 자체의 크기나 양이 기업의 경쟁력이나 새로운 비즈니스 모델의 성공을 담보하지는 않는다. 많은 연구에서 이미 밝혀진 바와 같이 핵심 자원이나 프로세스는 그 자체로 경쟁력을 갖기보다는 서로 간의 관계 속에서 고객이 가진 문제를 가장 잘 해결할 수 있도록 융합된 형태로 경쟁우위를 기업에게 부여한다. 다시 말해 핵심 자원과 프로세스가 복잡하게 얽혀 있을수록, 이러한 자원이나 프로세스를 개발하는 데 많은 시간과 노력이 들었을수록 다른 기업들이 모방하기 어렵고 대체가 불가능해 기업이 지속적 경쟁력을 갖는 데 기여한다.

새로운 비즈니스 모델 실행을 위해 요구되는 핵심 자원과 프로세스는 기본적으로 고객가치 제안에 기반해서 도출되며, 이들 간의 상관관계는 이익구조 설계에 의해 영향을 받는다. 만약 어떤 회사가 모든 종류의 고객을 만족시키기 위한 솔루션을 제공하는 것을 목표로 삼는다고 가정해 보자. 이 회사는 모든 종류의 고객을 만족시키기 위해 필요한 자원, 즉 전문가, 장비 및 설비, 시설, 공장 등 수도 없이 많은 자원을 확보해야 한다. 그리고 고객들마다 요구하는 서비스 프로세스가 다르기 때문에 모든 고객의 문제를 해결할 수 있는 프로세스를 만들어야 한다. 이렇게 되면 필요한 자금과 인력, 시간이 무한대로 증가하게 되고, 유한한 자원을 가진 기업은 결국 아무도 충족시키지 못한 채로 사업을 접어야 할 가능성이 높다. 하지만 특별한 영역의 고객을 선정하고 그들의 문제를 해결하겠다는 기업, 예를 들어 고객 기업의 열관리를 위한 엔지니어링 서비스를 목표로 하는 마에카와와 같은 회사는 열관리를 위해 필요한 엔지니어링 전문인력, 열관리 장비 등과 이를 위해 필요한 서비스 제공 프로세스를 긴밀하게 통합하여 고객의 문제를 쉽게 해결하고 보다 나은 대안들을 제시함으로써 고객의 만족을 높일 수 있다.

존슨 외[Johnson et al., 2008]가 제시한 타타 자동차의 예를 들어 보자. 타타는 사고 위험성이 높은 스쿠터를 타는 사람들에게 싼 가격의 자동차인 나노를 제공하겠다는 고객가치 제안을 실행하기 위해서 차가 디자인되고, 제조되고, 유통되는 모든 프로세스를 재구성해야 했다. 타타는 이를 위해 기존 차량을 만든 경험이 없어 생각이 자유로운 젊은 엔지니어들을 고용하여 새로운 개념의 차를 디자인하게 했고, 이들은 차량에 들어가는 부품의 숫자를 대폭 감축함으로써 엄청난 비용의 절감을 가져왔다. 또한 타타는 나노 부품을 기존의 자동차 회사들이 상상하지 못할 수준인 85%를 아웃소싱하도록 공급선 전략을 세웠으며, 거래비용을 줄이고 규모의 경제 효과를 누리기 위해 거래선을 일반적인 경우보다 60%나 적게 가져갔다. 부품의 대규모 아웃소싱과 대폭적인 거래선의 감축은 획기적인 비용절감효과를 가져다주었다. 마지막으로 타타는 자동차 조립과 유통 영역에서 완벽하게 새로운 시스템을 만들어냈다. 기존의 재고 생산방식이 아닌 주문형 생산방식으로 생산을 하기 위해 타타가 소유한 조립공장이나 독립기업이 소유한 조립공장에 모듈화된 부품을 배송하고 현지에서 직접 조립하게 만드는 방식을 고안했다. 이처럼 타타 자동차는 새로운 비즈니스 모델을 실현하기 위해 완전하게 새로운 디자인, 제조, 유통방식을 창안해 내고 이를 실행에 옮겼다.

존슨 외Johnson et al., 2008는 또 다른 예로 건설기계 제조회사인 힐티Hilti를 들고 있다. 힐티는 기존에 건설업자들이 건설기계를 구매하던 방식을 사용하는 방식으로 바꾸어 서비스하고자 했다. 비즈니스 모델을 판매에서 서비스로 바꾼 힐티가 당면한 가장 큰 문제는 영업사원들이 새로운 업무에 적응할 수 있도록 훈련시키는 것이었다. 자신이 모든 기계・설비를 가지고 이를 운영하면서 고객들의 요구에 대응하여 운영하는 것은 많은 시간을 요하는 일이었고, 영업사원들이 이를 이해하는 것 또한 많은 시간이 걸리는 일이었다. 더군다나 기존에는 현장 작업자나 구매담당자만 만나면 됐던 영업사원들이 최고경영층을 앞에 두고 영업을 해야 하는 상황은 그들에게 많은 스트레스를 주었다. 또한 리스 영업은 기존의 제조와는 완전히 다른 형태의 프로그램 패키지를 디자인하고 개발해야 했기 때문에 이를 다루기 위하여 전문인력을 고용하고 새로운 정보기술 시스템 또는 기술들을 도입하는 등 새로운 자원이 필요했다. 힐티는 리스 영업에 맞도록 고객이 직접 기계・설비를 관리하는 것보다 싸고 효과적인 방법으로 유지・관리할 수 있는 방법을 고안해 내야 했고 이를 위해 창고 관리, 재고 관리, 부자재 관리 등 다양한 기법과 시스템들을 도입했다. 고객과의 원활한 커뮤니케이션을 위해 건설관리자가 필요한 기계・설비를 볼 수 있고 사용료를 알 수 있는 웹사이트도 오픈했다. 이처럼 비즈니스 모델을 제조에서 서비스로 바꾸는 경우 운영 프로세스 자체가 바뀌고, 요구되는 역량이 달라지며, 필요한 인적자원이 달라진다.

나. 이익구조 설계

이익구조란 기업이 고객에게 가치를 제공함과 동시에 자기 자신을 위한 가치를 어떻게 창출할 것인가에 대한 청사진이다. 이익구조는 비즈니스 모델을 수치적으로 표현한 또 다른 모형이라고 볼 수 있다. 이익구조를 정의하기 위해서는 수익구조, 비용구조, 그리고 마진 모델을 결정해야 한다.

수익구조는 기본적으로 판매가격에 수량을 곱해서 만들어진다. 하지만 많은 경우, 특히 첨단기술을 중심으로 사업을 영위하는 기업들의 경우 판매되는 서비스나 제품으로부터 직접적인 수익을 만들어내기 보다는 다른 원천들을 사용하기 때문에 이에 대한 고민이 필요하다. 아래 표는 수익의 원천과 수익 모델의 관계를 나타낸다.

표 6-1 수익의 원천과 수익 모델의 관계

수익의 원천	수익 모델					
	광고	커미션	서비스료	가산액	생산	회원 가입
직접적인 서비스나 제품의 판매		V	V	V	V	V
판매 후 서비스			V			V
간접 콘텐츠 판매	V					
제품 파이낸싱		V	V			
선수취-후지급 파이낸싱		V				
지적재산권 로열티		V	V			V

수익의 원천은 서비스 모델의 핵심이다. 서비스나 제품을 제공하고

이에 대한 대가를 받는 것이기 때문이다. 수익의 원천은 제품이나 서비스의 판매, 판매 후 서비스, 콘텐츠의 판매, 제품 파이낸싱, 중개 파이낸싱, 그리고 지적재산권에 대한 로열티 등으로 구성된다. 수익 모델은 광고나 판매 수수료, 서비스료, 이윤, 생산, 그리고 구독료 등으로 구성된다. 하나의 수익 원천에 다양한 형태의 수익 실현 방법이 조합되어 수익 모델을 만들어낸다. 예를 들어 구글의 경우, 지식정보를 이용하는 사람이나 기업에 서비스를 제공하지만 서비스료를 받지 않고 광고모델을 사용하여 수익을 얻거나 검색엔진에 대한 로열티를 받아 수익을 얻는 수익 모델을 갖고 있다.

비용구조는 기본적으로 서비스를 제공하기 위해 사용한 자원이나 프로세스로 인해 만들어진다. 비용은 제품이나 서비스를 제공하기 위해 직접적으로 들어가는 비용과 직접적인 활동을 지원하는 간접적인 활동으로 인해 발생하는 비용으로 구분된다. 비용구조에서 경쟁력을 갖기 위해서는 타타 자동차나 힐티의 경우처럼 제공하려는 서비스에 맞게 프로세스를 효율적으로 디자인하고 자원의 활용과 통합된 체계를 만드는 것이 무엇보다 중요하다. 비용구조와 관련하여 고려해야 하는 중요한 이슈는 규모의 경제 이점을 누릴 수 있는가 그렇지 않으면 범위의 경제 이점을 누릴 수 있는가 하는 부분이다. 대규모의 표준화된 서비스나 제품 생산의 경우 생산량이 증가함에 따라 발생하는 학습곡선효과와 규모의 경제로 인해 발생하는 비용절감효과를 누릴 수 있으나, 인적자원을 기반으로 하는 비표준화된 서비스의 경우, 예를 들어 디자인 서비스의 경우는 규모의 경제 이점보다는 범위의 경제 이점을 확보하는 것이 중요하다.

이익구조와 관련하여 중요한 고려사항 중의 하나는 자원의 회전속도이다. 자원의 회전속도는 자원 효율성과 관련된 것으로 수익구조나 비용구조에도 영향을 미쳐서 기업 전체의 이익률에 영향을 주게 된다. 기업이 제공하고자 하는 서비스의 양을 지원하고 예상되는 이익을 얻기 위해서는 자원 활용의 효율성, 즉 재고자산 회전율, 고정자산 회전율, 기타자산 회전율을 높여야 한다.

다시 타타 자동차의 예로 돌아가 보자. 타타는 스쿠터를 타는 사람들에게 자동차를 판매할 수 있는 유일한 방법은 가격을 과감하게 낮추는 것(미국 달러로 약 2,500달러로, 당시 팔리고 있던 가장 싼 자동차 가격의 절반 정도 가격)이라고 생각했다. 가격을 과감히 낮춰 자동차를 판매하는 것은 매출 총이익의 심각한 감소를 의미했고 이를 극복하기 위해서는 이익구조를 기존의 자동차 회사들과 다르게 가져가야 했다. 즉, 비용구조를 근본적으로 바꿔야 했다.

하지만 타타는 판매량이 급격하게 증가하면 낮은 판매가격에서도 이익을 낼 수 있다고 믿었고, 실제로 파악된 잠재고객군이 엄청나게 많다는 것을 알게 되었다. 이런 믿음을 바탕으로 타타는 필요자원을 디자인했고, 프로세스를 완벽하게 재설계하여 상당한 이익을 실현했다.

힐티의 경우도 별반 다르지 않다. 제조 · 판매에서 리스와 서비스 계약 모델로 바꾸기 위해서는 첫째, 기계 · 설비를 고객의 소유에서 힐티의 자산으로 이전해야 했고, 둘째, 모든 유지 · 관리를 책임져야 했으며, 셋째, 공급 스케줄 관리를 해야 했다. 고객은 월별로 서비스료만 지불하면 유지 · 보수에 관한 고민 없이 언제든지 자신들이 원하는 기계 · 설비를 이용할 수 있게 됐다. 이러한 변화는 힐티의 이익구조에 중대한 변화를 가져왔다. 첫째는 수익구조의 변화이다. 기존에는 기계·설비의 판매가격을 책정하고 이에 기반해 수익구조를 짰다면, 이제는 서비스료를 얼마나 책정해야 하는지, 어떤 형태로 서비스료를 받아야 하는지가 중요한 이슈가 됐다. 둘째는 비용구조가 달라져야 했다. 기존의 제조 및 재고 관리 비용에서 이제는 판매촉진과 계약 관리 비용, 그리고 유지·보수 비용을 모두 감안해야 했다. 마지막으로는 자신들이 떠안게 된 재고자산 회전률을 어떻게 가져가야 안정적인 비즈니스 운영이 될지를 고민해야 했다.

다. 프로세스 설계

서비스에 기반한 새로운 비즈니스 모델을 도입한다는 것은 기업의 핵심 프로세스가 완전히 달라진다는 것을 의미한다. 대부분의 성공한 회사들은 반복적이고 지속적이면서 규모가 커질 경우에도 고객에게 가치를 동일하게 제공할 수 있는 운영 및 관리 프로세스를 갖고 있다. 이러한 프로세스는 경영계획, 재무, 인적자원 개발, 신제품/서비스 개발, 구매, 제조/생산, 판매, 물류, 고객 서비스 등을 포함한다. 이러한 일반적인 가치사슬 내 프로세스 외에도 핵심 프로세스는 통제 시스템, 자원배분, 성과 평가 및 보상 시스템, 행동 지침 등과 관련된 규칙, 규범, 그리고 측정기준을 포함한다. 특히 자원비중 및 성과 평가/보상과 관련된 기준들은 새로운 비즈니스 모델에 대한 구성원늘의 인식과 수용에 중요한 영향을 미치기 때문에 사전에 고려하는 것이 중요하다.

타타 자동차와 힐티의 경우에서 살펴보았듯이, 비즈니스 모델이 새로 만들어져도 이에 따른 운영 및 관리 프로세스가 제대로 설계되지 않는다면 자원 활용의 비효율성과 프로세스 비효율성이 급격하게 증가하여 결국 비즈니스 모델이 실패할 가능성이 높아진다.

라. 핵심 자원의 설계

기업에서의 자원이란 일반적으로 조직이 사거나 팔거나, 만들거나 혹은 버릴 수 있는 물건이나 자산을 말한다. 예를 들면 인적자원, 기술, 제품, 장비나 설비, 정보, 현금, 브랜드, 유통채널 등이 있다. 이러한 자원을 유형화하면 물리적 자원과 비물리적 자원으로 구분할 수 있고, 비물리적 자원은 지적 재산intellectual assets과 지적 자산intellectual property으로 구분할 수 있다. 지적 재산으로는 프로그램, 방법론, 발명, 문서, 프로세스, 디자인, 데이터베이스 등과 같은 자산들이 있고, 지적 자산은 지적 재산 중에 특별히 법의 보호를 받는 특허, 카피라이트, 상표권, 영업기밀 등과 같은 자산을 말한다.

새로운 비즈니스 모델이 도입되면 표적 고객들에게 디자인된 서비스를 제공하기 위해 필요한 자원들을 새로 획득하거나 기존의 자원을 변형하여 사용하게 된다. 따라서 기업이 가진 자원 중에서 특히 중요한 자원은 첫째, 고객에게 가치를 제공할 수 있고, 둘째, 타사는 갖고 있지 않으며, 셋째, 모방이 어렵고 대체가 어려운 핵심 자원 또는 역량이다. 이러한 자원을 통해 기업은 차별화된 서비스를 제공할 수 있고, 이를 통해 가치를 만들어낸다.

결론

SERVICOVATION
ch. seven

7

최근 들어 우리는 GM, 포드, 폴라로이드 등 많은 거대기업들이 무너지는 것을 봤다. 반대로 혁신적이면서 시장을 선도해 나가고 있지만 규모가 작아 시장을 장악할 수 없다고 생각되던 애플, 구글 등의 회사들이 시장에서 우월적 지위를 확보하고, 거의 무너지기 일보 직전의 코닥 같은 회사들이 기적처럼 회생하는 경우도 경험하고 있다. 이러한 기업들의 예는 시장에서 생존을 위한 경쟁의 규칙이 바뀌고 있음을 보여준다. 즉, 기존의 방식대로 정의된 시장이나 산업에서 특정한 분야를 중심으로 경쟁하던 방식이 시장이나 산업의 구분 없는 융합형 제품이나 서비스를 중심으로 하는 경쟁방식으로 전환되고 있다. 다시 말해, 단일 제품이나 서비스를 가지고 경쟁하던 방식에서 서비스를 기반으로 하는 시스템을 중심으로 경쟁하는 방식으로 바뀌고 있다는 것이다.

서비스 시스템이란 '복잡한 가치사슬과 네트워크 안에서 서비스 제공자와 사용자가 함께 가치를 만들어내는 다양한 구성요소들의 체계적 집합'으로서, 사람, 기술, 다른 내·외적 시스템들, 그리고 공유된 정보언어, 프로세스, 가격, 정책, 법 등가 공동 가치를 생성하도록 하는 '복합 시스템'을 의미한다. 이처럼 단일 서비스가 아닌 서비스를 제공하는 복합 시스템이란 관점에서 접근해야 최근의 기업 간 경쟁에서 나타나는 현상을 좀더 빠르고 쉽게 이해할 수 있다.

또한 서비스를 복합 시스템으로 정의하면 과거 전통적인 서비스 개념의 단점을 보완할 수 있다. 실질적으로는 모든 상품과 서비스는 유형 및 무형의 특성을 동시에 지니고 있으며, 유형과 무형의 상대적 비중만 다를 뿐이다. 즉, 서비스는 무형적인 요소를 많이 내포하고 있는 반면 제품에는 유형성이 많다. 서비스에 대한 새로운 정의에 따르면, 제품과 서비스는 별개의 것이 아니라 고객의 가치 창출을 위한 하나의 '묶음'으로 이해된다.

서비스를 중심으로 통합된 비즈니스 모델을 만든다는 것은 기업이 새로운 시장 창출을 통해 성장을 견인할 수 있는 잠재력을 갖고 있다는 것을 의미한다. 문제는 서비스 중심의 통합 비즈니스 모델을 만드는 게 쉽지 않다는 데 있다. 많은 기업들이 그들이 지향하고 있는 시장이 있고, 그 시장을 겨냥해 만들고 있는 제품을 갖고 있으며, 이러한 제품을 만들고 시장에서 팔릴 수 있도록 하기 위해 많은 자원과 역량을 투입한다. 또한 현재 자신에게 많은 이익을 안겨주고 있는 고객들을 만족시키기 위해 노력한다. 따라서 자신들이 갖고 있는 자원과 역량을 다른 방식으로 활용하기에는 많은 무리가 따르고 자칫 잘못하다가는 사업이 실패할 수도 있기 때문에 기존의 시장과 제품에 만족하는 경향을 보인다. 다시 말해, 제품 생산 및 판매를 중심으로 하는 비즈니스 모델과 솔루션/서비스를 중심으로 하는 비즈니스 모델은 비즈니스 액티비티와 프로세스가 완전히 달라서 이를 이해하고 설계하는 데는 상당히 체계적인 노력과 역량이 필요하다.

그렇다면 어떻게 이러한 사업모델 전환을 용이하게 할 수 있을까? 이를 위해서는 서비스와 관련된 시장 전체를 볼 수 있는 시스템적 사고, 비고객을 중심으로 잠재고객을 파악할 수 있는 역량, 그리고 교차 기능적Cross functional 접근의 세 가지 사항을 고려할 필요가 있다.

1. 서비스와 관련된 시장 전체를 볼 수 있는 시스템적 사고

서비스를 기존의 제품과 대비되는 시각으로 이해할 경우, 또는 제품 그 자체만을 바라보고 비즈니스 모델을 만들 경우 그 서비스가 속해 있는 전체 시장을 볼 수 없다. 질 높은 서비스가 고객에게 전달되고 충분한 가치를 만들어내기 위해서는 서비스가 제공되는 시스템 전체를 이해해야 한다. 시스템 전체를 이해한다는 것은 고객이 제품이나 서비스를 통해 달성하고자 하는 목표나 해결하고자 하는 문제를 제품이나 서비스라는 하나의 시각이 아니라 문제가 발생되는 근원 지점과 그 문제를 풀기 위해 동원되는 전체 자원, 그리고 네트워크를 이해해야 한다는 것이다. 애플의 아이팟, GE의 GE90 엔진, 펫스마트, 그리고 8020 모두 고객의 문제를 해결하기 위해 다양한 고객의 행위를 고려했고 이러한 행위를 지원하기 위한 참여자들을 고려하여 비즈니스 모델을 설계했다는 공통점이 있다.

2. 비사용자를 중심으로 잠재고객 파악하기

많은 경우 회사들은 고객을 기존의 고객, 또는 고객집단으로 이해한다. 그리고 기존의 고객집단을 만족시키기 위해 많은 자원과 역량을 투입하고 기존의 제품을 향상시키기 위한 연구개발을 끊임없이 시도한다. 물론 현재의 고객을 만족시키고 이들을 만족시키기 위한 기술을 개발해 내는 것은 매우 중요하다. 하지만 새로운 시장은 기존의 고객 중

현재의 제품이나 서비스가 너무 많은 것들을 갖고 있어 불필요하다고 느끼는 과충족 고객이나 현재 어떤 이유로 해당 서비스나 제품을 사용하고 있지 않은 고객들로부터 창출되는 경우가 대부분이다. 현재 내 제품이나 서비스를 사용하지 않는 고객들은 무엇 때문에 내 제품이나 서비스를 사용하지 않는지, 그리고 그러한 문제를 해결하는 방법은 무엇인지를 이해할 때만이 새로운 사업모델을 만들어낼 수 있고, 성공할 수 있다. 펫스마트나 GE의 GE90 엔진 서비스 모델이 바로 이러한 문제를 극명하게 보여준다.

3. 교차 기능적 접근

고객들은 회사를 바라볼 때 서비스나 혁신의 시각으로 바라보지 회사 내부의 기능을 중심으로 바라보지 않는다. 다시 말해 회사의 기능부서나 부문은 내부 구성원에게는 중요한 의미를 가질지 모르지만 고객에겐 아무런 의미가 없다는 말이다. 따라서 고객의 요구를 충족시키기 위해서는 교차 기능적Cross functional 접근이 필요하다. 특히 서비스 중심의 새로운 사업모델을 시작하고자 하는 경우, 솔루션/서비스 중심의 변환에 따른 액티비티 및 프로세스의 재설계와 고객 관계 관리 프로세스의 재설계는 매우 중요하다. 각 기능은 새로운 서비스 모델을 실행하기 위한 기술과 역량을 개발하고 전파하는 역할을 수행하지만, 이들이 프로세스를 중심으로 엮여 있지 않다면 기업이 의도하고 있는 새로운 서비스는 고객에게 효과적으로 전달될 수 없다. 또한 서비스를 중심으로 하는 비즈니스 모델을 실행할 경우 다양한 협력 파트너들을 필요로 하기 때문에 한 조직 내에서의 교차 기능적 접근도 중요하지만 새로운 서비스 네트워크를 구축해야 할 필요성이 커지므로 조직 간 협력을 위한 프로세스를 설계하는 것도 사업의 성공에 중요한 영향을 미치게 된다.

참고문헌

[국문]

강안규 · 바노윤, 「기술혁신적 기업의 환경, 내부능력, 전략 및 조직분위기에 관한 연구」, 『인사 · 조직연구』, 1(1), pp.123~170, 1992.

권성욱, 「혁신활동의 사회적 활성화 방안—자동차산업의 오픈이노베이션을 중심으로」, 『정책연구』, 제176호, pp.1~25, 2013.

김영우, 『월간디자인』 10월호, pp.128~129, 2010.

남기찬, 『미래 핵심역량 구축을 위한 창조적 아웃소싱』, 교보문고, 2007.

남기찬 · 김용진 · 남정태 · 배영우 · 변희선 · 이남희, "서비스 사이언스 : 이론적 고찰과 분석 프레임워크 개발", *Information Systems Review*, 10(1), pp.213~235, 2008.

밀란쿠버, 『경영컨설팅』, 한종극 역, 새로운 제안, 2001.

박경환 · 한인수, 「혁신행위에 영향을 미치는 개인성격과 작업환경—R&D 연구원 및 기술인력을 중심으로」, 『경영학연구』, 28(2), pp.477~504, 1999.

박근완 · 박광태, 「서비스청사진을 이용한 병원서비스 개선방안에 관한 연구」, 『한국 IT 서비스 학회지』, 7(2), pp.223~242, 2008.

박헌준 · 김인수, 「연구개발팀의 다양성과 혁신적 성과」, 『한국기업의 변화와 혁신』, 한국인사 · 조직학회 편, 다산출판사, pp.219~260, 1997.

배병렬, 『구조방정식 모델 이해와 활용』, 대전, 도서출판 대경, 2002.
백영미 · 김성국, 「문제해결 스타일, 리더와 멤버간의 교환관계, 태도 및 경쟁압력에 대한 지각과 혁신적인 행동간의 관계」, 『인사 · 조직연구』, 8(1), pp.105~163, 2000.
산업연구원, 『서비스화를 통한 국내주력산업의 신성장전략』, 2008.
송병식 · 강영순, 「리더-부하의 교환관계와 혁신행동간 과업 및 개인특성의 조절효과」, 『대한경영학회지』, 27, pp.55~80, 2001.
송재기, 『경북대학교 경제경영연구소 혁신센터 LISREL 특강 강의교재』, 2004.
신세계, 2007년 통계청 자료.
아메리칸 익스프레스, http://American Express
얼 바비, 『사회조사방법론』, 고성호 외 9인 공역, 도서출판 그린, 2002.
월간 CHIEF EXECUTIVE 2010년 3월호.
웹콘텐츠 투표 관련, http://www.jpgmag.com
윤상진, 『플랫폼이란 무엇인가?』, 한빛비즈, 2012.
이기종, 『구조방정식 모형』, 교육과학사, 2000.
이동현, 『비즈니스 필독서 20권으로 만나는 MBA 명강의』, 리더스북, 2007.
이문선 · 강영순, 「창의성과 혁신행동의 관계와 집단특성의 조절효과」, 『인사관리연구』, 27(1), pp.251~271, 2003.
이병헌 · 김영배, 「연구개발 프로젝트팀의 분위기와 팀 성과 — 다차원적 접근방법」, 『경영학연구』, 23(3), pp.357~390, 1993.
이인석, 「혁신행동의 선행요인에 관한 실증적 연구」, 『인사관리연구』, 23(1), pp.89~113, 1999.
이장우 · 김태형, 「조직혁신성과의 영향요인」, 『한국기업의 변화와 혁신』, 한국인사 · 조직학회 편, 다산출판사, pp.169~217, 1997.
이정학, 『서비스 경영』, 기문사, 2013.

임창희 · 홍용기, 『비즈니스 커뮤니케이션』, 청람, 2010.

정재용, 『공학기술과 경영』, 지호, 2006.

채서일, 『사회과학 조사방법론』, 제2판, 학현사, 2003.

최덕성, 『빛나는 논지 신나는 논문쓰기』, 제3판, 본문과 현장사이, 2001.

최만기 · 이지우, 「조직혁신에 관한 통합모형의 탐색」, 『한국기업의 변화와 혁신』, 한국인사 · 조직학회 편, 다산출판사, pp.9~81, 1997.

최병삼, 「성장의 화두, 플랫폼」, 『SERI 경영노트』, 제80호, 삼성경제연구소, 2010.

_____, 『컨버전스 성공의 조건』, 삼성경제연구소, 2007.

최은수 · 장용승, 「국가시스템도 지식경영시대 "행정서비스 속도를 혁신하라"」, 『매일경제』 컬럼, 2007.

최종인, 「집단창의성의 결정요인에 관한 연구」, 고려대학교 박사학위논문, 1995.

팀브라운, 『디자인에 집중하라』, 고성연 역, 김영사, 2010.

프라이스라인닷컴, http://www.priceline.com

필립코틀러, 『필립코틀러의 퍼블릭 마케팅』, 낸시리 · 이진원 역, 위즈덤하우스, 2007.

한수련, 「서비스디자인(Service Design) 측면에서 공공서비스평가 방향연구」, 이화여자대학교 디자인대학원, 석사논문, 2009.

[영문]

Abbey, A., and J. W. Dickson, "R&D Work Climate and Innovation in Semiconductors," *Academy of Management Journal*, 26(2), pp.362~368, 1983.

Aiken, M., and R. Alford, "Community Structure and Innovation :

The Case of Urban Renewal," *American Sociological Review*, 35(4), pp.650~665, 1970.

Aiken, M., S. B. Bacharach, and J. L. French, "Organizational Structure, Work Process, and Proposal Making in Administrative Bureaucracy," *Academy of Management Journal*, 23(4), pp.631~652, 1980.

Aldrich, H. E., and C. M. Fiol, "Fools Rush in? The Institutional Context of Industry Creation," *The Academy of Management Review*, 19(4), pp.645~670, 1994.

Allmendinger, G., and R. Lombreglia, "Four strategies for the age of smart services," *Harvard business review*, October, pp.1~11, 2005.

Amabile, T. M., "A Model of Creativity and Innovation in Organizations," *Research in Organizational Behavior*, 10, pp.123~167, 1988.

______________, "Creativity Motivation in Research and Development," symposium paper at the American Psychological Association, Toronto, 1984.

______________, "Motivating Creativity in Organizations : On Doing What You Love and Loving What You Do," *California Management Review*, 40(1), pp.39~58, 1997.

______________, "The Social Psychology of Creativity : A Componential Conceptualization," *Journal of Personality and Social Psychology*, 45(2), pp.357~376, 1983.

Amabile, T. M., R. Conti, H. Coon, J. Lazenvy, and M. Herron, "Assessing the Work Environment for Creativity," *Academy of*

Management Journal, 39(5), pp.1154~1184, 1996.

Ancona, D. G., and D. F. Caldwell, "Bridging the Boundary : External Activity and Performance in Organizational Teams," *Administrative Science Quarterly*, 37(4), pp.634~665, 1992.

Axtell, C. M., D. J. Holman, K. L. Unsworth, T. D. Wall, P. E. Waterson, and E. Harrington, "Shopfloor Innovation : Facilitating the Suggestion and Implementation of Ideas," *Journal of Occupational and Organizational Psychology*, 73(3), pp.265~285, 2000.

Baer, M., and M. Frese, "Innovation is Not Enough : Climates for Initiative and Psychological Safety, Process Innovations, and Firm Performance," *Journal of Organizational Behavior*, 24(1), pp.45~68, 2003.

Baldridge, J. V., and R. A. Burnham, "Organizational Innovation : Individual, Organizational, and Environmental Impacts," *Administrative Science Quarterly*, 20(2), pp.165~176, 1975.

Basadur, M., G. B. Graen, and G. Green, "Training in Creative Problem Solving : Effects on Ideation and Problem Finding and Solving in an Industrial Research Organization," *Organizational Behavior and Human Performance*, 30(1), pp.41~70, 1982.

Becker, S. W., and T. L. Whisler, "The Innovative Organization : A Selective View of Current Theory and Research," *Journal of Business*, 40(4), pp.462~469, 1967.

Bedeian, A. G., *Organizations : Theory and Analysis*, Illinois : Dryden Press, 1980.

Bollen, K. A., and R. H. Hoyle, "Perceived Cohension : A Conceptual and Empirical Examination," *Social Forces*, 69(2), pp.479~504, 1990.

Brooks-Rooney, A., A. Rees, and N. Nicholson, "The development of managers as effective organizational resources : a summary of findings in the wool textiles industry," *MRC/ESRC Social and Applied Psychology Unit*, University of Sheffield, 1987.

Brown, J. S., and P. Duguid, "Knowledge and organization : A social-practice perspective," *Organization Science*, 12(2), pp.198~213, 2011.

Brown, S. L., and K. M. Eisenhardt, "Product Development : Past Research, Present Findings, and Future Directions," *Academy of Management Review*, 20(2), pp.43~378, 1995.

Burns, T., and G. M. Stalker, *The Management of Innovation*, London : Tavistock, 1961.

Cai, H., J. Y. Chung, and H. Su, "Relooking at Services Science and Services Innovation," *Service Oriented Computing and Applications*, 2(1), pp.427~432, 2008.

Caswell, N. S., C. Nikolaou, J. Sairamesh, M. Bitsaki, G. D. Koutras, and G. Iacovidis, "Estimating Value in Service Systems : A Case Study of Repair Service System," *IBM Systems Journal*, 47(1), pp.87~100, 2008.

Christensen, C. M., S. D. Anthony, and E. A. Roth, *Seeing What's Next : Using the theories of innovation to predict industry change*, MA : Harvard Business School Press, 2004.

Coopey, J. G., "Creativity in complex organizations," Paper

presented at the Annual Occupational Psychology Conference of the British Psychological Society, University of Hull, January, 1987.

Cummings, A., and G. R. Oldham, "Enhancing Creativity : Managing Work Contexts for the High Potential Employee," *California Management Review*, 40(1), pp.22~38, 1997.

Daft, L. R., "A Dual-Core Model of Organizational Innovation," *Academy of Management Journal*, 21(2), pp.193~210, 1978.

Dailey, R. C., "The Role of Team and Task Characteristics in R&D Team Collaborative Problem Solving and Productivity," *Management Science*, 24(15), pp.1579~1588, 1978.

Damanpour, F., "Organizational Complexity and Innovation : Developing and Testing Multiple Contingency Models," *Management Science*, 42(5), pp.693~716, 1996.

______________, "Organizational Innovation-A Meta-analysis of Effects of Determinants and Moderators," *Academy of Management Journal*, 34(3), pp.555~590, 1991.

______________, "The Adoption of Technological, Administrative, and Ancillary Innovations-Impact of Organizational Factors," *Journal of Management*, 13(4), pp.675~688, 1987.

Damanpour, F., and S. Gopalakrishnan, "The Dynamics of The Adoption of Product and Process Innovations in Organizations," *Journal of Management Studies*, 38(1), pp.45~65, 2001.

Damanpour, F., and W. M. Evan, "Organizational Innovation and Performance : The Problem of Organizational Lag,"

Administrative Science Quarterly, 29(3), pp.392~409, 1984.

Davila, T., M. Esptein, and R. Shelton, *Making Innovation Work : How to Manage It, Measure It, and Profit from It*, Wharton School Publishing, 2006.

DeCotils, T. A., and D. J. Koys, "The Identification and Measurement of the Dimensions of Organizational Climate," Academy of Management Preceeding, August : pp.171~175, 1980.

Dewar, R. D., and J. E. Dutton, "The Adoption of Radical and Incremental Innovations : An Empirical Analysis," *Management Science*, 32(11), pp.1422~1433, 1986.

Djellal, F., and F. Gallouj, "Patterns of Innovation Organization in Service Firms : Postal Survey Results and Theoretical Models," *Science and Public Policy*, 28(1), pp.57~67, 2001

Downs, G. W., and L. B. Mohr, "Conceptual Issues in the Study of Innovation," *Administrative Science Quarterly*, 21(4), pp.700~714, 1976.

Drazin, R., and C. B. Schoonhoven, "Community, Population, and Organization Effects on Innovation : A Multi-level Perspective," *Academy of Management Journal*, 39(5), pp.1065~1083, 1996.

Drucker, P. F., "The Discipline of Innovation," *Harvard Business Review*, August, pp.95~103, 2002.

Eisenmann, T., G. Parker, and Alstyne, M. W. Van, "Strategies for Two-Sided Markets," *Harvard Business Review*, October, pp.1~10, 2006.

Ettlie, J. E., "Organizational Policy and Innovation among Suppliers to the Food Processing Sector," *Academy of Management Journal*, 26(1), pp.27～44, 1983.

Ettlie, J. E., and R. D. O' Keefe, "Innovative Attitudes, Values, and Intentions in Organizations," *Journal of Management Studies*, (19)2, pp.163～182, 1982.

Farson, R., and R. Keyes, "The Failure-Tolerant Leader," *Harvard Business Review*, August, pp.64～71, 2002.

Fiol, C. M., "Squeezing Harder Doesn' t Always Work : Continuing the Search for Consistency in Innovation Research," *Academy of Management Review*, 21(4), pp.1012～1021, 1996.

Ford, C. M., "A Theory of Individual Creative Action in Multiple Social Domains," *Academy of Management Review*, 21(4), pp.1112～1142, 1996.

Ford, D., "IMP and Service-dominant Logic : Divergence, Convergence and Development," *Industrial Marketing Management*, 40(2), pp.231～239, 2011.

GE Report : http://www.GEReports.com

Geschka, H., "Creativity Techniques in Product Planning and Development : A View from West Germany," *R&D Management*, 13(3), pp.169～183, 1983.

Ghoshal, S., and N. Nohria, "Internal Differentiation Within Multinational Corporations," *Strategic Management Journal*, 10(4), pp.323～337, 1989.

Hage, J., and M. Aiken, "Program Change and Organizational Properties : A Comparative Analysis," *American Journal of Sociology*, 72(5), pp.503～519, 1967.

Hair, J. F., R. E. Anderson, R. L. Tatham, and B. J. Grablowsk, "Multivariate Data Analysis," Petroleum Publishing Co., Tulsa : Oklahoma, 1979.

Handfield, R. B., G. L. Ragatz, K. J. Petersen, and R. M. Monczka, "Involving Suppliers in New Product Development," *California Management Review*, 42(1), pp.59~82, 1999.

Hara, R., "Management Facilitating Net-Based Value Co-Creation," NRI Papers, No. 120, 2007.

Harvey, E., and R. Mills, "Patterns of Organizational Adaptation : A Political Perspective," In M. N. Zald(Ed.), Power in Organizations, Nashville : Vanderbilt University Press, 1970.

Heinonem, K., "Reconceptualizing Customer Perceived Value : the Value of Time and Place", *Managing Service Quality*, 14(2/3), pp.205~215, 2004.

Henderson, R. M., and K. B. Clark, "Architectural Innovation : The Reconfiguration of Existing Product Technologies and the Failure of Established Firms," *Administrative Science Quarterly*, 35(1), pp.9~30, 1990.

Hoegl, M., and H. G. Gemuenden, "Teamwork Quality and the Success of Innovative Projects : A Theoretical Concept and Empirical Evidence," *Organization Science*, 12(4), pp.435~449, 2001.

Isen, A. M., K. A. Daubman, and G. P. Nowicki, "Positive Affect Facilitates Creative Problem Solving," *Journal of Personality and Social Psychology*, 52(6), pp.1122~1131, 1987.

Johansen, B., "Emerging New Product Development at Nokia

Corporation," Wisconsin School of Business Working Paper, 3, 2008.

Johnson, M. W., C. M. Christensen, and H. Kagermann, "Reinventing Your Business Model," *Harvard Business Review*, December, pp.59~67, 2008.

Kahneman, D., and A. Tversky, "Prospect Theory : An Analysis of Decision Under Risk," *Econometrica : Journal of the Econometric Society*, 47(2), pp.263~291, 1979.

Kanter, R. M., "When a Thousand Flowers Bloom : Structural, Collective, and Social Conditions for Innovation in Organization," *Entrepreneurship : the Social Science View*, 10, pp.169~211, 2000.

Katz R., "The Effects of Group Longevity on Project Communication and Performance," *Administrative Science Quarterly*, 27(1), pp.81~104, 1982.

Keller R. T., "Cross-functional Project Groups in Research and New Product Development : Diversity, Communications, Job Stress, and Outcomes," *Academy of Management Journal*, 44(3), pp.547~555, 2001.

__________, "Predictors of the Performance of Project Groups in R&D Organizations," *Academy of Management Journal*, 29(4), pp.715~726, 1986.

Kimberly, J. R., "Managerial Innovation," In P. C. Nystrom & W. H. Starbuck (Eds.), *Handbook of Organizational Design*, Oxford : Oxford University Press, 1981.

Kimberly, J. R., and M. J. Evanisko, "Organizational Innovation :

The Influence of Individual, Organizational, and Contextual Factors on Hospital Adoption of Technological and Administrative Innovations," *Academy of Management Journal*, 24(4), pp.689~713, 1981.

King, N., "Innovation at work : the research literature," In M. A. West, and J. L. Farr (Eds.), *Innovation and creativity at work* : pp.15~59, Chichester, England : Wiley, 1990.

King, N., and N. Anderson, "Innovation in working groups," In M. A. West, and J. L. Farr (Eds.), *Innovation and creativity at work* : pp.81~100, Chichester, England : Wiley, 1990.

__________________________, *Innovation and Change in Organizations*, London and New York, 1995.

Klein, K. J., and J. S. Sorra, "The Challenge of Innovation Implementation," *Academy of Management Review*, 21(4), pp.1055~1080, 1996.

Kogut, B., and U. Zander, "Knowledge of the Firm, Combinative Capabilities and the Replication of Technology," *Organization Science*, 3(3), pp.383~397, 1992.

Krishnan, V., and K. T. Ulrich, "Product Development Decisions : A Review of the Literature," *Management Science*, 47(1), pp.1~21, 2001.

LA PERLA 직원 교육을 위한 상호작용 도구, Domus Academy Research Center.

Legowheel Experience Map, Lego 2009.

Lei, D. T., "Industry Evolution and Competence Development : The Imperatives of Technological Convergence," *International*

Journal of Technology Management, 19(7/8), pp.699～738, 2000.

Levit, T., 『마케팅 상상력(The Marketing Imagination)』, 21세기 북스, 2007.

Lovelace, R. F., "Stimulating Creativity through Managerial Intervention," *R&D Management*, 16(2), pp.161～174, 1986.

Madhavan, R., and R. Grover, "From Embedded Knowledge to Embodied Knowledge : New Product Development as Knowledge Management," *The Journal of Marketing*, 62(4), pp.1～12, 1998.

Manzini, E., and C. Vezzoli, "A Strategic Design Approach to Develop Sustainable Product Service Systems : Examples Taken from the 'Environmentally Friendly Innovation' Italian Prize," *Journal of Cleaner Production*, 11(8), pp.851～857, 2003.

McGrath, R. G., M. Tsai, S. Venkataraman,, and I. C. MacMillan, "Innovation, Competitive Advantage and Rent : A Model and Test," *Management Science*, 42(3), pp.389～403, 1996.

Meadows, I. S. G., "Organic structure and innovation in small work groups," *Human Relations*, 33(6), pp.369～382, 1980.

Meier, H., R. Roy, and G. Seliger, "Industrial Product-Service Systems-IPS2," CIRP Annals-Manufacturing Technology, 59(2), pp.607～627, 2010.

Meyer, A. D., "Adapting to environmental jolts," *Administrative Science Quarterly*, 27(4), pp.515～537, 1982.

Meyer, A. D., and J. B. Goes, "Organizational Assimilation of

Innovations A Multilevel Contextual Analysis," *Academy of Management Journal*, 31(4), pp.897～923, 1988.

Moch, M. K., and E. V. Morse, "Size, Centralization and Organizational Adoption of Innovations," *American Sociological Review*, 42(5), pp.716～725, 1977.

Mohr, L. B., "Determinants of Innovation in Organizations," *American Political Science Review*, 63(1), pp.111～126, 1969.

Mont, O., and T. Lindhqvist, "The Role of Public Policy in Advancement of Product Service Systems," *Journal of Cleaner Production*, 11(8), pp.905～914, 2003.

Morelli, N., "Designing Product/Service Systems : A Methodological Exploration," *Design Issues*, 18(3), pp.3～17, 2002.

Mullen, B., and C. Copper, "The Relation between Group Cohesiveness and Performance : Integration," *Psychological Bulletin*, 115(2), pp.210～227, 1994.

Nambisan, S., R. Agarwal, and M. Tanniru, "Organizational Mechanisms for Enhancing User Innovation in Information Technology," *MIS Quarterly*, 23(3), pp.365～395, 1999.

Nemeth, C. J., and J. Wachtler, "Creative Problem Solving as A Result of Majority vs. Minority Influence," *European Journal of Social Psychology*, 13, pp.45～55, 1983.

Nonaka, I., "A Dynamic Theory of Organizational Knowledge Creation," *Organization Science*, 5(1), pp.14～37, 1994.

Nystrom, H., *Creativity and Innovation*, New York, Wiley-Interscience Publication, 1979.

Oldham, G. R., and A. Cummings, "Employee Creativity Personal and Contextual Factors at Work," *Academy of Management Journal*, 39(3), pp.607~634, 1996.

O' Reilly, C. A., "Corporations, Culture, and Commitment Motivation and Social Control in Organizations," *California Management Review*, 31(4), pp.9~25, 1989.

O' Reilly, C. A., and M. L. Tushman, "Using Culture for Strategic Advantage : Promoting Innovation Through Social Control," In M. L. Tushman, and P. Anderson (Eds.), *Managing Strategic Innovation and Change* : pp.200~216, New York, Oxford University Press, 1997.

Paulus, P. B., "Group Creativity," *Encyclopedia of Creativity*, 1, pp.779~784, 1999.

Payne, R., "The effectiveness of research teams : a review," In M. A. West, and J. L. Farr (Eds.), *Innovation and creativity at work* : pp.101~122, Chichester, England : Wiley, 1990.

Peters, T. J., and R. H. Waterman, *In Search of Excellence : Lessons from America's Best Run Companies*, New York : Harper and Row, 1982.

Piccoli, G., M. K. Brohman, and R. T. Watson, "Net-Based Customer Service Systems : Evolution and Revolution in Web Site Functionalities," *Decision Sciences*, 35(3), pp.423~455, 2004.

Pierce, J. L., and A. L. Delbecq, "Organization Structure, Individual Attitudes and Innovation," *Academy of Management Review*, 2(1), pp.27~37, 1977.

Ramasway, V., "Co-Creating Experiences of Value with Customers",

SETLabs Briefings, 4(1), pp.25～58, 2006.

Robinson, W. T., "Product Innovation and Strat-up Business Market Share Performance," *Management Science*, 36(10), pp.1279～1289, 1990.

Rogers, E. M., *Diffusion of Innovation*(4th ed.), New York : Free Press, 1995.

Rogers, E. M., and R. Agarwala-Rogers, *Communications in Organizations*(Eds.), New York : Free Press, 1976.

Ryals, L., and S. Knox, "Cross-Functional Issues in the Implementation of Relationship Marketing Through Customer Relationship Management," *European Management Journal*, 19(5), pp.534～542, 2001.

Sawhney, M., S. Balasubramanian, and V. V. Krishnan, "Creating Growth with Services", *MIT Sloan Management*, 45(2), pp.34～43, 2003.

Schroeder, R. G., "Observations Leading to A Process Model of Innovation," Discussion Paper No. 48, Strategic Management Research Center, University of Minnesota, 1986.

Schumpeter, J., *The Theory of Economic Development*, Harvard University Press, Cambridge, Mass, 1934.

Scott, S. G., and R. A. Bruc, "Determinants of Innovative Behavior : A Path Model of Individual," *Academy of Management Journal*, 37(3), pp.580～607, 1994.

Service Operation, 멜 이드워즈, 2010.

Sethi, R., D. C. Smith, and W. Park, "Cross-Functional Product Development Teams, Creativity, and the Innovativeness of

New Consumer Products," *Journal of Marketing Research*, 38, pp.73～85, 2001.

______________________________, "How to Kill a Team's Creativity," *Harvard Business Review*, August, pp.16～17, 2002.

Shapiro, C., and H. R. Varian, *Information Rules : A Strategic Guide to the Network Economy*, Harvard Business School : Press, 1999.

Shaw, M. E., *Group Dynamics : The social psychology of small group behavior*, McGraw-Hill, Inc, 1981.

Sitkin, S. B., "Learning Through Failure : The Strategy of Small Losses," *Research in Organizational Behavior*, 14, pp.231～266, 1992.

Starbucks Experience Map : http://www.shmula.com.

Stephen L. V., and R. F. Lusch, "Service-dominant Logic : Continuing the Evolution," *Journal of the Academy of Marketing Science*, 36(1), pp.1～10, 2008.

Taggar, S., "Individual Creativity and Group Ability to Utilize Individual Creative Resources : A Multilevel Model," *Academy of Management Journal,* 45(2), pp.315～330, 2002.

Tanriverdi, H., "Information Technology Relatedness, Knowledge Management Capability, and Performance of Multibusiness Firms," *MIS Quarterly*, 29(2), pp.311～334, 2005.

Tornatzky, L. G., and K. J. Klein, "Innovation Characteristics and Innovation Adoption-Implementation : A Meta-Analysis of Findings," *IEEE Transactions on Engineering Management*, 29(1), pp.28～45, 1982.

Tsai, W., "Knowledge Transfer in Intraorganization Networks-Effects of Network Position and Absorptive Capacity on Business Unit Innovation and Performance," *Academy of Management Journal*, 44(5), pp.996~1004, 2001.

Tukker, A., and U. Tischner, "Product-services as A Research Field : Past, Present and Future. Reflections from A Decade of Research," *Journal of Cleaner Production*, 14(17), pp.1552~1556, 2006.

Tushman, M. L., and D. Nadler, "Organizing for Innovation," *California Management Review*, 28(3), pp.74~92, 1986.

Utterback, J. M., and W. J. Abernath, "A Dynamic Model of Process and Product Innovation," *Omega*, 3, pp.639~656, 1975.

Van de Ven, A. H., "Central Problems in the Management of Innovation," *Management Science*, 32(5), pp.590~607, 1986.

Van de Ven, A. H., and D. L. Ferry, *Measuring and Assessing Organizations*, New York : Wiley-Interscience, 1980.

Van de Ven, A. H., and E. M. Rogers, "Innovation and Organizations," *Communication Research*, 15(5), pp.632~ 651, 1988.

Van de Ven, A. H., D. E. Polley, R. Garud, and S. Venkataraman, *The Innovation Journey*, New York : Oxford University Press, 1999.

Van de Ven, A. H., H. L. Angle, and M. S. Poole, *Research on the Management of Innovation : The Minnesota Studies*, New York : Harper and Row, 1989.

VanGundy, A. G., "How to Establish A Creative Climate in the Work

Group," *Management Review*, 73(8), pp.24～38, 1984.

Varadarajan, P., and D. Rajaratnam, "Symbiotic Marketing Revisited," *The Journal of Marketing*, 50(1), pp.7～17, 1986.

Vargo, S. L., and R. F. Lusch, "It' s all B2B … and Beyond : Toward a Systems Perspective of the Market," *Industrial Marketing Management*, 40(2), pp.181～187, 2011.

Visart, N., "Communication between and within Research Units," In F. M. Andrews (Eds.), *Scientific Productivity*, Cambridge University Press, 1979.

Wallas, G., *The Art of Though*, London : Cape, pp.79～96, 1926.

West, M. A., "Innovation among Health Care Professionals," *Social Behavior*, 4, pp.173～184, 1989.

__________, "The social psychology of innovation in groups," In M. A. West, and J. L. Farr(Eds.), *Innovation and creativity at work* : pp.309～333, Chichester, England : Wiley, 1990.

West, M. A., and J. L. Farr, "Innovation at Work," In M. A. West, and J. L. Farr (Eds.), *Innovation and creativity at work* : pp.3～13, Chichester, England : Wiley, 1990.

West, M. A., and T. Rickards, "Innovation," *Encyclopedia of Creativity*, 1, pp.45～55, 1999.

Williams, A., "Product Service Systems in the Automobile Industry : Contribution to System Innovation?," *Journal of Cleaner Production*, 15(11/12), pp.1093～1103, 2007.

Wolfe, R. A., "Organizational Innovation Review, Critique and Suggested Research Directions," *Journal of Management Studies*, 31(3), pp.405～431, 1994.

Woodman, R. W., J. E. Sawyer, and R. W. Griffin, "Toward a Theory of Organizational Creativity," *Academy of Management Review*, 18(2), pp.293~321, 1993.

Yovanof, G. S., and G. N. Hazapis, "Disruptive Technologies, Services, or Business Models?," *Wireless Personal Communication*, 45(4), pp.569~583, 2008.

Zablah, A. R., D. N. Bellenger, and W. J. Johnston, "An Evaluation of Divergent Perspectives on Customer Relationship Management : Towards a Common Understanding of an Emerging Phenomenon," *Industrial Marketing Management*, 33(6), pp.475~489, 2004.

Zaltman, G., R. Duncan, and J. Holbek, *Innovation and Organizations*, New York : Wiley, 1973.

Zwick, D., and N. Dholakia, "Consumer Subjectivity in the Age of Internet : The Radical Concept of Marketing Control through Customer Relationship Management," *Information and Organization*, 14(3), pp.211~236, 2004.

지은이 **김용진**

서강대학교에서 경영학과 교수로 재직하고 있으며, 뉴욕주립대(Binghamton)에서 교수로 재직하였다. 현재 스마트핀테크 연구소장을 맡아 금융과 ICT의 융합에 관한 연구를 선도하고 있다. 서비스 및 서비스 시스템 혁신, ICT 융합, IT 기반 비즈니스 혁신, 지식경영, 그리고 ICT 활용과 가치평가 등에 대한 논문 50편을 세계적인 저널 및 국내 저명 저널에 발표하였고, Marquis Who's Who in America의 2007판에 등재되었다. 또한 『서비스력』, 『한국기업의 경영패러다임 혁명』 등의 저서도 출간하였다. 국가과학기술심의회 첨단융합 전문위원, 산자부 소프트웨어 서비스 컨설팅 위원회 위원장 등을 역임하였고, 현재는 한국경영정보학회 부회장, 아시아중소기업협의회 사무총장, 한국거래소 기술평가위원, IT융합기술협회 부회장, 중소기업미래포럼 회장 등을 맡고 있다.

Servicovation

서비스 중심의 비즈니스 모델 혁신 전략

초판 1쇄 발행 2015년 9월 23일
초판 3쇄 발행 2016년 8월 20일

지은이 김용진
펴낸이 박기남
펴낸곳 **율곡출판사**
08590 서울시 금천구 가산디지털1로 84, 803호
전화 (代) 02) 718-9872
팩스 02) 718-9874
home-page www.yulgokbooks.co.kr
e-mail yulgokbook@naver.com
등록 1989.11.10. 제2014-000031호
ISBN 978-89-97428-74-8 93320

값 20,000원